普通话言语韵律与呼吸节律的交互关系研究

张锦玉　著

南開大學出版社
天　津

图书在版编目(CIP)数据

普通话言语韵律与呼吸节律的交互关系研究 / 张锦玉著. —天津：南开大学出版社，2021.1
ISBN 978-7-310-06027-6

Ⅰ.①普… Ⅱ.①张… Ⅲ.①普通话—韵律(语言)—关系—呼吸—节律—研究 Ⅳ.①H116.4②Q47

中国版本图书馆 CIP 数据核字(2021)第 001265 号

普通话言语韵律与呼吸节律的交互关系研究
PUTONGHUA YANYU YÙNLÜ YU
HUXI JIELÜ DE JIAOHU GUANXI YANJIU

南开大学出版社出版发行
出版人：陈　敬
地址：天津市南开区卫津路 94 号　　邮政编码：300071
营销部电话：(022)23508339　营销部传真：(022)23508542
http://www.nkup.com.cn

北京建宏印刷有限公司印刷　全国各地新华书店经销
2021 年 1 月第 1 版　　2021 年 1 月第 1 次印刷
230×155 毫米　16 开本　15.25 印张　1 插页　218 千字
定价：45.00 元

如遇图书印装质量问题，请与本社营销部联系调换，电话：(022)23508339

本书得到国家社科基金重大项目“普通话语音标准声学和感知参数数据库建设”（13&ZD134）资助

序

我除了给自己的书写点儿前言后语，很少为别人的书作序，只是对于自己的学生们才破例。大体上，学界有一种不成文的共识，好为人序是学人之患。究其原因：既为别人作序，就不免要客套一番，很可能言不由衷，以致言过其实。自己的学生，不管是否入门子弟，都已经是自家人，讲话随意，不怕跑题，说深说浅，也不用顾及那么多，所以也就不必循例了。

最近网上有康奈尔大学语言学系主任惠特曼教授关于当代语言学发展的访谈。有学界朋友问我对此有什么看法。我告诉他，对于这位教授的观点，我是有保留地支持。有保留，是他说的认知语言学在走下坡路的看法有问题。他的依据只是在美国不受语言学家欢迎，即研究人数少。科学研究不是赶时髦做广告，不能看是否受欢迎。科学的活力在于创新，而不在于人数的多少。以此来判断得出走下坡路的结论，这是非理性非科学的标准，是阻碍科学发展的错误观念。我曾多次跟学生讲过：一种理论和方法只要成为主流，就意味着开始落后了。

我赞同惠特曼教授认为语言学研究日益重视经验和实验的看法，语言学理论日益受到计算语言学挑战的看法，需要为学生提供实验语言学和计算语言学训练的看法，要引导人们明白人类语言普遍性的看法。将来不管是形式语言学，功能语言学还是认知语言学，都要采用实验语言学和计算语言学的方法进行实证研究。惠特曼教授慧眼识珠，看出发展趋势，立足于研究的前沿，不愧是一位优秀的语言学家。

语言学是经验科学和实验科学，这是大势所趋，人间正道。语言学者要走进社会，走进田野（现场），走进实验室。过去的语言学理论受到挑战是很自然的事。那些理论有多少具有经验和实验的基础呢？在基于语言事实的海量数据面前，当然会产生出严重的危机感。训练语言学子把实验语言学和计算语言学作为必修基础课，是非常迫切的任务，为人师长，义不容辞，否则就是误人子弟。试看十年二十年之后的语言学研究，必是实验语言学和计算语言学的天下。这不只是全新的研究理念，更是全新的方法论和研究范式。语言学者在研究的全过程中，始终应有原理意识：为发现原理而研究，为检验原理而研究。

实际上，我们南开语音团队长期以来一直是这样做的。我们的语言研究完全是基于田野调查，基于实验分析的。从声调格局、元音格局、辅音格局，到语调格局、韵律格局；从实验语音学到实验音系学，再到实验语言学；目标是人类自然语言的分析。

我们提出的语音格局理念，不只包括物理角度的声学格局，还有心理角度的听觉格局和言语产生的生理格局。几十年来，在我们前进的道路上，每到关键之处，都有优秀的青年学子挺身而出，勇于探索，攻坚克难，使我们团队不断进步，取得一个又一个成果，为以后的研究准备好条件，打下了基础。其中印象深刻的一次，是 2010 年前后，我们送三位博士生到天津师范大学心理学实验室旁听学习，这是教育部的重点学科。他们分别在天津师大沈德利（已故）、白学军、闫国利、吕勇等教授的帮助指导下，采用呼吸带、眼动仪和事件相关电位（event- related potential，ERP）脑电实验完成博士论文的研究计划，顺利通过论文答辩。在这三位敢吃螃蟹的人之中就有张锦玉老师，她使用呼吸带实验分析言语发音。

采用呼吸带研究言语发音跟呼吸节律之间的关系，张锦玉老师并不是第一人，但她的研究确有创新之处。首先，最为重要的一点，就是提出了“呼吸度”（H 值）的幅度值相对化计算指标，把言语呼吸曲线进行量化分析，使不同说话人的呼吸数据具有可比性；同时，根据言语呼吸曲线的起伏特征和峰谷差值明确划分出呼吸单位的三个层级，即呼吸群、呼吸段、呼吸节，考察了韵律单位边界的呼吸状态，发现了不同韵律层级的言语呼吸特征，便于把言语呼吸层级跟韵律层级结合在一起，进行对应研究；在此基础上，对说话人在朗读、复述和自述三种言语任务中的言语呼吸和韵律表现进行了对比性的量化分析。

张锦玉老师的研究成果在言语呼吸的量化分析探索中迈出了极有

意义的第一步。这为我们继续深入研究言语呼吸特征打下了重要的基础。我们总结她的研究方法，进行改进和完善，形成了言语呼吸研究的范式。我们团队后续的言语呼吸研究都是沿用这个范式，包括张金爽老师对排比句朗读的言语呼吸韵律研究和王毓钧老师对韩、日、美、泰四国留学生汉语朗读的言语呼吸韵律研究，这些研究都从不同的角度进一步揭示出言语呼吸和韵律模式的关系，深化了我们对语言呼吸生理机制的认识和理解。

人类的呼吸特征分析既跟生理机制相联系，又跟心理状态相联系，广泛应用于各种领域，如语言病理学、康复医学、艺术发声训练、播音主持训练等，应用前景广阔。张锦玉老师在研究言语呼吸之余，还尝试性研究了歌唱呼吸，发现歌唱呼吸与言语呼吸的特征完全不同，它更多地受到歌曲旋律的支配，而歌词的语法、语义对呼吸的影响则下降到次要地位。我们以前对这些只有感性的模糊认识，现在可以从实验的角度，把量化的、层级性的呼吸单位应用到语言和其他领域的研究中，能够在更多领域进行分析探索，得出科学可靠的结论。张锦玉老师的开拓之功值得肯定。

王士元先生曾将呼吸（respiration）、发声（phonation）及发音（articulation）称作“说话的三部曲”。以往的语音学研究着重关注后两者，而呼吸对于人类言语产生的重要性常被忽视。实际上，言语呼吸联系着人类语言活动的生理和心理两个方面，对于语句韵律的表现起着内在的制约作用。从宏观（语句语篇）和微观（字词短语）角度对言语呼吸进行深入研究，对于揭开人类语言的谜题，具有重要意义。张锦玉老师的这本书可以作为这个方向上的一块奠基石。

是为序。

石锋

2021 年 1 月 6 日

缩略语表

EMG　肌电图
FRC　基本剩余量
RTQ　呼吸时间商
F0　基频
Ti　吸气时长
Te　呼气时长
Ci　吸气幅度
Ce　呼气幅度
H　呼吸度
Ki　吸气斜率
Ke　呼气斜率
M　平均值
Sd　标准差
HPG　阶层式多短语韵律句群
SYL　音节
PW　韵律词
PPh　韵律短语
BG　呼吸组
PG　韵律句组
Dx　停延率
EEG　脑电图
CPS　中止正漂移
Q　呼吸群

D　　呼吸段
J　　呼吸节
RAQ　　呼吸幅度商
RSQ　　呼吸斜率商
（S）F　女性被试
（S）M　男性被试
XQD　　吸气段
HQD　　呼气段

目　录

1 绪 论

语言是人类特有的交际工具，人与动物的重要区别之一就在于人具有独特的语言能力。语言能力表现为理性思维能力和发音能力，人类所具有的复杂的发音器官和调音器官正是发音能力的生理基础（叶蜚声、徐通锵，1997），因此对喉头、声带以及口鼻腔的研究在语言学中就有着非常重要的价值。除了发音器官和调音器官外，呼吸器官在语言产生中的作用也是不可或缺的，它为人类发声提供动力，是发声的动力器官。因此，王士元（2008）将呼吸（respiration）、发声（phonation）及发音（articulation）称作“说话的三部曲”。

呼吸是人类的一种重要生理机能，呼吸系统的首要功能就是与外界发生气体交换，为人体内的血流提供氧气。在这一点上，人类的呼吸与动物的呼吸是一致的。可是，人类的呼吸系统除此之外还具有另一个重要的功能，即为说话提供动力，满足言语交际的需求，这种功能则是人类独有的。一些研究已经发现，言语呼吸与平静呼吸有着迥然不同的特点，呼吸在话语理解和韵律产生中都有着重要的作用（Lieberman，1967，1984；Conrad & Schönle，1979；Grosjean et al.，1979；Ohala，1990；MacLarnon & Hewitt，1999；Yuan & Li，2007；尹基德、孔江平，2007；谭晶晶，2008；Shi et al.，2010；Wang et al.，2010）。因此，研究呼吸节律在言语韵律中的表现以及二者之间的关系，对于揭示言语产生、处理过程以及语言生理机能与声学特征间的交互关系就具有重要的意义。

1.1 呼吸的生理机制

1.1.1 平静呼吸的生理机制①

呼吸是指机体与外界环境之间气体交换的过程。呼吸运动是人类维持生命的重要功能，人体通过呼吸吸入氧气，呼出二氧化碳，在肺内进行气体交换。呼吸运动依靠呼吸器官完成，人类的呼吸器官主要包括气管、支气管、肺、胸廓以及有关肌肉、膈和腹部有关肌肉。其中，胸廓、横膈膜是发起呼吸动作的外部辅助部分（如图 1.1）。吸气时，在吸气肌群（主要有膈肌、肋间外肌）的作用下，胸廓扩张，肺泡充气；呼气时，在呼气肌群（主要有肋间内肌、后锯肌、胸横肌和腹肌）的作用下，胸廓压缩，肺泡排气②。肺本身没有自动扩大和缩小的能力，气体交换时空气出入肺部，主要靠胸廓的运动完成。

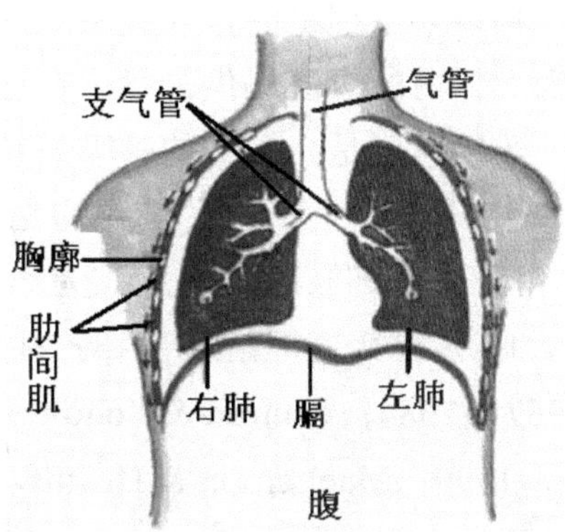

图 1.1 呼吸器官构造图

① 主要参考冯葆富等（1981）、周殿福（1980）、吴宗济等（1985）。

② 呼吸系统的功能要求肺部扩展和收缩，呼吸肌群在维持肺部扩展、收缩方面起重要作用，但人体不仅仅通过肌肉的运动来达到此目的，因为诸如胸廓等呼吸器官本身就是有弹性的，其扩展、收缩时的反冲力也是呼吸时的动力之一（Slifka，2000）。

平静时的呼吸运动是自律完成的，不需要人的意识控制，这时控制呼吸的神经中枢位于延髓。平静时的呼吸在呼吸频率、呼吸深度、呼吸比值、呼吸方式等方面是有规律的。一般来说，正常成人一次平静呼吸的周期为 4 秒左右，每分钟呼吸频率约为 15 次左右，比较稳定。就呼吸深度来看，正常成人（男性）每次吸入和呼出的气体量大约为 500 毫升①，呼吸深度不大，一般不用补吸气量（Complemental volume）和补呼气量（Supplemental volume）。从呼吸比值来看，平静呼吸时吸气和呼气的时长大致相等，呼气略长。就呼吸方式来看，胸廓的运动方式有两种，即胸式呼吸（Thoracic respiration）和腹式呼吸（Abdominal respiration），前者以改变胸廓左右径为主，主要靠肋间肌收缩，使肋骨上下移动；后者以改变胸腔上下径为主，主要靠膈运动完成。就多数情况来看，平静呼吸时，女性以胸式呼吸为常见，男性以腹式呼吸为常见。

肺活量（Lung volume）对于呼吸过程来说非常重要，它是指一次尽力吸气后再尽力呼出的气体总量。在数值上，肺活量=潮汐量+补吸气量+补呼气量。潮汐量（Tidal volume）是指在安静状态下，每次呼吸时吸入或呼出的气体量。对一般成年男性来说，潮汐量平均约 500 毫升。补吸气量是指平静吸气后再尽力吸气所能吸入的气体量，同样，平静呼气后再尽力呼气所能呼出的气体量就是补呼气量。对一般成年男性来说，补吸气量和补呼气量均为 1500 毫升左右。在深呼气之后，虽然不能再呼出气体，但肺内仍保留约 1500 毫升空气，称为剩余量或余气（Residual volume）。由于肺活量是一次呼吸的最大通气量，因此一个成年男性从一次最深的吸气到最深的呼气，总共可呼吸约 3500 毫升空气，即肺活量，它在一定意义上可以反映呼吸机能的潜在能力（如图 1.2）。

① 女性平静呼吸时的呼吸气体量可能较男性更小。

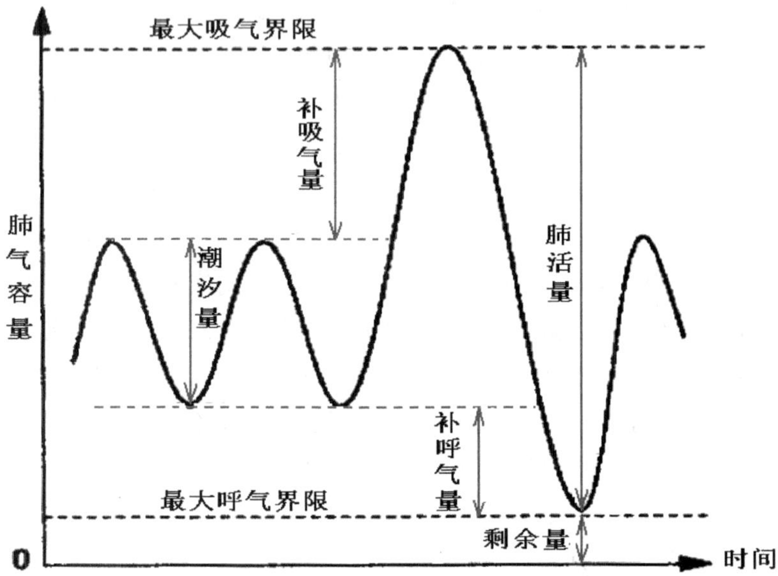

图 1.2 肺活量示意图

1.1.2 言语呼吸的生理机制

言语时，胸廓在吸气肌群的带动下迅速扩大，空气经由鼻腔、气管、支气管等进入肺部，使肺泡充气。呼气时，胸廓根据语句长度、韵律结构以及所要表达的情感等，在相关肌群的作用下有规则地压缩，同时肺泡排气。与平静呼吸时声门打开气流径直排出不同，言语呼吸时，声门会对肺部呼出的气流进行调节，即在声门的调控下，呼吸系统会产生一个相对稳定的声门下气压，以保证言语的连续性。该压力会随着韵律的凸显而上升、下降或发生急剧的改变（Slifka，2000）。由图 1.3 可见，言语时，肺气压是不断减小的，而声门下气压则在声门的调节下基本保持不变，直到句子结束时声门下气压才骤然降低。

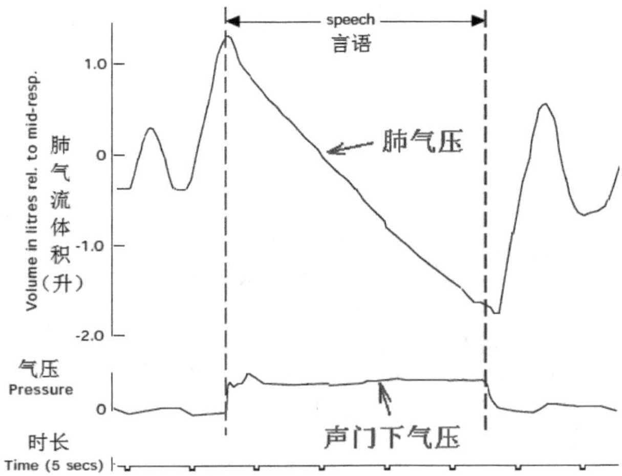

图 1.3 言语呼吸时的肺气压和声门下气压示意图[①]

除了声门对呼吸的调控之外，言语呼吸本身也表现出不同于平静呼吸的生理机制。冯葆富等（1981）对比了言语、歌唱与安静呼吸的差别，如表 1.1：

表 1.1 言语、歌唱与安静呼吸的差别[②]

标志	呼吸种类		
	安静呼吸	言语呼吸	歌唱呼吸
呼吸目的	吸氧排二氧化碳，进行气体交换	谈话	歌唱
呼吸控制	非意识地随便完成	受人意识控制	受人意识控制
呼吸比值	1:1.2	1:5—1:8	1:8—1:12
呼吸次数	每分钟 16-20 次	每分钟 8-10 次	每分钟次数视歌曲而定
呼吸量	500—600 毫升	1000—1500 毫升	1500—2400 毫升
呼吸径路	主要经鼻	主要经口	主要经口

① 引自赖德福吉（Ladefoged，1967）。
② 引自冯葆富等（1981）。

续表

标志	呼吸种类		
	安静呼吸	言语呼吸	歌唱呼吸
肌肉动作	吸气时胸部吸气肌群用力，膈略微下移；呼气时胸部吸气肌群放松，腹部肌微用力帮助膈复位。	吸气肌群之中提高肋骨、胸骨，固定锁骨以及板直胸椎的各肌收缩，膈下降较明显；呼气时，胸部吸气肌群放松，呼气肌群收缩，腹部各肌一齐用力，膈上升。	吸气时，比言语呼吸又多了几条肌肉参加作用；呼气时，收缩中的吸气肌群继续收缩用力，胸腹呼气肌联合做有控制性的收缩。

可见，与平静呼吸运动不同，言语呼吸是受人的意识控制的。控制人言语呼吸的神经中枢位于大脑皮质语言区，因此这时的呼吸不是无意识、自律性的，而是随着言语的变化而不断变化的。与平静呼吸运动相比，言语呼吸的频率、深度、比值、方式等是不同的。首先，呼吸频率变慢，受句子长度等方面的影响，言语呼吸的周期加长且不稳定；其次，呼吸深度加深，潮汐量已经不能满足言语表达时的空气需求，需要使用补吸气和补呼气增加肺部气流量，支持言语表达完成；再次，言语呼吸的呼吸比值较平静呼吸的更大，言语呼气过程往往是吸气过程的 5—8 倍；最后，参与言语呼吸的肌群也比平静呼吸时的更多且更复杂，尤其是在呼气阶段，因此呼吸方式也比较多样化，胸式呼吸、腹式呼吸以及胸腹联合式呼吸都可能出现在言语呼吸中。

1.2 言语呼吸研究综述

呼吸在人类语言发声过程中起着非常重要的作用，呼吸为言语提供动力，言语也影响着呼吸的形式和特点，因此前人对言语呼吸也进行了很多非常有意义的探索。总的来看，研究主要集中在四个方面：对言语呼吸生理特征及生物进化过程的研究，对不同言语任务中呼吸特征的研究，对呼吸组块语音特征和音系地位的研究，对不同特征人群呼吸特征的研究。以下将从这四个方面具体阐述一下前人的研究成果。

1.2.1 言语呼吸生理特征及生物进化过程的研究

呼吸为言语活动提供动力，言语时的呼吸是一个复杂的生理过程。人类呼吸系统的进化为言语活动提供了必要的条件。李伯曼（Lieberman，1984）认为，人类呼吸在基本的生物性即维持生命方面，与其他动物相同，但言语呼吸则与呼吸系统的长期历史进化有关。当人在说话时，其呼吸系统已经超越了呼吸运动最基本的生物性形式，人类语调的产生似乎是介于两种生理机制之间的一种相互作用，“人类用以调整呼吸的生理系统的进化过程反映了句子生成时句法统治现象的存在”（Lieberman，1984：98–99）。这实际上也说明，语言的出现和发展对人类呼吸系统的完善和进化提出了要求，语言和人类呼吸系统的进化是相互作用和影响的。麦克拉农和休伊特（MacLarnon & Hewitt，1999）则专门从人类言语进化的角度来研究言语呼吸控制的增强过程。他们的研究表明，与更新纪灵长类动物和匠人（Homo ergaster）相比，现代人类和穴居人群在胸部脊椎槽上都有扩展，其胸部的神经分布也有了明显的增加。麦克拉农和休伊特（1999）认为，这种现象的出现很可能是由于说话时呼吸系统对呼吸运动控制的增强而引发的。此外，受胸部神经分布支配的呼吸肌群（肋间肌和一组腹肌）以及喉部和声门的进化，都可能与语言的发生有关，这些敏感、复杂的肌肉运动与认知因素相综合，对言语呼吸有重要影响。

王士元（2008）根据于尔根斯（Jürgens，2002）的研究将呼吸、发声、发音三个步骤进行时相关的肌肉、神经系统做了总结，其中参与呼吸过程的胸肌和腹肌各有四种，神经线共五条（见表 1.2）。言语时，这些肌群和神经的活跃程度和活动方式是不同的。

表 1.2 参与言语呼吸的肌肉和神经线列表①

部位	muscles（肌肉）	nerves（神经线）
abdominal（腹部）	transversus abd（腹部横肌） obliquus int. abd（腹内斜肌） obliquus ext. abd（腹外斜肌） rectus abd（腹部直肌）	intercostales（肋间神经） subcostales（肋下神经） iliohypogastricus（髂腹下神经） Ilioinguinalis（髂腹股沟神经） plexus lumbalis（腰丛神经）
thoracic（胸部）	intercostales int.（肋间内肌） intercostales ext.（肋间外肌） intercartilaginei（软骨间肌） thoracis transversi（胸部横肌）	intercostales（肋间神经） subcostales（肋下神经）

赖德福吉（Ladefoged，1967）指出，肋间内肌在大多数对话言语中是活跃的，肺容量与安静呼吸时相似。当肺容量水平较高时，肋间外肌在改变胸廓下降中起主要作用，从而减小来自肺部反弹力的压力。当肺容量水平较低时，其他肌肉（如腹部直肌和内部斜肌）则支持肋间内肌的活动，而且只有在松弛压正好达到维持声带振动时，才有内、外部肋间肌同时活动。由图 1.4 可见，松弛压与声门下气压的交点表示二者的压力数值正好相等，交点前肺容量和松弛压水平较高，膈肌和肋间外肌活跃；交点后肺容量水平降低，肋间内肌、腹外斜肌、腹部直肌等肌肉活跃起来，而两大肌群活跃的转折点正是松弛压与声门下气压相等的时候。

① 该表摘自王士元（2008），表中各名词的中文译名为笔者翻译。

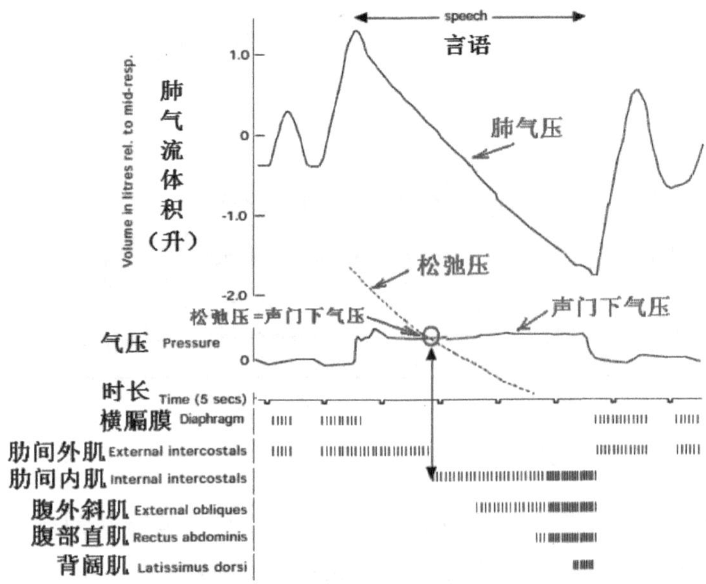

图 1.4 言语时肺气压、声门下气压及呼吸肌群的变化①

然而，赖德福吉和勒布后来的研究证明，在说话时，肋间内肌和肋间外肌是同时活动的，腹部直肌的活动也与肋间外肌的活动有所重叠（Ladefoged & Loeb，2002）。如图 1.5 所示，内、外部肋间肌和腹部直肌在说话过程中是始终活动的，只不过在不同时间段内，不同肌肉的活跃程度不同罢了，即随着肺气压逐渐减小，肋间外肌的活动逐渐减弱，肋间内肌和腹部直肌的活动则逐渐增强。

霍伊特等（Hoit et al.，1988）研究了平静和言语呼吸时的腹肌运动情况，结果表明，腹肌肌电图（electromyography，EMG）的活动方式随身体位置的不同而不同。在言语状态下，腹部侧肌在直立时非常活跃，而在仰卧时仅偶尔运动。直立时，腹部侧肌的 EMG 活跃度高，而且总高于平静呼吸时腹侧肌的活跃度。在仰卧时，腹侧肌 EMG 有时会比平静呼吸时高，但总体上要低于直立时的活跃度。此外，腹部 EMG 的活跃性在大声说话和低肺容量言语时是非常普遍的。

① 引自赖德福吉（1967），图中各名词的中文译名为笔者翻译。

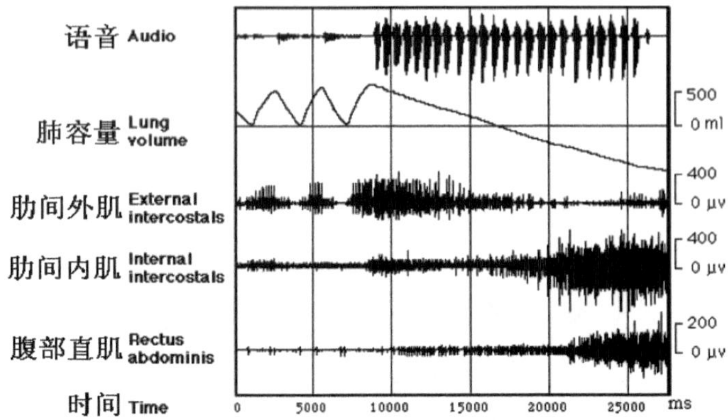

图 1.5　言语时呼吸肌群的 EMG 图像①

随着对言语呼吸研究的深入，目前，学界主要有两种有关言语呼吸生理活动的理论，威斯默（Weismer，1985）分别称之为“传统理论”和“现代理论”。传统理论认为，在被控制的呼吸中（如言语呼吸），当肺容量高于基本剩余量（FRC）时，为了抵制肺部反冲力，使肺气压不致快速下降，吸气肌群就变得非常活跃。时长较短的、响度较小的言语段可能仅依靠正常吸气或平静吸气的气流量就可以完成，不用依靠呼气肌群；而时长较长的、响度较大的言语段则对正常呼吸产生了偏移。现代理论则强调腹系统在呼吸中的重要作用。研究发现，大多数说话者在言语时至少会利用腹系统去帮助胸系统来控制呼吸，还有一些说话者更多地使用腹系统而不是胸系统来改变肺容量。在大多数言语中，特别是谈话语体中，语句首多以纯肺部反冲力产生的肺容量来产生声门下气压，但在语句首之后，呼气动力必须靠肌群运动来维持声门下压力。欧哈拉（Ohala，1990）指出，这两种理论具有一些相似点，它们都承认呼吸生理在维持相对稳定的声门下气压中的作用，也都承认言语是由胸廓和肺产生的相对稳定的力量来完成的。但是，这两种理论的差异还是明显的，即言语产生的生理过程是如何被完成的，是主要由胸腔肌群完成还是由腹部肌群辅助完成。传统理论认为主

① 引自赖德福吉和勒布（2002），图中各名词的中文译名为笔者翻译。

要是胸腔肌群的作用，而现代理论更强调腹系统在言语呼吸中的作用。

实际上，后来对言语呼吸过程的研究发现，人们说话时多采用胸腹联动式呼吸（史文迪、王永华，2010；杨锋等，2013），也就是说，胸系统和腹系统在言语时共同作用，彼此支持，但二者的作用和运动方式可能不同。通常来说，腹腔比胸腔提前 100 毫秒（ms）运动，这种“发声前的不同步性”（prephonatory asynchrony）也许和胸腔壁为适应语言需要而做出的调整方式有关。（Baken et al.，1979）而关于呼吸肌群的研究也为此提供了证据。（王士元，2008；Jürgens，2002）

1.2.2 不同言语任务中呼吸特征的研究

目前，对不同任务中呼吸的研究还是比较充分的，研究范围大体包括平静呼吸、睡眠呼吸、言语呼吸、歌唱呼吸等。

对平静呼吸的研究开始最早，这方面的研究在生理、病理学上比较多。后来，学者们也开始关注平静呼吸与言语呼吸的差异。周殿福（1980：44-46）认为，安静状态下的呼吸需要的气流不多，一般每次吸入的气流平均量只有 500 毫升，吸气和呼气的比例约为 1:1.5。从时间上来看，吸气时间略短于呼气时间，它们的比例一般是 4:5。冯葆富等（1981：28-29）指出，人们在说话或歌唱时的呼吸方式与安静时有所不同。首先，从呼吸相位上看，安静吸气与呼气的相位相同，而在说话或唱歌时由于发声阶段都处于呼气相上（吸气音除外），因此呼气相长于吸气相；其次，与此相关的是呼吸节律的变化，安静呼吸为 16—29 次/分，言语时为 8—10 次/分；再次，呼吸气肌群参与的程度不同，言语和歌唱时呼吸气肌群的数量比平静时更多，以保证在言语和歌唱时有适当、稳定的气压和气流量。米歇尔（Michelle，2001）在总结自然呼吸与言语呼吸的差异时也指出，它们在呼吸的主动与被动、气流量的大小、呼吸的比值等方面也是不同的。此外，平静呼吸没有任何的语言学意义，而言语呼吸中的呼气段不仅对应着有意义的话语，甚至吸气段也对应着言语中必要的停顿。正如麦克拉农和休伊特（1999）所指出的，人类对于平静呼吸的调节对言语产生是非常重要的，它使得人们在快速吸气后产生了一个较长的呼气阶段，而短促的吸气段则对应了一个有意义的语言停顿。

在睡眠时，人的呼吸与清醒状态下的呼吸也有不同。蔡翘（1955）认为，呼吸幅度与频率的周期性波动是浅睡最明显的特征。王菊民和蔡翘（1958）考察了睡眠深度与呼吸等因素间的相互关系。他们指出，被试由觉醒过渡到深睡过程中，呼吸由深快、比较平稳而转变为大小、疏密不同的周期性波动，最后变弱而均匀。浅睡时呼吸的变化主要是在幅度方面，频率虽有随幅度的大小而变快或变慢的表现，但并不十分显著和普遍。此外，他们还按照呼吸幅度的变化分辨出浅睡呼吸的五种类型。其中，锯齿型是呼吸幅度逐渐变小，小到一定程度后又逐渐变大，增大到一定程度又开始减小（如图 1.6-Ⅰ）；阶梯型是呼吸幅度逐渐变小，小到一定程度突然增至最大，以后又逐渐减小（如图 1.6-Ⅱ）；锯齿—阶梯型是前两种情况的混合型（如图 1.6-Ⅲ）；类比亚氏型是呼吸幅度逐渐减小，以至呼吸完全终止，终止 20—30 秒后呼吸又复发生，初发生时幅度大，以后逐渐变小（如图 1.6-Ⅳ）；无规则型是大多数文献报告的一种类型，呼吸幅度呈现不规则的波动，波动的周期时长时短，范围时大时小，没有一定的规则（如图 1.6-Ⅴ）。此外，王菊民和蔡翘（1958）的研究还发现，睡眠时的呼吸形式与脑电波、血氧饱和度、肺通气量等也有一定的关系。

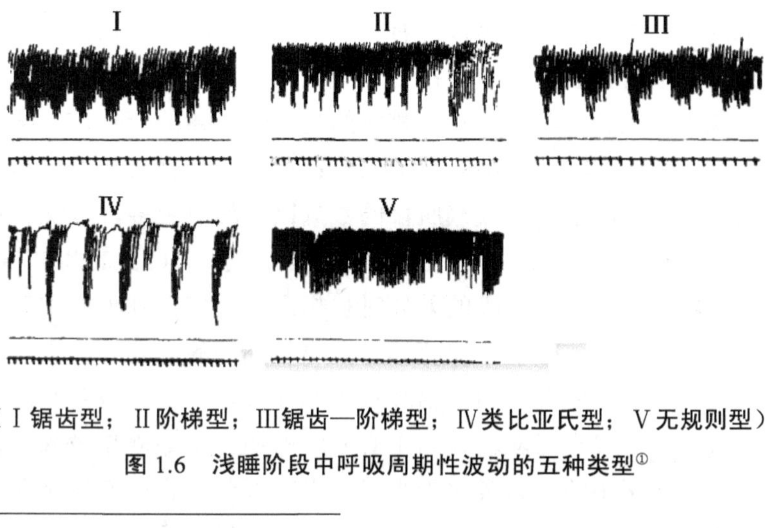

（Ⅰ锯齿型；Ⅱ阶梯型；Ⅲ锯齿—阶梯型；Ⅳ类比亚氏型；Ⅴ无规则型）

图 1.6　浅睡阶段中呼吸周期性波动的五种类型[①]

① 引自王菊民、蔡翘（1958）。

目前，学界对言语呼吸研究的角度、形式等可以说是最丰富的。学者们从语句时长停顿、音高基频、言语响度、韵律结构、不同言语任务等方面对言语呼吸的特征做了深入的研究。在言语呼吸与语句时长停顿的关系方面，主要有格罗让等（Grosjean et al.，1979）、袁楚和李爱军（Yuan & Li，2007）、谭晶晶（2008）、谭晶晶等（2008）的研究。其中，格罗让等（1979）的研究证明，呼吸停顿的时长和频率是由说话的语速和停顿的句法属性所决定的。没有呼吸的停顿也遵循同样的呼吸形式，但是往往比较短，而且主要倾向发生在较小的停顿处。在慢速和常速的语速中，说话人会调节吸气来预先计划停顿的形式，而在快语速中，生理上的呼吸需求是决定停顿的唯一因素。

袁楚和李爱军（2007）研究了朗读和自由谈话状态下情感言语中呼吸段落[①]的特征，结果发现，在朗读和自由谈话中，情感言语的呼吸段落在各主要韵律边界都有产生，但数值有一定差异；朗读时，两个呼吸段落间的距离一般小于10秒，在一个语调组内，呼吸段落的数量不确定，通常1—2个，时长范围为0.1—0.3秒；在自由谈话时，有时话轮转换处的呼吸可能与对话者说出的词句重叠或接近话轮转换处的边界；在两种状态下，每个呼吸段落和后接韵律短语之间都有无声段。他们的研究证明了呼吸段落可以帮助提升合成言语的表达度和自然度。

谭晶晶等（2008）利用肌电脑电仪和呼吸带传感器测量了发音人在朗读不同文体时呼吸节奏的变化，结果表明，呼吸重置的时长和幅度显著正相关，重置幅度比重置时长更能反映不同文体的差别以及反映不同呼吸级别的大小。从不同文体的呼吸节奏来看，近体诗、词等韵文的呼吸节奏比较简单，其呼吸重置的大小可分为两级；小说、散文、新闻等非韵文的呼吸节奏较复杂，其呼吸重置可以大致分为三级，其中，大呼吸重置最少，小呼吸重置最多。谭晶晶（2008）还研究了新闻语料中呼吸节奏的变化，结果表明，从语篇中大尺度信息单元的角度着眼，大呼吸单元对应自然段，中呼吸单元对应复句，小呼吸单元对应分句或句子成分。另外，语流中有呼吸重置的地方必然有停顿，

① 这里的“呼吸段落”是为表达某一特定的情绪而故意产生的吸气段落，它携带了话语中的情感、态度等信息。

但有停顿的地方不一定有呼吸重置。处于语篇不同位置的呼吸单元中的呼吸曲线达到该呼吸单元最高值的方式不一样，说明语流中的呼吸单元的构造体现了语篇的组织架构。杨锋（2013）则通过胸、腹两组呼吸信号研究了言语产生的呼吸机制，发现言语以胸腹联合式呼吸为主，但二者在言语时的作用则不同。从呼吸重置的角度看，腹呼吸重置时间早于胸呼吸重置时间和语音起始时间，呼吸重置往往出现于韵律句起始。

在呼吸与语调音高的关系方面，尹基德和孔江平（2007）做了有意义的探索，他们研究了韩语新闻和散文朗读时呼吸节奏与语调群的关系，其研究结果表明，韩语新闻朗读的呼吸单位准确地对应于每个停顿的地方，且有呼吸下倾（respiration declination）和呼吸上升（respiration uphilling）两个常见的呼吸结构模型。关于语调群和呼吸群的关系，他们认为，语调群边界上音高调节的形式决定呼吸的重置，韩语的语调群边界中低升、降升两个调型引起了呼吸的重置，这说明，特定音高模式会影响呼吸的节奏。张春连（2013）对呼吸节奏与音高关系的研究发现，呼吸重置和基频重置是对应的，基频的斜率分别与呼吸时长和重置截距成正比和反比关系。

在言语呼吸与响度、重音等的关系上，也有学者进行了不少研究。欧哈拉（1990）对呼吸与音节、重音、句末基频、音段类型等的关系做了考察。在重音、口鼻气流量与呼吸的关系上，他发现：1）当口部气流大时，肺容量相应有较大、较快的下降；2）在气流下降时，会出现肺容量下降低于正常时的情况；3）在强调的重音音节中，肺容量会比正常情况下降得更多；4）在非强调重音音节中，肺容量下降率的变化不明显；5）总的来说，肺容量的下降与通过口、鼻排出的气体量之间有短期的关系。

休伯等（Huber et al.，2005）研究了言语中响度增加的不同方法是否会导致不同的呼吸运动。实验测试了四种任务①下的呼吸运动表

---

① 四种任务分别为 COMF（以发音人认为舒适的响度和音高朗读）、COMF+10（以比舒适响度高 10 分贝的声压水平朗读）、2XCOMF（在舒适的状态下，以尽可能大的响度朗读 2 次）、NOISE（在噪音环境下朗读）。

现，结果发现，后三种增加言语响度的激发方式都得到了相似的声压水平（SPL），但支持响度增加的呼吸机制却随着言语响度激发方式的不同而不同。在 COMF+10 的情况下，被试增加了肺活量，言语会以肺部高反冲压力开始；在 2XCOMF 的情况下，被试在多数情况下以增加呼气肌肉的紧张度来增加言语压力；在 NOISE 的情况下，被试综合了上述两种方式，既用了增加反冲压力的方法，又用了增加呼气紧张度的方法，此外，被试还放慢了语速并产生了更大的容量偏移（volume excursion）。这也证实了皮克等（Pick et al.，1989）、温克沃思和戴维斯（Winkworth & Davis，1997）的研究，即在噪音环境下，说话所获得的响度提高比给被试指令更自然，被试在没有被明确告知增加响度时可能采用多种策略。

在言语呼吸与韵律的关系上，斯利夫卡（Slifka，2000）研究了韵律边界处言语产生的呼吸约束，该研究分析了语句起始和终止处的呼吸系统动态特征，揭示了韵律边界处生理指标与声学线索的相关关系。研究结果证明，言语产生中的呼吸系统的作用不仅仅是像传统观点认为的那样，呼吸系统只为言语提供一个相对稳定的动力气压。

石锋等（Shi et al.，2010）探讨了呼吸在话语节律中的表现及其与韵律、语义的关系，结果表明，话语呼吸节律与自然呼吸节律不同，呼气和吸气曲线的各参数均与韵律单位等级有着密切的关系。根据呼吸斜率的不同，话语呼吸曲线均可分为陡、缓、平三种类型，说明话语呼吸的升降变化是人们在说话时话语结构、话语意义以及情感表达的伴随现象。

张锦玉（2010）研究了十位被试在语篇朗读时的停延率和呼吸特征，结果表明，语篇朗读时的呼吸参数在不同韵律层级下存在显著差异，且与相应位置的停延呈现出较高的相关性，说明停延和呼吸均受韵律等级的制约，二者呈现出交错对应的关系。

张锦玉等（2011）使用呼吸传感器对四位被试在朗读和讲述时呼吸的不同表现进行了初步分析，结果表明，不同状态下言语呼吸的节律有明显的差异。其中讲述状态下呼吸的特点表现为句中短小停顿减少，曲线中较大的起伏偏多；吸气段以幅度的减小为特征，而呼气段则以时长的延长为特征；呼、吸斜率分别以陡升、缓降为主，峰型变化相对较少；呼吸时间商（Respiratory Time Quotient，RTQ）的值随着韵律单位等级的提高而变小，且一般比朗读状态下相应的 RTQ 值要小。

尽管言语呼吸有着很多相同的特点，但是不同的言语任务也会导致呼吸特点的变化，如朗读、自由谈话、歌唱等的呼吸形式就有着不同的特征。因此，对不同言语任务的考察也是言语呼吸研究的重要方向之一。康拉德和施奈尔（Conrad & Schönle，1979）研究了三种情况下的四种任务中呼吸运动的表现形式①，其研究结果发现，平静呼吸经由默想、无声唇读直至朗读呼吸，其间是逐渐的、连续的，而且即便是在默想（不出声且不唇读）的状态下，呼吸也在向言语呼吸的方向转变，说明人类的呼吸是受到语言系统影响的，这种影响在有声言语和无声言语的状态下都会发生。如图 1.7 中，a 是默想状态下的呼吸形式，四种任务中的吸气过程与呼气过程的时长相对接近，呼气时长稍长于吸气时长；b 是无声唇读时的呼吸形式，可以发现，吸气时长较默想状态下有所缩短，而呼气时长相对变长；c 是大声说话时的呼吸形式，这时吸气与呼气的时长比值明显减小。从这三个过程可以明显看出，从平静呼吸到话语呼吸有一个逐步的、自动的变化。此外，康拉德和施奈尔（1979）还认为，人类内部言语的心理表现和复杂程度决定了言语呼吸形式的活跃度。同样由图 1.7 可见，在同样的情况下，不同言语任务的呼吸形式是不同的，言语任务的复杂度与呼吸形式的活跃度正相关。

① “三种情况”分别为 speaking aloud（大声说话）、articulating subvocally（无声唇读）、quiet performance by trying to exclusively “think” the tasks（默想）；“四种任务”分别为 spontaneous speech（自由说话）、reading（朗读）、serial speech（连续言语）、arithmetic（计算）。

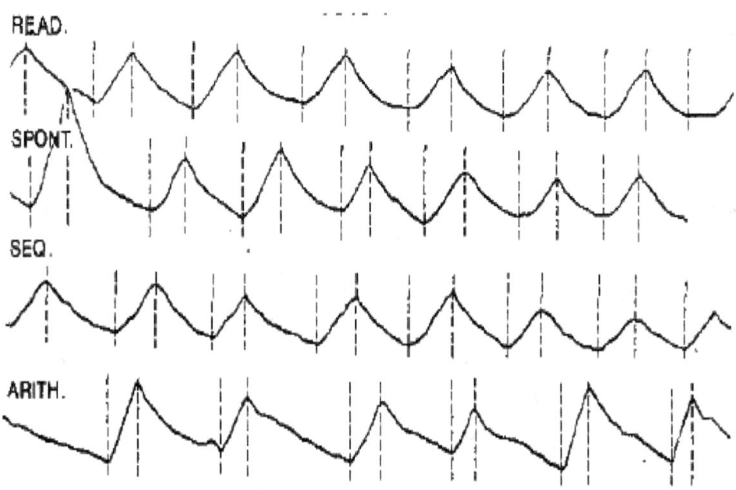

a QUIET

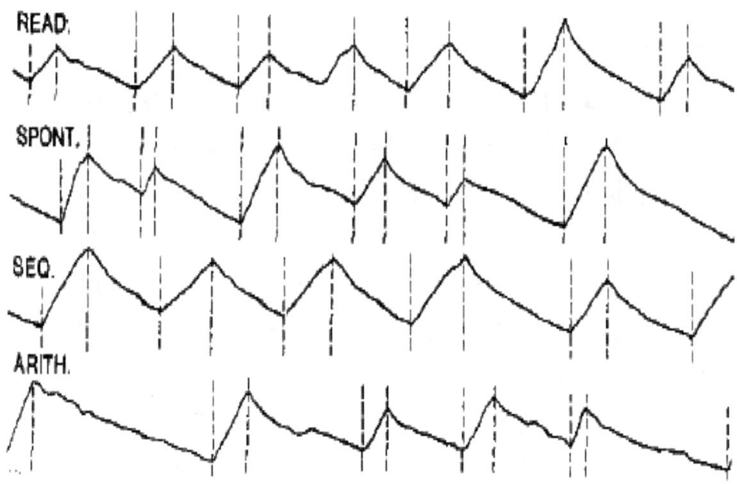

b SUBVOCAL

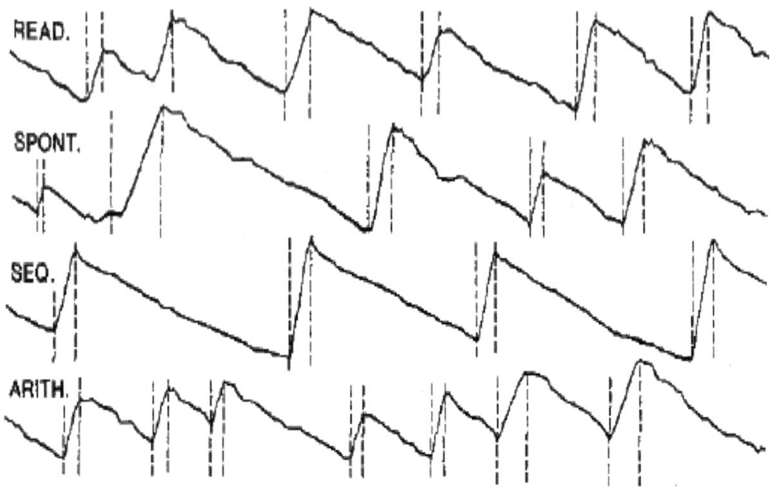

c ALOUD

图 1.7 三种情况下四种任务中的呼吸形式[①]

麦克法兰（McFarland，2001）也对不同状态下的言语呼吸进行了探索，较之康拉德和施奈尔（1979）的研究，麦克法兰还涉及听者的呼吸状态。研究发现，吸气时间对于区别安静和言语呼吸最为敏感，而在两种对话状态（剧本对话和自由对话）下，听话时的呼吸运动形式与言语时的十分相似，且在话轮转换的起始处往往能够观察到呼吸的规律性变化。以上两个研究说明，人类内部言语的心理表现和复杂程度会影响言语呼吸形式的活跃度，交际任务或交际话题的改变会伴随着呼吸信号的改变，这种呼吸的改变在听话人和说话人身上都有体现。可见，具体言语任务可以由特定的言语呼吸形式反映出来，语言系统正在进行的过程也可以被言语呼吸反映出来（Conrad & Schönle，1979）。

温克沃斯等（Winkworth et al.，1995）研究了 7—10 年级的 6 名女性被试在自由言语时肺容量、言语强度、吸气位置的变化情况，结果表明，肺容量在组内和组间的变化差异显著，有些肺容量的变化与

① 引自 Conrad & Schönle（1979）。

被试情绪状态有关。言语中的大部分吸气出现在结构（停顿）边界，语句前吸气量与其后的呼吸群的长度有关，呼吸群的长度可以被它前面的吸气量预先反映。

王玉才等（Wang et al.，2010）研究了朗读和自由谈话状态下呼吸群在时长和基频（F0）上的差异，结果表明，较之朗读任务，自由谈话任务下的呼吸显著地表现出更多的不符合语法的呼吸群，且其时长显著地长于朗读时呼吸群的时长。因此，王玉才等（2010）认为，这种情况的出现可以部分地解释朗读和自由谈话在认知—语言负荷上的差异。

福斯等（Fuchs Suasnne et al.，2013）研究了德语母语者在朗读任务中语句计划（utterance planning）的呼吸与声学特征，结果发现，停顿时长、吸气时长和幅度在语句长度方面差异显著，但句首 F0 峰值不受语句长度和复杂度的影响。此外，他们还发现，呼吸参数和停顿时长是影响语句计划的整体参数，而基频峰值的高度只是对首成分长度更加敏感的一个局部指标。此后，福斯等（2015）又进一步研究了德语母语者朗读和自由言语时的呼吸与基频下倾的关系。他们分析了语调短语内音节数量和无声停顿的表现，这两个因素都会影响基频下倾和胸腔运动的斜率。在朗读和自由言语中，胸腔运动的斜率与 F0 下倾无关，F0 斜率在自由言语中小于朗读时，F0 斜率会受语句长度影响，而胸腔斜率不会。故其认为，尽管 F0 下倾发生在很多语言中，但它可能并非单纯由生理呼吸造成，其他因素如言语计划、交际约束也可能与生理约束交互作用而影响 F0 下倾。

还有一些研究涉及吟诵、歌唱方面的呼吸特征。如沃森等（Watson et al.，1989）、李永宏等（2012）、刘璇（2013a、2013b）、杨锋（2012）。其中，沃森等（1989）研究了四个被试在歌唱时的腹肌活动情况，结果表明，在呼吸周期的呼气过程中，腹部不同区域的活跃度是不一样的：在腹部侧面，肌肉活跃程度高，而在中部区域，肌肉活跃程度低。腹部侧面肌肉活跃度的主要衰减一般发生在吸气段的起始处。这项研究说明，腹部对歌唱时胸部活动的状态和形式等有重要的作用。杨锋（2012）分别研究了近体诗、词和古文的吟诵呼吸情况，并与古诗词文朗读的呼吸进行了对比，结果发现，吟诵气息量比朗读增加数倍。吟诵呼吸重置大多是一级重置，词和古文的长句一般都对应一个胸呼吸重置，腹呼吸重置时间点早于胸呼吸，韵律短语边界在胸腹呼吸信号上体现为断点抖动或水平段。可见，吟诵呼吸是介于言语和歌唱呼吸间的一种中间状态。

1.2.3　对呼吸组块语音特征和音系地位的研究

言语中的呼吸和言语流一样，也是一个线性过程，因此一段呼吸也可以根据一些标准分成不同的段落。帕西（Passy，1930）认为，由于语义表达和听觉感知的需要，每一个气呼的节落大致对应一个简单的意义单元，它们是言语呼吸中的单位。这些“气呼节落”被李伯曼（1967）称为“呼吸群”（breath-group），它们是产生和感知语调的重单位。李伯曼（1967，1984）还考察了与呼吸群相关的一些声学特点。他认为，呼吸群的边界往往伴随着基频 F0 的下降和音强的骤减，呼吸群是“音高下倾”（Declination）和“降阶”（Downstep）的主要生理原因。不过，呼吸群末尾虽在多数情况下表现为基频 F0 的下降，但也有基频上升的情况，这就是“标记性呼吸群”（Marked Breath-Group）。此外，李伯曼还发现，呼吸群的长度由语句中句法、语义、韵律等因素所控制，时长有变化。对于呼吸群的音系地位，李伯曼认为，它是英语语调结构的基本单位，是一个音系结构。因此，在近年的研究中，也有人将呼吸作为划分韵律层级的重要指标，如郑秋豫（2008）的“阶层式多短语语流韵律（HPG）”架构。

郑秋豫（2008）认为，在口语段落中，说话人一般倾向使用一口气来表达一个完整的语义，这个语段在生理上对应于一个呼吸段落，在语义上对应于一个完整的意义，在韵律上则对应于一个韵律层级单位，即呼吸组（BG）。所以，呼吸组在 HPG 架构中被作为重要的一级韵律单位而受到关注，从韵律层级上来看，呼吸组是韵律句组（PG）的下层单位，大致与一般所说的语调短语类似。当表达语义完整时，BG 并入 PG 层；当 BG 不足以表达一个完整的语义段落时，则有上一层的 PG。此外，郑秋豫还观察了 BG 层级在声学方面的表现，结果表明，BG 层中，不同位置的韵律短语（PPh）时长和音强的组型有明显规律：BG 起首和中部 PPh 的时长大致呈现为勺状曲线，结尾 PPh 时长则表现为倒勺状曲线；BG 起首 PPh 的音强约呈凸形曲线，中部 PPh 呈下降状，尾部 PPh 大致表现为凹形曲线。

呼吸群理论指出了呼吸群在语音上的特征和音系中的地位，后来又有不少学者通过各种实验验证了呼吸群理论。萨文蕙（Sah，2005）通过汉语失语症病人简单陈述句的语调基频对“呼吸群理论”和“倾斜理论”做了比较，结果显示，失语症病人的语调掌握能力受到损伤，尽管这两种理论都无法作为区分布氏和维氏病人的依据，但相比较而言，“呼吸群理论”较能捕捉汉语失语症病人及正常人陈述句的语调特性，而“倾斜理论”在这方面的描述适切性差一些。该文章由此支持了呼吸群理论在语音分析中的重要作用。

1.2.4 不同特征人群呼吸特征的研究

对不同特征人群呼吸特征的研究主要包括对不同年龄、不同性别以及患病人群言语呼吸的研究。

霍伊特和希克森（Hoit & Hixon，1987）研究了儿童与成人言语呼吸的特征，并分析了性别和年龄对呼吸表现的影响，结果表明，性别不是影响言语呼吸的重要变量，但年龄却是决定言语呼吸表现的重要因素。7 岁组与其他组（10 岁、13 岁、16 岁组）的差异最大，主要表现在与年长组相比，7 岁组在呼吸组的起首位置处有更大的肺容量、胸廓容量和腹容量；每个呼吸组的肺容量偏移更大，音节数量更少，而每个音节的支出肺容量却更大。

博列克等（Boliek et al.，1996）研究了 40 名一岁前儿童的发音和呼吸，测量了他们胸腔、腹部和肺容量的改变以及呼吸周期的特征，研究发现，儿童在哭喊、呜咽、咕哝和单词句等状态下所表现出来的呼吸行为是极为不同的，其中身高、年龄等因素对呼吸的表现有影响，而性别则对此影响不大。后来，他们又研究了 40 名 2—3 岁儿童的呼吸特征，将其分为 18 个月、24 个月、30 个月、36 个月四组，测量项目与上述文章相同，结果显示，呼吸行为受身高、年龄的影响，而与性别因素无明显关系（Boliek et al.，1997）。

赖利和摩尔（Reilly & Moore，2009）研究了 40 名 7—11 个月大的婴儿在自然发音时胸腔的变化和肋腔、腹部运动及调制，结果显示，11 个月婴儿的主要成分波形（Principal Component Waveform）显著短于 7 个月婴儿，而呼吸运动调制形式的变化则增加了，此外，11 个月婴儿组腹部和肋腔运动预测相应发声长度的范围和产生音节句的比值也较 7 个月婴儿组的明显增加。这说明，在儿童习得语言的过程中，言语发展的过程也影响到了呼吸行为的变化，胸腔运动形式快速调制的增加和神经肌肉系统对呼吸运动的更多控制都适应了言语复杂性的需要。

摩尔等（Moore et al.，2001）研究了 11 名 15 个月大的婴儿在平静和发音状态下胸腔和腹部运动的关系，结果显示，平静呼吸与言语呼吸形式明显不同。在平静呼吸时，胸腔与腹部运动的平均相关系数很高（一般都在 0.90 以上）；在言语呼吸时，二者相关系数分布范围大，且相关性也较弱（约为 0.60）。这表明，即使在言语的最早阶段，人类呼吸也显示出与其他呼吸行为不同的动力学特征。

史文迪、王永华（2010）研究了 6—7 岁正常儿童平静和言语时的呼吸特征，发现他们的言语呼吸是胸腹联动式，男女童的呼吸存在差异，男童的呼吸肌群和呼吸器官发育较女童好。上述研究表明，在儿童习得语言的过程中，言语发展的过程也影响到了呼吸行为的变化，呼吸系统的快速调制以及神经肌肉系统控制性的增强都适应了言语复杂性的需要，这种变化即使是在言语的最早阶段也被明显地表现了出来。可见，语言的习得过程与言语呼吸调制系统的完善过程是同步进行的。

言语呼吸的病理研究也是呼吸研究的重要一翼。大部分研究发现，患有语言能力疾病（如失语症、失读症、口吃、构音障碍等）、听力障碍及脑部疾病的患者在讲话时的呼吸上都有不同程度的失调。对听障儿童和口吃儿童的呼吸研究发现，他们在言语时的呼吸均与正常儿童存在显著差异（Denny & Smith，2000；王永华等，2012；Danielle，2014）。他们的差异普遍表现在呼吸量、呼吸频率、呼吸时长、呼吸停顿位置等方面，说明其言语动力源不能提供足够的呼吸支持，导致了呼吸和发音器官的不协调以及言语流利度的降低。对口吃儿童来说，他们的倾听呼吸也表现出与正常儿童的差异（Danielle，2014），说明其言语表达的障碍可能会影响到对言语的听力和理解。

谢雯华（2008）使用通气面罩、气动学仪器（AP II）和数字录音设备，研究了十位小脑萎缩症患者在阅读短文时语法适当处的吸气位置以及呼吸群的时序结构参数。该实验同时选取了十位在性别和年龄与实验组相当的健康受试者作为控制组。研究结果显示：（1）运动失调组在语法不适当处吸气位置的比值显著地比控制组高；（2）语法适当处吸气位置的比值和言语清晰度无显著相关性；（3）在呼吸群时序结构中，运动失调组的平均呼气时长、呼吸群时长、呼吸群之内的说话速率、呼吸群间停顿时长以及非吸气停顿时长和控制组有显著差异，但是吸气时长、呼气和吸气时长的比值、每个呼吸群的音节数以及呼吸群时长占呼气时长的比值则无显著差异。上述实验结果说明，小脑萎缩症患者在阅读文章的吸气位置语法适当处的比值不是他们的言语清晰度的一个决定因子，他们说话呼吸运动的失调以及构音器官之间的协调运动障碍普遍表现在呼气时长、呼吸群时长、呼吸群间停顿时长、非吸气停顿时长及说话速率的显著差异之上。

总之，前人从语言学层面对呼吸的研究主要是从生物、生理视角，言语任务视角，语音、音系视角和人群差异视角这四方面来进行的，研究视野比较广阔，为今后的研究提供了可资借鉴的成果和坚实的基础。

1.3 选题意义及研究目标

1.3.1 本研究的意义及创新点

如上节所述，前人对言语呼吸已有了不少有价值的研究成果，但是仍然存在一些不足及研究中的空白。比如，目前对呼吸和韵律间关系的研究还不很深入，尚未将言语声学特征与呼吸特征有效地对应起来，没有说明呼吸层级与言语韵律层级之间的相互关系。同时，对语调、停延等方面的呼吸特征研究尚属空白，没有从生理呼吸角度探索语篇中时长等韵律方面的特征和产生原因。此外，尽管研究者们已对不同任务状态下呼吸的特征有所阐述，但没有有效揭示不同任务形式下呼吸参数的细微变化及引起变化产生的因素，这些方面仍然有待深入研究。

鉴于上述不足，我们拟通过生理实验和声学实验相结合的办法，从定量的角度来研究呼吸与韵律间的关系，进而揭示呼吸在不同言语任务中的表现及其与韵律层级、停延、节奏等的关系。故而，本研究在理论上的意义主要在于，首先，对呼吸的量化解读可以为研究语调、韵律等提供生理上的客观数据和量化标准，并将语音声学研究与生理科学紧密结合起来，有利于拓展语音学的研究领域，增加语音学的研究方法；其次，从生理呼吸的角度探索语篇韵律的特点及其在生理方面形成的原因，可以揭示、验证目前韵律研究中的规律，丰富呼吸群理论，并弥补以往对言语中呼吸研究的不足，有助于揭示呼吸机能在言语韵律产生过程中的重要作用以及心理感知和生理机能在处理韵律结构时的交互作用；最后，研究不同任务状态和不同性别被试的呼吸特点，可以从更广阔的角度观察人类在进行言语时的呼吸状态，进而揭示言语呼吸的共性和个性特征，发掘声学线索与呼吸特征的对应关系。

本研究在应用上的意义则在于，首先，研究呼吸在韵律中的表现及其与韵律层级的对应关系，有利于为人工言语合成提供一定的参考数据和结论，有利于提高言语合成的自然度；其次，本书的研究提供了正常人言语呼吸的一些重要参数和特点，为治疗言语障碍、言语疾病及呼吸疾病患者在言语时的偏误呼吸提供了参照标准，对言语疾病和呼吸疾病的研究有一定的参考价值。

本研究的主要创新点在于：1）从量化的角度分析言语呼吸的特点，根据客观数据对呼吸单位进行划分，并与相关的韵律单位进行比照，较之已往的定性研究，结果更为可靠；2）探明言语声学特征（如停延、韵律单位等）与呼吸特征的对应关系，揭示认知和生理因素对言语产生的影响和作用，有助于从更广阔的角度来揭示、验证乃至弥补目前韵律研究中的规律；3）设置不同的言语任务，充分考察并比较各种形式下呼吸的特征，分析其原因，使研究具有全面性；4）从社会语言学的角度考察言语呼吸特征，有助于证明不同性别在言语时的呼吸差异。

1.3.2 本研究的目标

本研究的目标在于划分言语中不同层次的呼吸单位，并与韵律单位相比照，揭示二者的对应关系。此外，本研究将通过对平静呼吸、言语呼吸、歌唱呼吸的考察，分析这三种状态下呼吸参数的差异和呼吸曲线的不同特征并解释其形成原因。我们预期的目标为：1）言语呼吸包含不同的层级单位，并与语篇中不同的韵律单位有一定的对应关系；2）语篇中边界处的停延与呼吸参数可能有一定的相关关系，停延可以在一定程度上由呼吸曲线的变化所反映；3）不同任务状态下的言语呼吸特征不同，平静呼吸主要受生理因素影响，言语呼吸主要受韵律、语法、语义等的影响，歌唱呼吸则主要受乐律和旋律的影响；4）由于男性和女性在呼吸生理上存在一定的差异，所以性别因素可能会对言语呼吸产生一定的影响。

1.4 理论基础

本书主要研究呼吸与言语韵律的关系，呼吸部分的理论主要基于李伯曼的“呼吸群理论”，声学部分的理论主要是韵律层级理论和语调格局理论。

1.4.1 呼吸群理论

李伯曼（1967）提出了呼吸群（Breath-Group）的概念，并在其相关研究中形成了呼吸群理论（Breath-Group Theory）。如前所述，尽管呼吸运动是一个有规律的系统，但说话时人会打破平静呼吸时的方式，使言语呼吸表现出完全不同于平静呼吸的特点，其中呼吸群（Breath-Group）就是言语呼吸的一个重要特点。呼吸群理论主要包括以下几个方面：

首先，呼吸群是一个音系结构，也是语调的基本单位，它是以感知、生理和语言方面的事实为基础的，其主要作用是将言语信号切分成组块。因此，一个长句子常常被切分成多个呼吸群，而一个呼吸群则是由一组词连接而成的。正如李伯曼所指出的，说话人常常通过在一个完整呼气段中将词连缀成组，从而把言语流切分成句子或其他句法单位（Lieberman，1984：118）。

其次，呼吸群的长度常常是由语句中高层次的句法、语义、韵律等因素所影响和控制的。在吸气、呼气阶段的长度以及控制气压等方面，言语呼吸与平静呼吸的形式是大相径庭的，呼气的长度是为适应句子短语结构而改变的。当说话人阅读或自由谈话时，呼气的长度一般是由句子的长度决定的，说话人可以根据短语结构用呼气的方式进一步切分句子（Lieberman，1984：104–109）。但是，呼气段结束的位置并不总是与句间停顿、短语结构的主要成分相一致，特别是在自由谈话时，呼吸的长度、停顿、形式可能会随着说话人的情绪状态、表达需要、思维活动而变化。

再次，基频和振幅可以作为呼吸群的声学标志，正常呼吸群末尾处的基频和振幅都是下降的。李伯曼认为，在大多数人类语言中，一个简单陈述句存在一种信号，当基频急剧下降时，振幅也相应地下降。这种形式会发生在呼气段的末尾，是正常呼吸群的声学标志，这些声学线索是由喉部的生理机制和呼吸对言语的切分而造成的。在一个正常呼吸群结束时，生理条件要求说话人必须重新开始一个吸气过程，故而前一个呼气段中的各个参数都出现衰减趋势，这时便会自动产生呼吸群的一个显著的声学线索。因此，反过来看，确定句末界限的声学线索也常常可以由发声动作推断出来（Lieberman，1984：118–121）。

最后，根据呼吸群末尾基频的表现形式，呼吸群可以分为非标记性呼吸群（Unmarked Breath-Group）和标记性呼吸群（Marked Breath-Group）[①]。在非标记性呼吸群末尾，喉部紧张度没有刻意增加时，基频都会随着喉部气压的下降而下降，且句子的声学强度也随之下降。而标记性呼吸群正与非标记性呼吸群相反，表现为呼吸群末尾

① 在李伯曼的著作中，非标记性呼吸群（Unmarked Breath-Group）用“-breath-group”表示，标记性呼吸群（Marked Breath-Group）用“+breath-group”表示。

基频的上升。李伯曼和布鲁斯顿（Lieberman & Blumstein，1988）指出，非标记性呼吸群中呼吸肌肉紧张度的下降是常规的生理表现，它产生的多数是非强调的陈述句，一般出现在陈述句末尾。而标记性呼吸群的产生则是由于呼吸和喉部肌肉紧张度增加而形成的，这种肌肉的紧张是受意识作用刻意形成的。虽然声门下气压在标记性呼吸群末尾也是下降的，但喉部肌肉的紧张度却增加了，因此它不同于非标记性呼吸群的常规生理表现，一般出现在句子中间或疑问句末尾。如图 1.8 中，最上方是句子的语音波形，中部是句子的基频曲线，下方是句子的呼吸曲线，语音部分均处在呼吸曲线的呼气部分。图中包含 A、B 两个呼吸群，呼吸群 A 对应于前半个句子，呼吸群 B 则对应于后半个句子。在呼吸群 A，即小句结尾处，呼吸曲线下降而音节的基频上升，说明在声门下气压和肺气压下降的同时，喉部肌肉的紧张度却增加了，因此呼吸群 A 是一个标记性呼吸群（+breath-group）。在呼吸群 B，即句子结尾处，呼吸曲线和音节的基频均下降，说明此时喉部肌肉的紧张度下降，因此呼吸群 B 是一个非标记性呼吸群（-breath-group）。

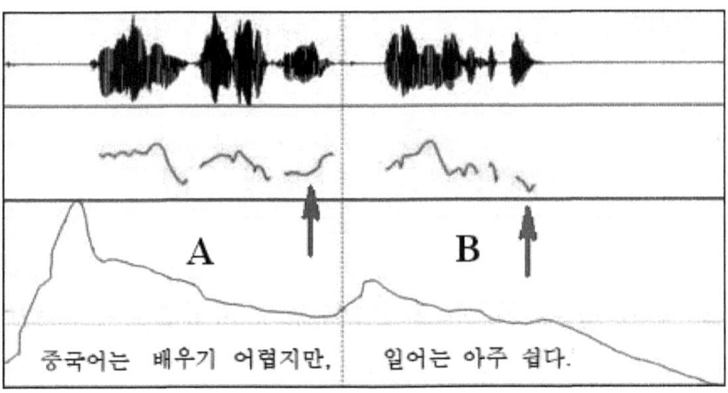

图 1.8 标记性呼吸群和非标记性呼吸群示例[①]

总之，言语呼吸与平静时的呼吸是有很大差异的，这种差异是由

① 引自尹基德、孔江平（2007）。图中韩语的句义为“学习汉语很难，日语却很容易”。

特定的生理和心理过程来实现的。言语中的呼吸群是句子中甚至是短语结构中的一个更小单位，说话者在产生言语时常会超越本能性的生理反馈系统，这正说明了人类语言演化过程中的一个事实，即言语交际的自然选择性在人类的进化中得以实现，其表现就在于人类呼吸系统的复杂化以及对言语呼吸过程控制性的增强（Lieberman，1984：122）。

1.4.2　韵律层级理论

韵律又称节律、超音段特征、非线性特征等，主要指与强调、节奏和语调有关的言语信号成分（Lehiste，1970：1-5）。韵律是语音动态的高层表现，在声学上以特定模式实现为各种韵律要素（音高、音强和音长）的协调变化（刘俐李，2007）。对韵律的研究一直是语言学界的热点，国内外有不少关于韵律的重要成果。而到 20 世纪 70 年代，韵律和语调的研究在学界被特别地重视起来，出现了诸多与韵律、语调有关的音系学派。如 70 年代以李伯曼和普林斯为代表的节律音系学（Metrical Phonology），80 年代的韵律音系学（Prosodic Phonology），以及“自主音阶—节律”理论（Autosegmental-Metrical Theory，AM 理论）。在此基础上，拉德（Ladd，1996）则提出了语调音系学（Intonation Phonology）的概念（陈虎，2008）。

语言是一种层级系统，因此对语言任何一个分支的研究都不能缺乏层级观念。要研究韵律，首先就要对韵律系统进行分层，在此基础上才谈得上研究。因此，在 20 世纪 70 年代初，西方学者就提出了韵律层级理论。该理论主张韵律是一个由韵素（mora）、音节、音步、韵律词、韵律短语、语调短语、话语等大小不同的韵律单位组成的层级体系，每个上级单位由一个或几个下级成员按一定的组合模式构成。其中，音步是由两个或两个以上的音节构成，它是重读音节和非重读音节形成的组合单位。音步的组合可以构成韵律词，韵律词是由一个固定的词重音联系起来的有意义的一个语段，韵律短语则是由韵律词和韵律词组成的同处一个语法结构单位之中而又小于一个语调短语的语段，语调短语则是由若干个韵律短语组成且带有一定语气、句调的更高一级的语段（王洪君，2008）。

在各种韵律层级理论中，最著名的是塞尔柯克（Selkirk，1984）的韵律层级模型及尼斯博和沃格尔（Nespor & Vogel，1986）的韵律层级模型。由图 1.9 可见，两种韵律层级模型之间尽管大体相近，但还是有明显区别的。

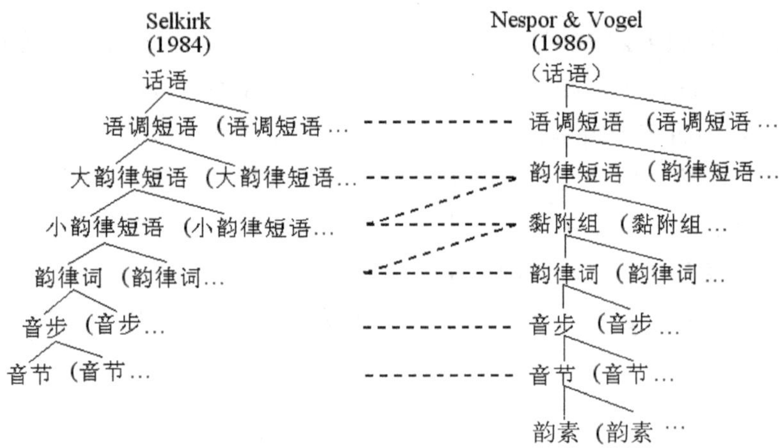

图 1.9 塞尔柯克与尼斯博和沃格尔韵律层级模型的比较①

首先，在塞尔柯克的韵律层级模型中，最小单位是音节，而尼斯博和沃格尔韵律层级模型的最小单位则是韵素。其次，在韵律短语的层级上，塞尔柯克将其分为大韵律短语和小韵律短语两级，而在尼斯博和沃格尔韵律层级模型中，韵律短语不分大小，且多出了“黏附组”一层。因此，两套模型从韵律词层级到韵律短语层级是交错对应的。最后，塞尔柯克韵律层级模型的最高层级为话语，而尼斯博和沃格尔的模型中，话语是可有可无的。因此，正如王洪君指出的，塞尔柯克（1984）的模型是纯韵律模型，其中的各级单位是以单纯的、表层的韵律表现来定义的；尼斯博和沃格尔（1986）的模型则是句法韵律模型，其中的各级单位是兼顾句法、韵律两方面的所有分布来定义的（王洪君，2008：248-250）。

① 参考王洪君（2008：249）。

在传统模型中，通行的划分方法是以韵律词为界，将韵律层级系统分为词汇规则和后词汇规则层级两大部分（见图 1.10，左侧）。词汇规则对轻重音、时长、声调等超音段成分敏感，这些规则涉及词的内部结构，不能跨词运用，具有严格的循环性且结构要保持。后词汇规则则与句法层次相关，对句法敏感，其规则的特点正与词汇规则相反（Pullyblank，1986）①。

张洪明（1992）在对山西平遥方言三字组连读变调的研究中发现，韵律层级之间是有递归性的，韵律递归被限制在不同等级之间（语言普遍性），而在同级单位间则是可选的（语言特殊性）②。因此，他对韵律层级模型的严格层次假设进行了修正（见图 1.10，右侧），即整个韵律层级分为三部分：音步以下（含音步）为基于响度的层级，它们对响度等超音段成分敏感；音步以上、语调短语以下为基于词法和句法的层级，它们对词法、句法信息敏感；语调短语以上（含语调短语）为基于焦点的层级，它们对语用、语义焦点信息敏感。

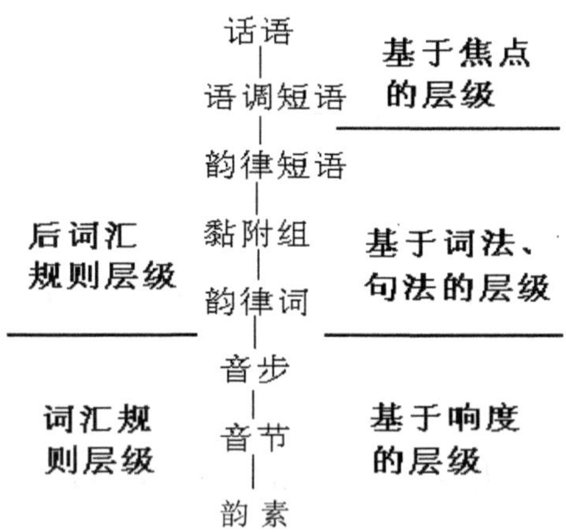

图 1.10　张洪明对韵律层级模型的修正③

① 转引自王洪君（2008：317）。

② 引自张洪明，2010 年在南开大学的报告材料。

③ 参考王洪君（2008：316）。

由于呼吸群一般都包含几个短语，因此与它相关的韵律层级都比较高，一般来说，大致在韵律短语以上，也即张洪明所说的基于焦点的层级以及基于词法、句法的层级。

1.4.3 语音格局理论

语言是共性与个性的统一，语言使用者的个体差异导致具体言语的差异，但个体差异间又存在共性，共性就是一种框架、一种格局。所以，语言中的格局就是这种相互联系、彼此一致的对应关系，是语言系统的表现。故而，用语音实验的方法把系统中的各种对应一致的关系进行量化析取和统计图示，就成为语音格局。语音格局的分析就是考察各种语言的语音怎样定位和分布、语音单位之间怎样彼此区分并且相互组合，探索人类如何以有限的语音进行无限的交际（石锋等，2009：1-2）。

语音格局的描写是建立在量化分析的基础之上的，量化分析的全过程包括归一化、相对化、范畴化、层级化、系统化。其中，（1）归一化就是把每个人在相同维度上的不同的分布范围都作为单位 1，其最大值为 100%，最小值为 0%。归一化使不同的说话人具有可比性，为相对化打下基础。（2）相对化就是去掉数据的具体单位，使其成为无量纲的百分数比值。相对值容易对比分析，便于统计处理。（3）在归一化和相对化的基础上，界定和描写出不同语言单位的分布空间和相互关联，就是范畴化的工作。（4）在分析中，要注意离析不同的层次，在同一层级上才能更清楚地考察各种语言单位的表现特征和变化规律，此为层级化。（5）归一化和相对化的最终目标是系统化。这里得到的是量化的系统、可见的系统、图示的系统、格局化的系统，因此系统化也就是格局化。通过语音实验把语音内部各成分之间的相互关系显示为数据和图表，发现和证明语音的系统性。在这个意义上，格局就是量化的系统，或者说是系统的量化（石锋等，2009：2-3）。

语音格局不是一个抽象的框架，而是具有人类的发音生理和听觉感知的客观基础，人类的发音范围和听觉区域构成语言信息传递的两个端点。语音的声学分析是连接二者的桥梁。所以，语言中的格局研究不只是声学方面的表现，还有生理方面和心理方面的特性，以及认知方面的规律（石锋等，2009：1，10）。此外，从宏观的角度来看，语音研究应将生理、声学、心理三方面结合起来，研究语音的声学特征就不能脱离生理、心理的表现；反之，研究语音生理、心理的特征也要与声学特征相对应、相比照。所以，对言语呼吸的研究也可以采用格局的方法。

从格局量化分析的过程来说，呼吸数据的处理和分析过程也遵循归一化、相对化、范畴化、层级化、系统化几个过程。首先，不同人的呼吸差异很大，所以原始的、绝对的呼吸数据要进行归一化和相对化的处理，使不同人之间具有可比性；其次，根据相对化的数据，要对呼吸数据进行归类，发掘不同类别下呼吸参数的特点，对呼吸进行范畴化，确定呼吸单位，并将其划分为不同的呼吸层级，实现呼吸单位的范畴化和层次化；最后，将呼吸单位与韵律单位相对照，建立呼吸层级与韵律层级间的系统对应关系，将生理呼吸与声学韵律间的关系系统化、格局化。

因此，有了上述生理和声学上的理论基础，我们就可以科学地进行言语呼吸特征的研究以及呼吸与韵律交互关系的探索。

1.5 研究方法及思路

本书试图从多个角度研究言语呼吸的特点，主要思路为：第一，测量分析平静状态下的呼吸参数和呼吸曲线特征，以其为基线作为整个实验的对照组；第二，根据朗读时言语呼吸曲线的特点，大体划分出言语呼吸的层次，明确各级呼吸单位，然后比照语篇中的韵律单位层级，探索不同韵律层级在呼吸中的表现；第三，通过分析语篇中的停延现象，找出停延边界在呼吸上的表现，揭示生理呼吸对停延的影响和作用；第四，设置不同言语任务，如朗读语料、复述故事、自我介绍、歌唱等，并记录不同状态下的呼吸特征，探索在不同任务中呼吸层级与韵律层级的对应情况、停延边界呼吸表现情况以及呼吸参数的变化情况，分析影响呼吸变化的因素；第五，在各种情况下，还可以讨论不同性别对呼吸的影响。

根据以上思路，我们拟将全书分为六章，具体章节安排及内容如下：

第 1 章为绪论部分，主要介绍本书的研究背景、理论及研究的价值和思路。第 2 章为朗读状态下呼吸节律与言语韵律的对应关系，本章首先说明呼吸数据的测量和提取方法，然后分析不同层级呼吸单位的参数特征及其与韵律层级的对应关系，最后分析朗读状态下不同性别的呼吸特征。第 3 章为朗读状态下语篇停延与呼吸的关系，本章使用停延率的方法分析语篇中韵律边界处的停延特征，并从呼吸参数、呼吸曲线形状、呼吸形式等方面探讨停延与呼吸的关系。第 4 章为复述与自述状态下的呼吸节律研究，本章在前面朗读呼吸的基础上，分别观察复述故事和自我介绍任务中的呼吸特征，其分析也主要从呼吸参数、曲线形状、呼吸与韵律的关系、停顿边界表现、性别因素影响等几个方面进行，最后与朗读时的呼吸特征进行比较。第 5 章为歌唱状态下的呼吸节律研究，这一章主要考察歌唱时的呼吸特征，并将其与平静呼吸、言语呼吸进行比较，从而分析影响歌唱呼吸的因素。第 6 章为结语，内容为总结全书的主要观点，指出研究中的不足和今后的研究方向。

2 朗读状态下呼吸节律与言语韵律的对应关系

呼吸是人类的一种重要生理机能，同时也是产生言语的一个重要前提条件。勒纳伯格（Lenneberg，1967：81）认为，人类被赋予了某种特殊的生理适应性，这种生理适应性能够使我们维持由空气驱动产生的言语。此外，言语呼吸的一些研究成果（Lieberman，1967；谭晶晶等，2008；Shi et al.，2010）也证明，呼吸在话语理解和韵律产生中有着重要作用。一方面言语呼吸受言语处理等心理方面的制约而表现出与平静呼吸不同的节律特征，另一方面它又从生理角度将底层语法、语义信息外化到表层语音韵律上来，形成呼吸群。因此，研究呼吸在话语节律中的表现，对于揭示言语处理过程及生理机能与韵律结构间的关系就具有重要的意义。本章拟利用呼吸传感器来记录朗读时的呼吸信号，通过解读呼吸曲线和分析各种呼吸参数，进而揭示呼吸在朗读中的表现及其与韵律、语义等的对应关系。在此基础上，我们将分析性别因素对言语呼吸造成的影响。

2.1 实验方法

2.1.1 被试说明

本实验从南开大学和天津师范大学选取了 4 男 6 女十位被试，平均年龄为 26 岁。十位被试均无呼吸疾病和言语障碍，录音时均未患有影响发音的感冒等疾病；被试均可以流利地说标准的普通话①，均未受过正式的播音训练。文中以“S”代表被试，“M”代表男性，“F”代表女性，所以，SM1 表示男性第一位被试，SM2 表示男性第二位被试，SF5 表示女性第五位被试，等等。

2.1.2 实验材料

实验语料为小故事《北风跟太阳》，本段语料共 176 个音节。被试实验前要充分练习，达到熟练程度，然后再以中等语速朗读。

2.1.3 语料的听辨和标注

为保证韵律单位切分的准确性，我们通过听辨实验对文本进行标注。实验选取南开大学语言学专业的 5 名硕士研究生，2 男 3 女，平均年龄 24 岁，均无听力障碍。文中以“T”代表听辨人，如 T1、T2、T3，等等。

实验前向听辨人提供无标点的录音文本，要求听辨人根据录音对文本进行标注。实验规定，以“///”表示单句或复句边界（即话语边界），以“//”表示分句边界（即语调短语边界），以“/”表示分句内的韵律短语边界，以下画线“___”标注句中被重读的音节。如，听辨人 T1 对被试 S1 的一段标注：

有 一 回// 北 风 跟 太 阳/ 在 那儿 争 论/ 谁 的 本 事 大/// 争 来 争 去// 就 是 分 不 出 高 低 来/// 这 时 候// 路 上/ 来 了 个 走 道儿 的// 他 身 上/ 穿 着 件 厚 大 衣/// 它 俩 就 说 好 了// 谁/ 能 先 叫 这 个 走 道儿 的/ 脱 下 他 的 厚 大 衣// 就 算 谁 的 本 事 大/// ……（以下省略）

初步标注完成后，每位被试的发音文本就有 5 份标注结果，这样我们就一共得到 5×10=50 份标注结果。在此基础上，由笔者根据录

① 被试普通话等级均在二级甲等以上。

音和相关韵律知识对 5 位标注人的听辨结果进行整理、核对，并对有异议的地方进行重点听辨和重新标记，最后综合比较，确定最终的切分方案。

2.1.4　呼吸数据的采集

呼吸的方式主要有两种：一是胸式呼吸法，这种呼吸法主要是靠肋骨的呼吸运动来实现；二是腹式呼吸法，这种呼吸法主要是靠横隔膜的力量来完成。在平常说话时，女性用胸式呼吸法的居多，男性用腹式呼吸法的居多。但由于生活中的谈话所用气流量不大，而且随时可以换气，所以任何一种呼吸法的气流量都能满足需要（周殿福，1980：40-41）。由于被试中女性人数稍多，而且男性在胸式呼吸中记录下的数据起伏变化也比较明显，因此本研究主要测量被试朗读发音时的胸部呼吸情况。

本实验呼吸数据的采集在天津师范大学心理与行为研究中心的情绪实验室中进行。呼吸数据的采集利用美国 BIOPAC 公司生产的 MP150 数据采集系统（BIOPAC Systems MP150）3.0 版，后期数据采用该仪器自带软件 Acqknowledge 进行分析。

为了达到最大的呼吸测量灵敏性，实验时让被试吸气并屏气，在最大吸气时，将呼吸传感器（TSD101）的绷带绕被试胸部固定，使呼吸带接近最大张力，然后将传感器的两个针头插入呼吸描记放大器（RSP100A）的两个输入端，即可在计算机上进行呼吸记录。

正式实验开始前，先记录一段被试平静呼吸时的基线（见图 2.1），目的是将基线作为后期研究中的对照。记录时要求被试按照正常状态下的呼吸方式来呼吸，记录时间为 1—1.5 分钟。基线记录完成后，即进行朗读任务下的呼吸记录。

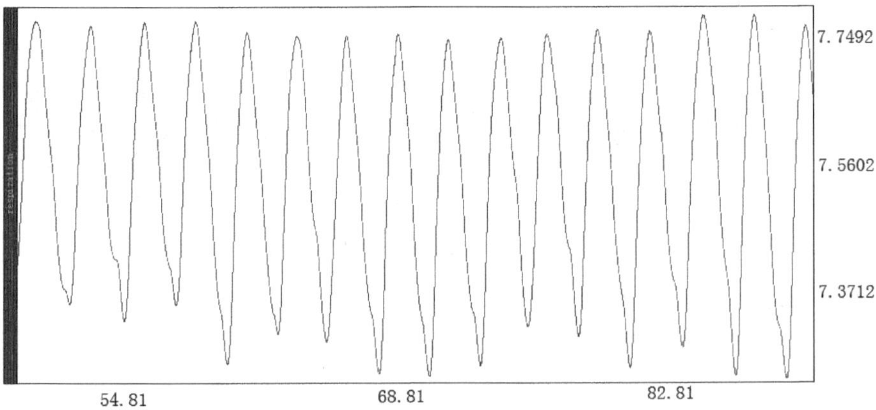

图 2.1 被试 SF3 的一段基线

2.1.5 语料的录制

语音文件的录制与呼吸数据的采集同步进行。实验时，将呼吸传感器的绷带在被试胸部固定好之后，同时把麦克风置于被试口边。这样，当被试朗读时，胸部的呼吸信号和口部的语音信号即可同步记录下来。实验的语音文件采用 Audacity 软件录制，音频采样率为 11025Hz，16 位单声道，录音完毕后将语音保存为.wav 格式。本书主要采用南开大学开发的“桌上语音工作室”（Mini Speech Lab）和 Praat 软件进行语音的声学分析。图 2.2 为采集到的被试 SF1 的语音信号和呼吸信号，可见二者是基本同步的。

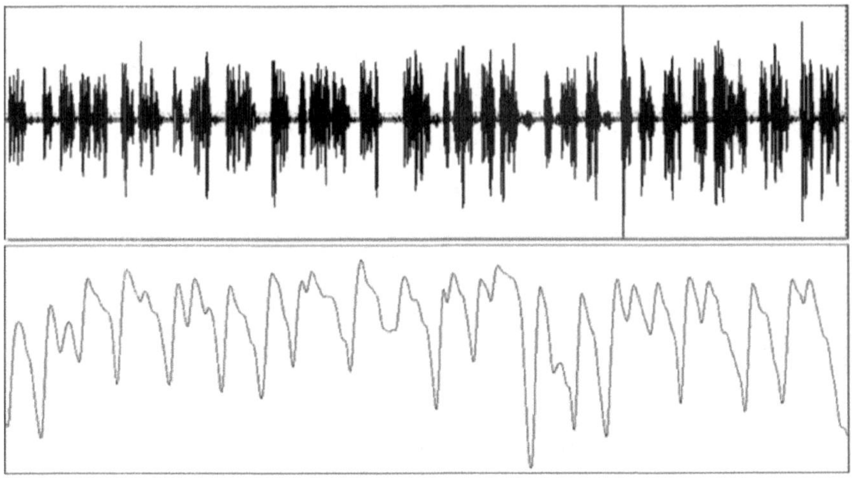

图 2.2　被试 SF1 的语音信号和呼吸信号示意图

2.1.6　呼吸参数的计算和统计

2.1.6.1　参数说明及相对化

呼吸包括两部分，一是吸气，一是呼气，二者结合起来就构成了呼吸运动。呼吸运动是依靠膈肌和肋间肌的收缩和扩张而产生的。所以，人在呼吸时胸腔和胸部肌肉是活动变化的，这样就可以用呼吸带传感器测量到呼吸的变化情况。具体表现为：吸气时，横隔膜下降，胸腔体积增大，胸部表面略略凸起，这时传感器受到胸部凸起的挤压而承受较大的压力，电信号增强，故而在呼吸曲线上表现为上升的形状；呼气时，横隔膜上升，胸腔体积缩小，胸部表面略略凹陷，这时传感器受到胸部挤压的压力变小，电信号减弱，故而在呼吸曲线上表现为下降的形状。图 2.3 是一段呼吸曲线，其中横轴表示时间，纵轴表示由呼吸引起的电压变化幅度。曲线中的上升段表示吸气，下降段表示呼气。

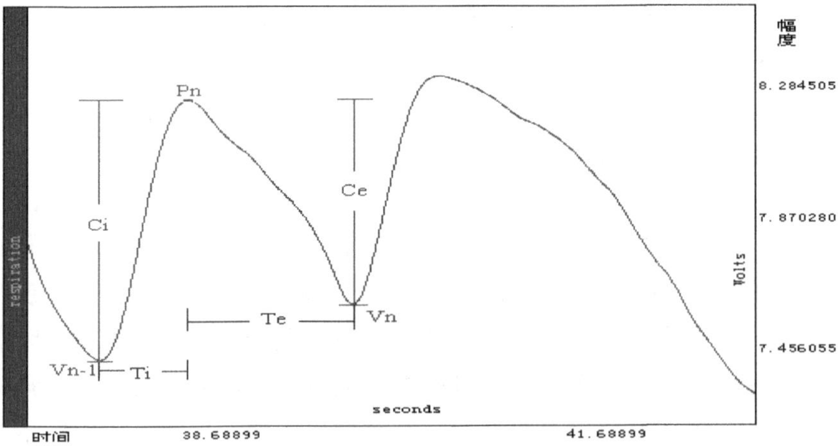

图 2.3 呼吸曲线示例

MP150 数据采集系统可以精确地测得任何一点的呼吸时间和幅度，因此我们可以得到某段呼吸的峰值坐标 P_n（T_p，C_p）、峰前谷值 V_{n-1}（T_{vn-1}，C_{vn-1}），峰后谷值 V_n（T_{vn}，C_{vn}）。那么，本实验使用的主要参数均可由以上坐标数据计算得出，即：

吸气时长： $T_i = T_p - T_{vn-1}$ （2.1）

呼气时长： $T_e = T_{vn} - T_p$ （2.2）

吸气幅度： $C_i = C_p - C_{vn-1}$ （2.3）

呼气幅度： $C_e = C_p - C_{vn}$ （2.4）

本书之所以选择这些呼吸参数指标，主要是因为，吸气时长可以反映停顿的长度，吸气幅度可以反映预置气流量。国外相关研究发现，预置时长和预置气流量可以预先反映后面语句的长度（Winkworth et al.，1995），因此这里使用吸气时长、幅度等指标，不仅可以精确测量吸气数据，而且可以对有关规律进行预测。呼气时长主要反映说话的长度，呼气幅度则反映说话过程中气流量的使用情况，因此它们可以表明人在说话时是怎样计划、调制气流的。

由于不同被试呼吸幅度的绝对值不同，因此要进行比较，就需要将绝对的呼吸幅度相对化。这里我们采用呼吸度（H 值），即：

H=（P-Vmin）/（Pmax-Vmin） （2.5）

其中，P 为某点的呼吸幅值，Pmax 为该被试整段呼吸中的最大峰值，Vmin 为整段呼吸中的最小谷值，H 即为 P 点的呼吸度。H 值实际上反映了 P 点的呼吸在整段呼吸中所在的百分比位置，H 值越大，呼吸度越大，呼吸幅度也越大；H 值越小，呼吸度越小，呼吸幅度也越小。由于 H 值是一个相对化的值，可以用来比较不同被试之间的呼吸特征，因此书中呼吸幅度均换算为 H 值进行计算。

T_i 和 T_e 反映了呼吸在吸气和呼气时间方面的变化，C_i 和 C_e 反映了呼吸在吸气和呼气幅度方面的变化，以上四个参数反映的均是呼吸在一个维度上的变化情况。而呼吸曲线的斜率则可以综合反映呼吸中时间与幅度的关系以及呼吸在以上两个维度中的变化情况，因此本书将呼吸斜率作为考察话语节律的敏感指标和主要参数。由图 2.3 可见，C_i 与 T_i 的比值就是吸气斜率 K_i，C_e 与 T_e 的比值则为呼气斜率 K_e。若设 V_{n-1}，P_n，V_n 的呼吸度分别为 H_{vn-1}，H_{pn}，H_{vn}，则有

$$K_i=C_i/T_i=(H_{pn} - H_{vn-1})/ T_i \tag{2.6}$$

$$K_e=C_e/T_e=(H_{vn} - H_{pn})/ T_e \tag{2.7}$$

其中，吸气曲线均为上升状曲线，其斜率为正，斜率值越大，吸气速度越快，坡度越陡；呼气曲线均为下降状曲线，其斜率为负，斜率值越小，呼气速度越快，坡度越陡。为了方便，本书均采用斜率的绝对值进行比较，即斜率的绝对值越大，呼吸曲线的陡度越大；斜率的绝对值越小，呼吸曲线的陡度越小。

2.1.6.2　数据提取及统计分析

提取呼吸数据前，首先要对采集的呼吸文件进行标注。具体方法为，使用 Praat 软件测量语音文件中每个音节的起始时间和终止时间，然后在呼吸文件中找到相应的起始和终止时间，使用“标记”功能，将该音节的字标注于相应的时间段内（如图 2.4）。标注完成后，可以采用 Acqknowledge 软件测量某个音节或某个语言片段的呼吸时间及幅度。尽管该软件提供自动标注峰谷值的功能，但是为了标注和提取数据的准确性，本实验仍采用手动标注和提取数据的方法。

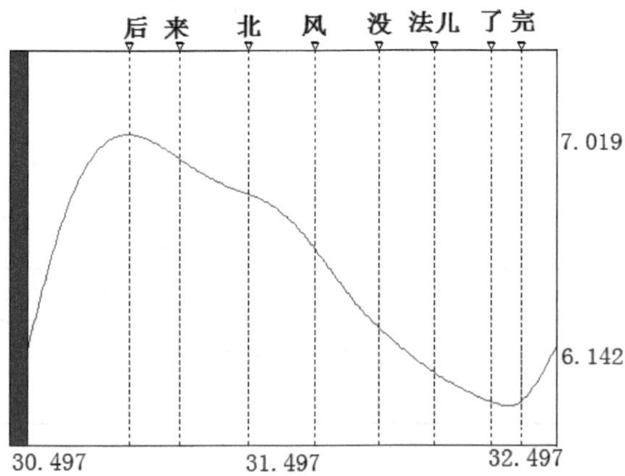

图 2.4 呼吸曲线标注示意图

数据提取完成后，根据起伏特征和峰谷差的大小将呼吸曲线划分为呼吸群、呼吸段、呼吸节三类，其中呼吸群是表现为全呼吸的段落，呼吸段是表现为半呼吸的段落，呼吸节是表现为微呼吸的段落①。之后，将相应的数据按照呼吸单位的不同进行分类统计，再把呼吸单位与韵律单位的出现位置进行对照，确定二者之间的对应关系。实验数据的统计和作图采用 Excel 和 SPSS 软件完成。

2.2 朗读任务下呼吸层级特点及其参数表现

2.2.1 自然呼吸的特征

一般认为，平静呼吸时呼吸节奏比较平稳且具有一定的周期性，与言语状态下的呼吸是不同的。因此，平静呼吸是呼吸的原始状态，可以作为其他状态下呼吸的比照标准。为了更精确地描述平静状态下的呼吸特征，以便与朗读状态下的呼吸做对比，我们统计了十位被试

① 峰谷差的 H 值在 0.5 以上的为全呼吸，在 0.2—0.5 的为半呼吸，在 0.2 以下的为微呼吸。

在正常呼吸时的各项参数（见表 2.1、图 2.5）。

表 2.1 十位被试正常呼吸的平均参数值表

呼吸参数	时长（s）		幅度（H 值）		斜率	
	M	Sd	M	Sd	M	Sd
吸气	1.44	0.37	0.77	0.07	0.57	0.12
呼气	1.84	0.47	0.76	0.08	0.44	0.10
方差分析	$F(1, 172)=34.439$, $p<0.001$		$F(1, 172)=0.670$, $p>0.05$		$F(1, 172)=45.852$, $p<0.001$	

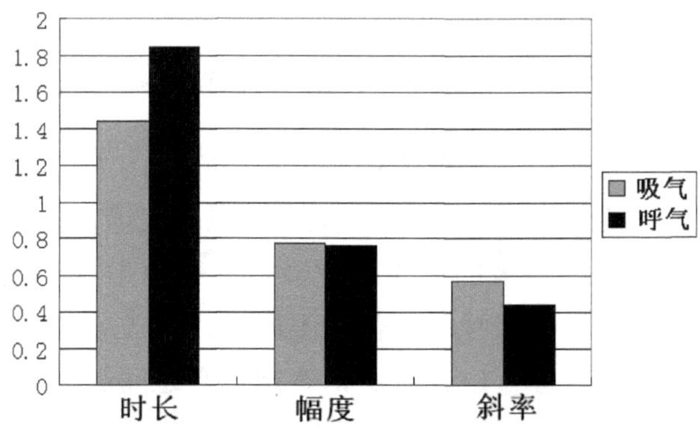

图 2.5 十位被试正常呼吸的平均参数比较图

在时长上，平静状态下的吸气时长明显短于呼气时长，比值约为1:1.3，差异显著（p<0.001）；在幅度上，平静状态下的吸气幅度略大于呼气幅度，但未达到显著差异（p>0.05），比值约为 1:1；在斜率上，平静状态下的吸气斜率大于呼气斜率，方差分析显示二者差异显著（p<0.001），它们的比值约为 1:0.8。

因此，在平静呼吸状态下，吸气时长略大于呼气时长，呼、吸两个过程的幅度则基本没有显著差异。受时长差异显著性影响，呼吸斜率也有显著差异，具体表现为吸气曲线斜率略大，表明吸气时的速率更快；呼气曲线斜率略小，表明呼气时的速率相对较缓。故总体来看，平静呼吸时的曲线节律平稳，呼吸波呈准正弦分布，形式较单一，多为单一的对称峰。尽管有时相邻几个呼吸段落在呼吸深度上有所差异，但总体上看平静呼吸仍然是比较整齐的（如图 2.6）。

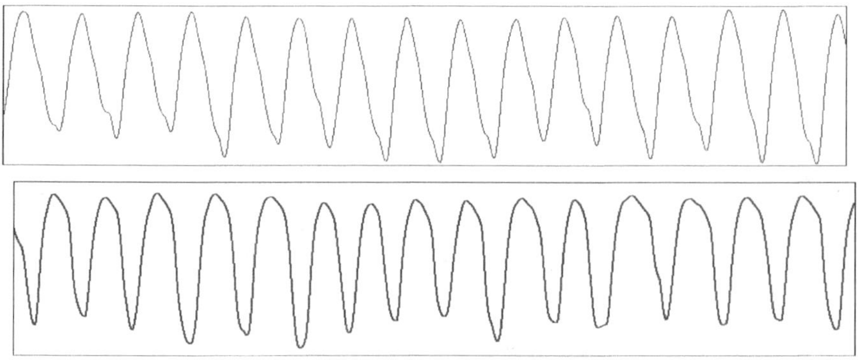

图 2.6　某两位被试平静呼吸曲线示意图

2.2.2　朗读呼吸曲线的形状特点

正如前人所述，平静呼吸与言语呼吸的特点是不同的，这首先可以表现在呼吸曲线的形状上。赖尔斯和贝伦斯（Ryalls & Behrens，2000）指出，在说话时，人体的呼吸周期有 90%用于呼气，只有 10%用于吸气，呼气过程远远大于吸气过程。可见，在言语呼吸中，呼、吸两个过程间的平衡被打破，各项呼吸参数值的比例关系发生了变化，呼吸波形也变得更加复杂化。图 2.7 为某三位被试平静呼吸（a、c、e）与朗读呼吸（b、d、f）曲线的对照图。从图中可见，在一个大的呼吸单元中，言语呼吸曲线可以有一个峰，也可以有多个峰。因此，根据呼吸峰数量的多少，可以分为单峰型和多峰型两种。在一段呼吸中，有些呼吸曲线升降幅度较大，陡度明显，而另外一些呼吸曲线升降幅度较小，陡度平缓。因此，根据呼吸陡度的变化，又可以把呼吸曲线分为斜坡型和平台型两种。可见，较之平静呼吸时的单一峰型来说，言语呼吸曲线的情况则更为复杂，这正是呼吸被动地受语句结构、语句意义和情绪控制的动态表现。

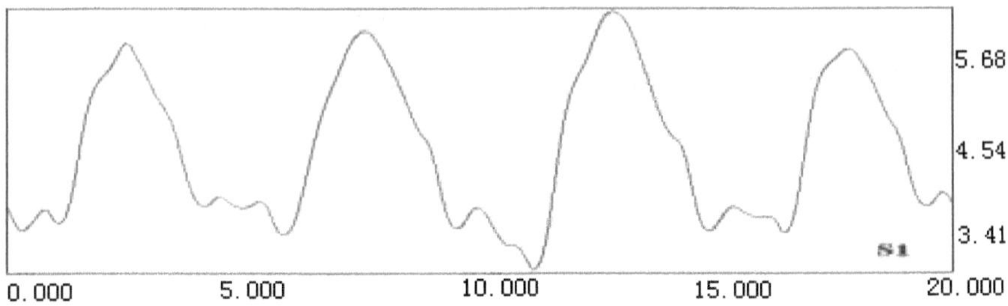
5.68
4.54
3.41
S1
0.000
5.000
10.000
15.000
20.000

a

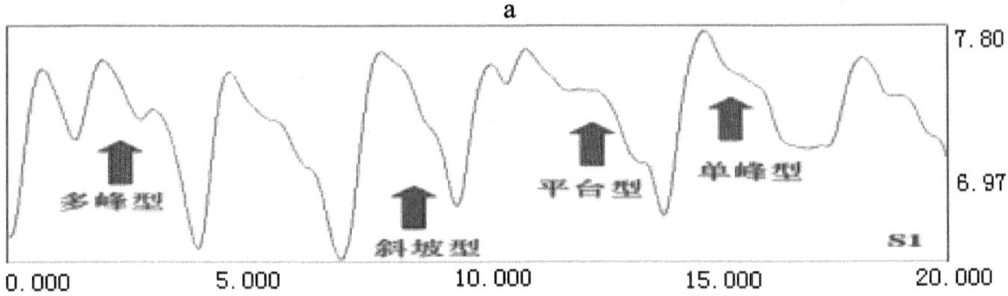
7.80
6.97
多峰型
斜坡型
平台型
单峰型
S1
0.000
5.000
10.000
15.000
20.000

b

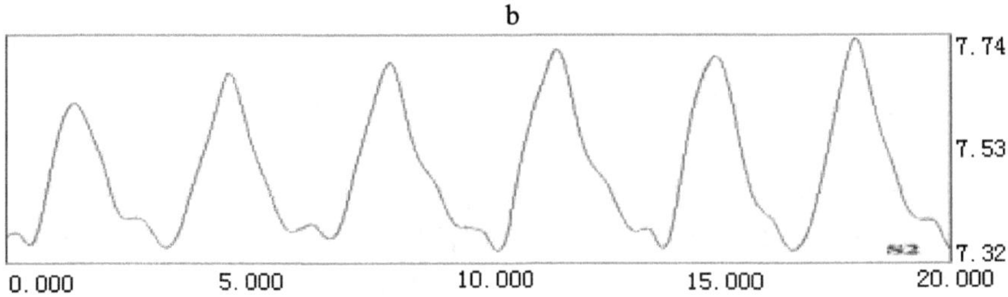
7.74
7.53
7.32
S2
0.000
5.000
10.000
15.000
20.000

c

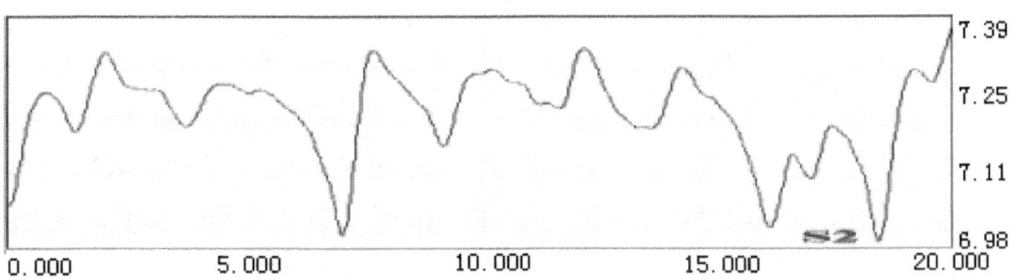
7.39
7.25
7.11
6.98
S2
0.000
5.000
10.000
15.000
20.000

d

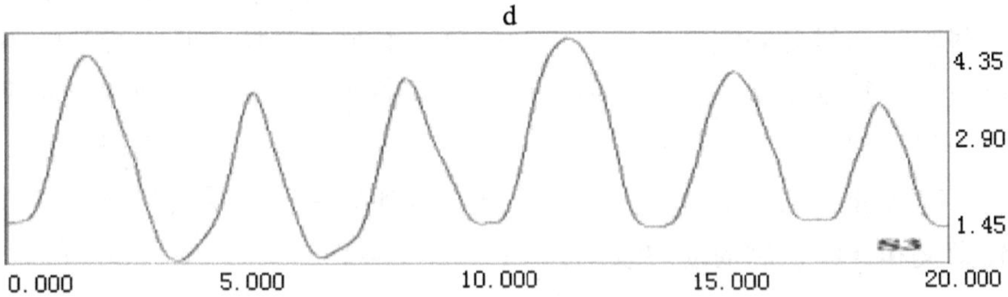
4.35
2.90
1.45
S3
0.000
5.000
10.000
15.000
20.000

e

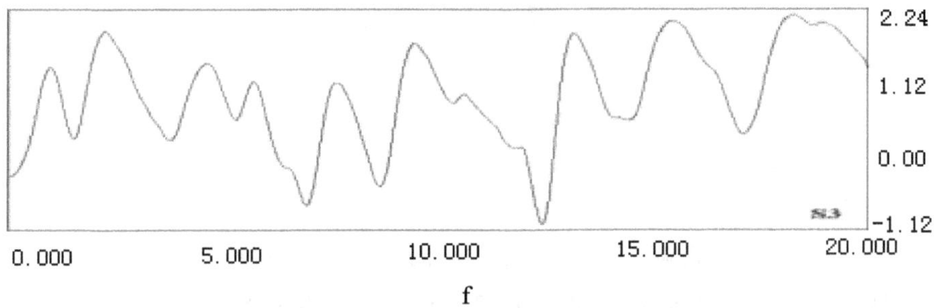

图 2.7 平静呼吸曲线与朗读呼吸曲线对照图

从吸气段上看，朗读呼吸与平静呼吸的差异主要表现在呼吸曲线的陡度上：前者吸气陡度会随着言语表达的需要发生变化，在不同的呼吸周期中有陡有缓，而后者的吸气陡度则比较一致，在不同呼吸周期中变化较小。从呼气段上看，朗读呼吸与平静呼吸的差异既表现在呼吸曲线的形状上，也表现在它们的陡度上：朗读时的呼气段并非一降到底，而是降中有升，表现为各种下降类型的共现，下降的陡度也是不断变化，或急或缓；平静时的呼气段则一般会一降到底，在不同的呼吸周期中陡度也基本没有过大的变化。

另外，由于言语表达的需要，朗读时不同呼吸段落间的呼吸深度差异较大。一般来说，各呼吸段落的峰值差相对小一些，而各谷值之间的差异则可能很大。因此，朗读时各呼吸段落之间的幅度变化比较明显，这与峰谷值差异均很小的平静呼吸曲线是存在明显差异的（如图 2.7）。

可见，言语中呼吸曲线的升降变化是呼吸肌肉控制肺部气流和声门下气压的表现，是人们在说话时言语结构、言语意义以及情感表达的伴随现象，反映了说话人对不同级别韵律单位的理解和处理过程。因此，研究言语状态下呼吸的各项参数就有助于说明言语呼吸的特点，有助于我们了解言语产生时生理呼吸的表现。所以下面我们将具体、量化地分析呼、吸过程的各项指标。

2.2.3 朗读时吸气段中各级呼吸单位的表现

言语中的吸气段与平静呼吸时的吸气段在作用上有同有异。相同的方面表现在，二者都为了满足呼吸生理上的需要，提供必要的氧气给人体，以维持人体的各项机能。不同的方面则表现在，言语中的吸气除了满足呼吸生理需求外，还要负担一定的言语任务，吸气过程中所产生的言语中的无声段正形成了言语中的停顿，而停顿也是言语中必不可少的重要组成部分；平静呼吸的吸气则不负担任何言语任务。正是因为说话时的吸气与言语任务相联系，它就不可避免地要受到言语特点的影响，从而产生时长不同、幅度各异的大大小小的呼吸单位。

2.2.3.1　吸气时长（T_i）与吸气幅度（C_i）

吸气段对应于语句间的较大停顿，一般来说，吸气时长越长，停顿的时间就越长，因此可以说，吸气时长在一定程度上反映了停顿的大小。吸气段峰谷差则反映了不同呼吸单位前吸气幅度的大小，它反映了说话前预置气流量的大小。我们对十位被试在不同呼吸单位前的吸气参数进行了考察，剔除离群值后做正态分布检验，吸气时长和幅度均为正态分布，因此可以进行方差分析等统计检验。研究结果表明呼吸群前的吸气时长最长，吸气幅度最大；呼吸节前的吸气时长最短，吸气幅度最小；呼吸段前的吸气时长和吸气幅度都分别介于呼吸群和呼吸节之间，见表 2.2。

表 2.2　不同呼吸单位前吸气时长和吸气幅度表

呼吸参数	呼吸群		呼吸段		呼吸节	
	M	Sd	M	Sd	M	Sd
吸气时长（s）	0.81	0.16	0.66	0.16	0.46	0.19
吸气幅度(H 值)	0.67	0.13	0.32	0.09	0.10	0.06

方差分析结果显示，在吸气时长（T_i）上，主效应 $F(2, 248)=79.957$，$p<0.001$，差异非常显著，经 LSD 事后检验发现各组间差异均显著（$ps<0.001$）。在吸气幅度（C_i）上，主效应 $F(2, 241)=684.203$，$p<0.001$，差异非常显著，事后检验发现各组间差异均显著（$ps<0.001$）。对时长和幅度的双尾相关分析显示，二者的相关系数为 $r=0.554$，$p<0.001$，存在显著的正相关关系。

由以上数据可知，不同呼吸单位在吸气时长和吸气幅度上都存在着明显的差异，说明不同级别的呼吸单位在吸气段上均有着自己的特点：呼吸群是最大的呼吸单位，它有着较大的吸气时长和吸气幅度；呼吸节是最小的呼吸单位，它的吸气时长和幅度比较小；呼吸段的两项指标则居于呼吸群和呼吸节的中间。呼吸单位等级越高，其吸气时长和吸气幅度就越大；呼吸单位等级越低，其吸气时长和吸气幅度就越小。从呼吸群到呼吸节，各项参数的值是明显下降的（见图 2.8）。

从数据分布角度看，在吸气时长上，各级呼吸单位时长的标准差较大，均在 0.15 之上，说明数据分布较为分散，各呼吸单位的时长之间存在着一定的叠合部分。在吸气幅度上，各级呼吸单位幅度的标准差较小，基本在 0.10 左右，数据分布相对集中，因此各级呼吸单位的幅度之间没有叠合，而是各自有着自己的分布区域（见图 2.8）。

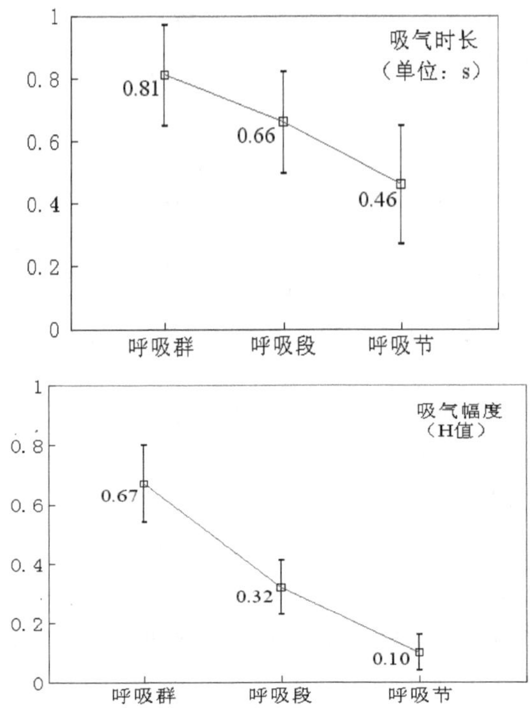

图 2.8　朗读时各级呼吸单位吸气时长、幅度图

2.2.3.2　吸气斜率（K_i）

斜率是幅度与时间的比值，因此它可以更全面地反映呼吸时的状态和特点。我们首先对吸气斜率进行离群值和正态分布检验，剔除离群值后，吸气斜率呈正态分布，因此可以进行方差分析等统计检验。分析结果（见表 2.3）表明，呼吸群前的吸气斜率最大，为 0.85；呼吸段前的吸气斜率次之，为 0.65；呼吸节前的吸气斜率最小，为 0.26。从吸气斜率的分布区间来看，呼吸群和呼吸段两个单位有重合的部分。但偏分布分析[①]（王萍、石锋，2008）表明，呼吸群的 Ki 集中区域位于上方，而呼吸段的 K_i 集中区域位于下方，这说明虽然二者的分布区间有所重合，但数据集中区域却没有重合，可见它们在一般情况下是可以区分开来的。

方差分析显示，吸气斜率（K_i）的主效应显著，$F(2, 253)=63.392$，$p<0.001$。经 LSD 事后检验发现，在 0.05 的水平上，各组间差异均非常显著（$ps<0.001$）。以上数据说明不同呼吸单位间吸气斜率差异显著，各自的特点十分明显。

表 2.3　不同呼吸单位前吸气斜率表

呼吸参数	呼吸群		呼吸段		呼吸节	
	M	Sd	M	Sd	M	Sd
吸气斜率	0.85	0.33	0.65	0.33	0.26	0.20

因此，我们认为，与吸气状态下的时长和幅度的趋势一样，吸气斜率也是随着呼吸单位的不同而不同的：呼吸单位越大，吸气斜率越大，呼吸单位越小，吸气斜率越小。具体来看，呼吸群的吸气斜率最大，说明在呼吸群前，人们倾向迅速、大幅吸气，从而保证一个较长的呼气段落以适应言语发声的需要；呼吸段的吸气斜率居中，说明随着呼吸单位的减小，呼吸斜率也减小；呼吸节的吸气斜率最小，这是因为呼吸节往往出现在句子的内部，由于语义连贯性和语法结构性的需要，说话人只在停顿处稍微有所吸气，以补充后继言语的动力，因

① 具体计算方法参见王萍、石锋（2008）。

而在许多情况下，这种吸气的各参数值都比较小。从标准差上来看，呼吸群和呼吸段的数据分布相对比较分散，说明这两级呼吸单位的吸气斜率变化性大一些；呼吸节的标准差比较小，说明它的吸气斜率较前两者更为稳定一些。

以上对朗读呼吸中吸气段的考察表明，不同呼吸单位间在吸气时长（T_i）、吸气幅度（C_i）和吸气斜率（K_i）上的差别都是很明显的，呼吸单位等级越高，吸气时长、幅度和斜率越大；呼吸单位等级越低，吸气时长、幅度和斜率越小。

2.2.4 朗读时呼气段中各级呼吸单位的表现

2.2.4.1 呼气时长（T_e）与呼气幅度（C_e）

呼气段对应于语句中的有声部分及个别的短小停顿，一般来说，句子的长度和句中音节的数量会在一定程度上影响呼气时长，若句子较长、音节较多，呼气时长相对会长一些，反之则较短。呼气段幅度则反映了不同呼吸单位总体呼气量的大小，峰谷之间间距越大，呼气幅度就越大，呼气量也越多。我们首先对十位被试的呼气参数进行离群值和正态分布检验，呼气时长和呼气幅度均呈正态分布，因此可以进行方差分析等统计检验。研究表明，呼吸群前的呼气时长最长，呼气幅度最大；呼吸节前的呼气时长最短，呼气幅度最小；呼吸段前的呼气时长和呼气幅度则分别介于呼吸群和呼吸节之间，见表 2.4。

表 2.4 不同呼吸单位前呼气时长和呼气幅度表

呼吸参数	呼吸群		呼吸段		呼吸节	
	M	Sd	M	Sd	M	Sd
呼气时长（s）	2.16	0.73	1.37	0.54	0.82	0.47
呼气幅度（H 值）	0.68	0.13	0.33	0.09	0.13	0.05

方差分析结果显示，在呼气时长（T_e）上，主效应 $F(2, 249)=92.550$，$p<0.001$，差异非常显著，事后检验发现，各组间差异均显著（$ps<0.001$）。在呼气幅度（C_e）上，主效应 $F(2, 249)=579.486$，$p<0.001$，

差异非常显著，事后检验发现各组间差异均显著（ps<0.001）。对时长和幅度的相关分析显示，二者的相关系数为 r=0.728，p<0.001。以上数据表明，不同呼吸单位之间呼气参数的差异是显著的，且二者存在显著的正相关关系。

可见，不同层级的呼吸单位在呼气时长和呼气幅度上都存在明显的差异，说明不同级别的呼吸单位在呼气段上均有自己的特点：呼吸群是最大的呼吸单位，有较大的呼气时长和呼气幅度；呼吸节是最小的呼吸单位，它的呼气时长和呼气幅度比较小；呼吸段的两项指标则居于呼吸群和呼吸节的中间。呼吸单位等级越高，其呼气时长和呼气幅度就越大；呼吸单位等级越低，其呼气时长和呼气幅度就越小。从呼吸群到呼吸节，各项参数的值是明显下降的（见图 2.9）。

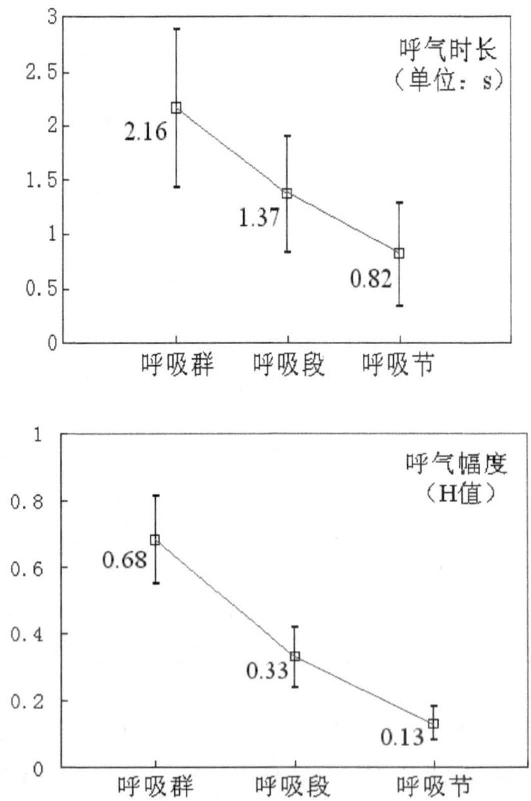

图 2.9　朗读时各级呼吸单位呼气时长、幅度图

从数据分布角度看，在呼气时长上，各级呼吸单位时长的标准差较大，均在 0.5 之上，说明数据分布较为分散，各呼吸单位的呼气时长之间存在着一定程度的叠合。在呼气幅度上，各级呼吸单位幅度的标准差较小，基本在 0.10 左右及以下，数据分布相对集中，因此各级呼吸单位的幅度之间没有叠合，而是各自有着自己的分布区域（见图 2.9）。

2.2.4.2 呼气斜率（K_e）

与吸气过程不同，言语中的呼气过程并不是像平静呼气那样一降到底，而是需要根据句子的长度、结构、语义等来调节下降，一个呼吸段落内的呼气斜率可能是多变的。因此，我们在考察呼吸单位的呼气斜率时，就采用加权平均的办法，即将某段呼气曲线内的不同斜率加权平均起来，作为该段呼气曲线的呼气斜率。我们首先对呼气斜率进行离群值和正态分布检验，剔除离群值后，呼气斜率呈正态分布，因此可以进行方差分析等统计检验。

对不同呼吸单位呼气斜率的考察（见表 2.5）表明，呼吸群的呼气斜率与呼吸段的呼气斜率平均值大致相同，分别为 0.28 和 0.27；呼吸节的呼气斜率仍然比较小，为 0.21。方差分析显示，不同级别呼吸单位的呼气斜率（K_e）主效应差异显著，$F(2, 479)=10.279$，$p<0.001$；经 LSD 事后检验发现，在 0.05 的水平上呼吸群与呼吸段的呼气斜率差异不显著（$p>0.05$），它们与呼吸节的差异则仍然显著（$ps<0.001$）。以上数据说明，呼吸群与呼吸段在呼气斜率上没有明显差异，而呼吸节的呼气斜率则与二者不同，表现为较慢的呼气速率。

表 2.5 不同呼吸单位呼气斜率表

呼吸参数	呼吸群		呼吸段		呼吸节	
	M	Sd	M	Sd	M	Sd
呼气斜率	0.28	0.13	0.27	0.15	0.21	0.11

因此，我们认为，与呼气状态下的时长和幅度的趋势相似，呼气斜率也是随着呼吸单位的不同而不同的：呼吸单位越大，呼气平均斜

率越大，呼吸单位越小，呼气平均斜率越小。但需要注意的是，呼吸群比呼吸段的平均呼气斜率稍大一点，可是差异并不显著，这说明在呼气过程中，呼吸群和呼吸段两个呼吸单位在斜率上并没有本质上的不同。相比较而言，呼吸节的平均呼气斜率更小，而且与呼吸群和呼吸段的平均呼气斜率存在明显的不同，它的特点更鲜明一些。从标准差上来看，三级呼吸单位的标准差都在 0.10 以上，由于平均值比较接近，所以它们之间相互叠合的部分还是比较大的。

以上数据表明，不同呼吸单位间在呼气时长（T_e）和呼气幅度（C_e）上的差别是很明显的，呼吸单位等级越高，呼气时长、幅度越大；呼吸单位等级越低，呼气时长、幅度越小。就呼气斜率（K_e）总体情况看，呼吸群与呼吸段间没有明显差异，而呼吸节则表现为较小的斜率。

2.2.5　朗读呼吸曲线的基本类型

如前所述，朗读时呼吸曲线的形状与平静呼吸是不同的：一段话的呼吸曲线是由大大小小若干个呼吸段落组成的，而每一个呼吸段落又是由升降变化、陡缓不同的曲线组成的。这些陡缓不同的曲线不仅在各呼吸参数上不同，而且在出现位置、承载信息等方面也是不同的。因此，我们可以根据呼吸斜率的不同将呼吸曲线分为不同的类型。

就吸气过程来说，一般情况下，言语呼吸中的吸气与平静呼吸时是相似的，都是以同一斜率一吸到顶，在吸气中出现斜率变化的情况很少。因此，较之斜率不断变化的呼气过程来说，吸气过程似乎更简单一些。在这里，根据不同的吸气斜率值，我们将吸气段上升类型分为陡升（图 2.10a）、缓升（图 2.10b）、平升（图 2.10c）三种基本类型。陡升型吸气曲线是吸气速率较大的曲线，坡度很陡峭，其吸气斜率（K_i）在 0.8 左右；缓升型吸气曲线是吸气速率稍小的曲线，坡度稍缓，其吸气斜率（K_i）在 0.6 左右；平升型吸气曲线是吸气速率最小的曲线，坡度很平缓，其吸气斜率（K_i）在 0.3 左右。

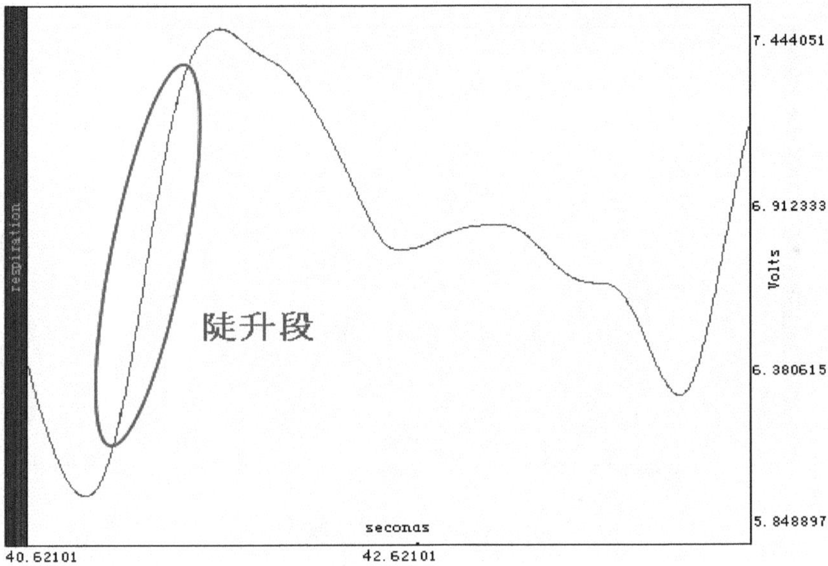

a 陡升型吸气曲线

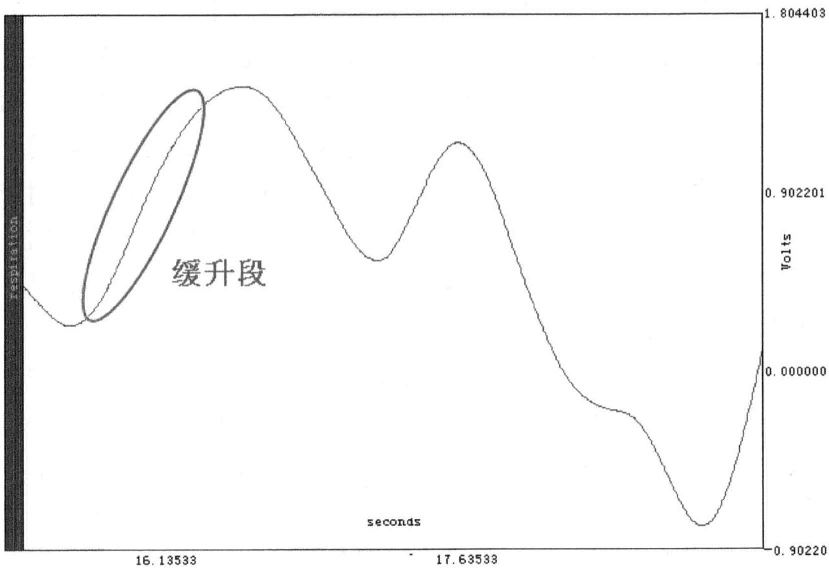

b 缓升型吸气曲线

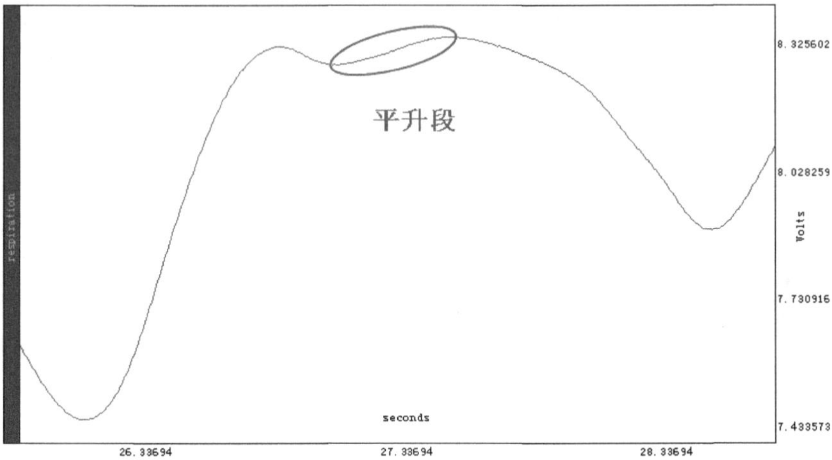

c　平升型吸气曲线

图 2.10　吸气过程基本类型图

经观察发现，不同类型吸气曲线出现的位置、负担的言语信息是不同的。大致说来，陡升型曲线多出现在呼吸群前，是一个句子开始的标志，往往预示着后面将有一个较长的言语段出现。有时，陡升型曲线也对应着一个较大的停顿，是前一个语段语义完结的标志。缓升型曲线多出现在呼吸段前，是一个分句开始的标志，同时也是前一个分句结束的标志。缓升型也是无声停顿的一种表现，不过它所对应的停顿多半是分句之间的停顿。平升型曲线多出现在呼吸节前，它一般是一个韵律短语开始的标志，多是句中短小的无声停顿，是说话人在句中短暂换气的体现。

对于朗读时的呼气段来说，其曲线形状要比吸气时的复杂得多，因为它下降的斜率是随着韵律和语义而不断改变的，所以一个呼气段落中的曲线下降速率是不一样的。不过，在考察了不同位置处的呼气斜率后，我们仍可以按照呼气斜率的大小将呼气段曲线分为陡降（图 2.11a）、缓降（图 2.11b）和平降（图 2.11c）三种基本类型。陡降型曲线是呼气速率较大的曲线，其下降坡度很陡，呼气斜率（K_e）的主体平均范围约在 0.37—0.66，个别陡降曲线的斜率能达到 1.00 左右，其浮动范围比较大，因此可将 K_e>0.4 的曲线看作陡降型曲线。平降型曲线是呼吸斜率最小的曲线，其下降坡度很小，呼气斜率（K_e）的范围约在 0.04—0.13，因此可将 $K_e<0.1$ 的曲线确定为平降型曲线。缓降型曲线是呼气速率介于陡降和平降之间的曲线，根据上边对陡降和平降的划分，呼气斜率（K_e）在 0.1 和 0.4 之间的（$0.1<K_e<0.4$）即视为缓降型曲线。

与吸气曲线基本类型一样，不同类型呼气曲线出现的位置、负担的言语信息也是不同的。一般来说，陡降型曲线多出现在呼吸群和呼吸段结束前，一般是句子最后一两个字的呼吸表现。由于一句话结束后需要开始下一个言语段，所以句子或分句边界处的呼吸就需要快速结束，以开始新一轮的呼吸，这样，陡降型曲线就多表现为句子或分句结束的标志。缓降型曲线是呼气曲线中最常见的形式，它一般是大多数有声言语过程的表现，有时，当一个句子或分句边界末尾处未出现陡降曲线，那么整个句子或分句就可以表现为缓降曲线。平降型曲线多出现在较长句子的中后部，多由屏气造成。在呼吸曲线中，平降型曲线的数量不是很多，但是它们却在呼吸中起着重要的调节作用。由观察可知，平降型曲线多对应于较长句子中的短暂停延、非语义焦点词及虚词，在某些特定的情况下，它能够起到一定的分界标志的作用。

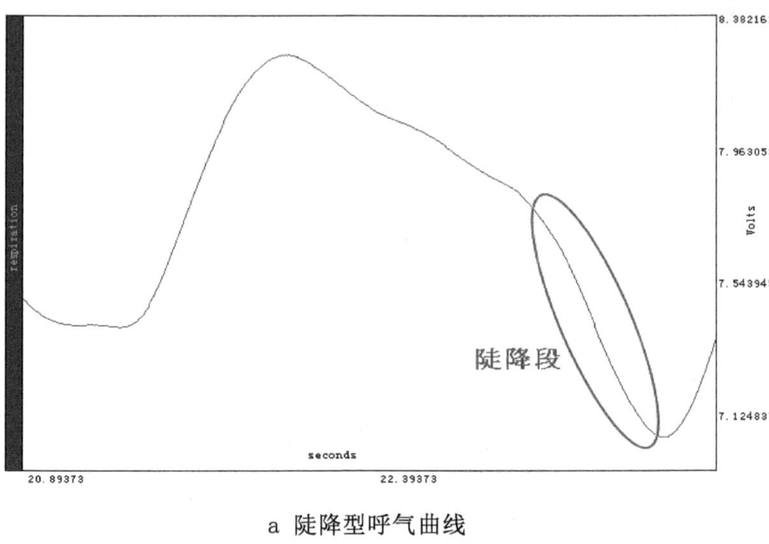

a 陡降型呼气曲线

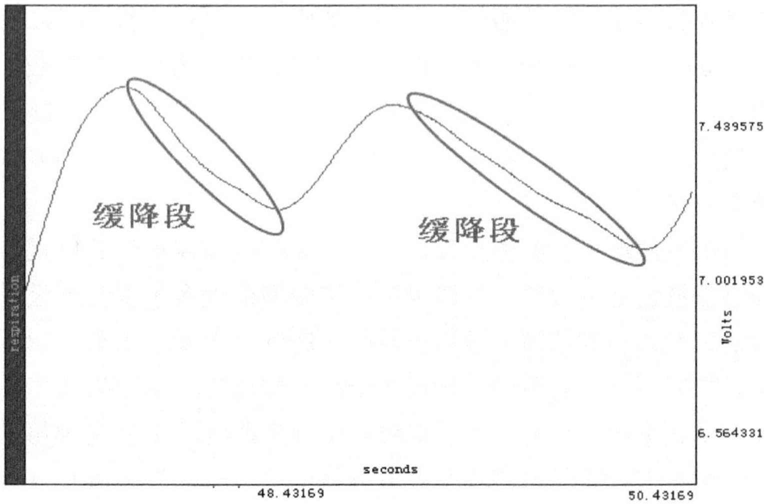

b　缓降型呼气曲线

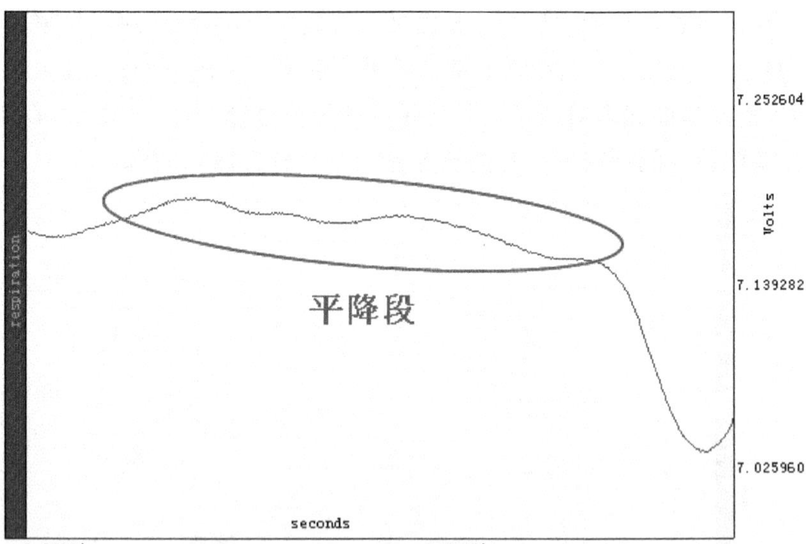

c　平降型呼气曲线

图 2.11　呼气过程基本类型图

对于平降型曲线产生的原因，我们认为，它一般是由两种情况造成的。一是屏气，如图 2.12 中被试 SM1 的一段呼吸曲线，屏气段 1、

4 表现为短暂停顿，屏气段 2、3 则表现为句中字音的延长，它们都是平降型曲线。可见屏气的作用就是在句中语义或语法边界处调节呼吸，停延分界，因此平降型曲线多出现在句中的短小停顿处。二是发音时用力小，这时肌肉处于相对平稳状态，音强较小，呼出的气流也较弱[①]，它们常常出现在非强调和非重读的音节上，表现为弱读或轻声，因此多对应于非语义焦点以及结构助词、句中动词的后附成分等语义、语法单位，其斜率多在 0.10 以下。平降型曲线形成的原因也是由呼吸肌肉对声门下气压的调节造成的，因为声门下气压的控制对于人类语言的一些特征，如音强、强调、停延、声调、语调等都是非常重要的（Ladefoged，1968；MacLarnon & Hewitt，1999）。

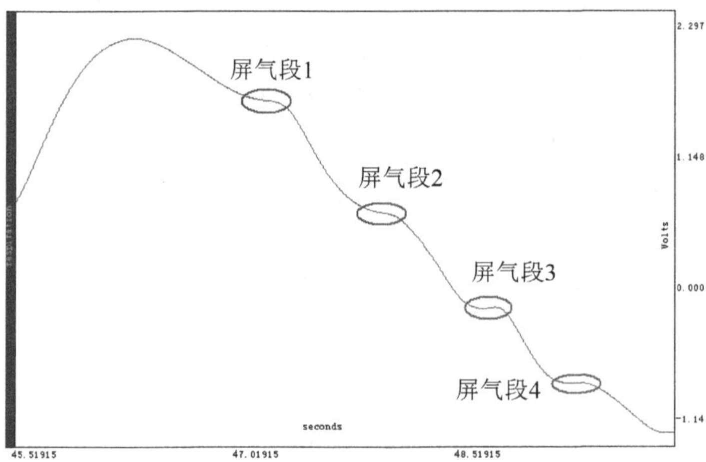

（那个走道儿的（1）/马上（2）/就把那件（3）/厚大衣（4）/脱下来了）

图 2.12 屏气段呼吸曲线示例

从生理角度来说，言语中的呼气首先是肺部弹性回缩造成的结果，但在一些情况下，这对于维持声门下压力是不够的。这时肋间肌和腹肌就活跃起来，从而增加了呼气动力以便维持声门下压力（Draper et al.，1959）。这说明特定声门下气压的产生是要求肌肉根据肺容量而变化不同活动形式的，因此才导致了不同呼吸单位和呼吸曲线基本类

① 欧哈拉（1990）的研究证明了音强、重音等对呼吸的影响。

型的出现，这正是人们根据不同韵律、语义等单位对呼气调节的生理过程。

2.3　朗读呼吸单位与韵律层级的对应关系

2.3.1　本实验中韵律层级的界定

在引言部分，我们提到了塞尔柯克（1984）、尼斯博和沃格尔（1986）的韵律层级模型。除此之外，还有一些学者尝试从其他角度对韵律的层级进行划分。如郑秋豫（2008）的“阶层式多短语韵律句群（HPG）”架构。她认为，语篇里的多短语韵律语段是一个具有跨短语深层结构的韵律单位，表达跨短语的韵律语境（郑秋豫，2008：660）。她将国语口语语流的韵律单位定义为多短语韵律短语组 PG（Multi-phrase Prosodic Group），并提出了“阶层式多短语韵律句群（HPG）”的架构（如图 2.13）。由下而上的韵律单位分别为音节（SYL）、韵律词（PW）、韵律短语（PPh）、呼吸组（BG）、韵律句组（PG）及语篇（Discourse）。

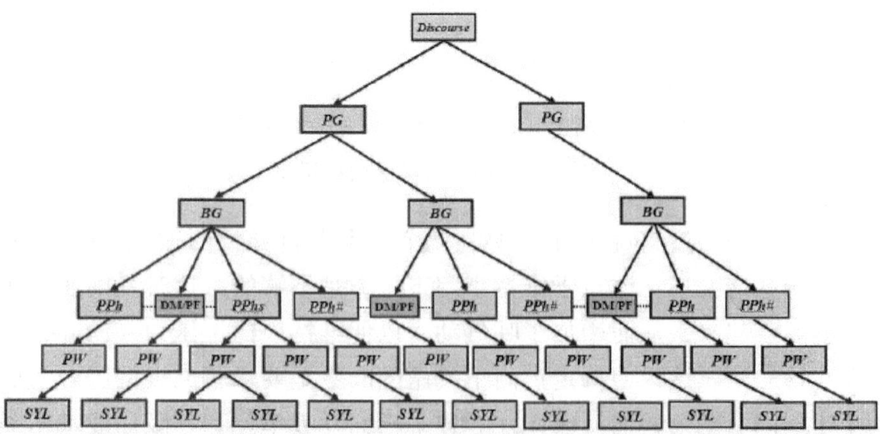

图 2.13　“阶层式多短语韵律句群 HPG”韵律单位架构图（郑秋豫，2008：661）

郑秋豫（2008：662）指出，HPG 架构与其他韵律单位的主要差异在于：（1）语篇中的多短语语段 PG 是大于句调短语小于语篇的韵律单位，它可以是多短语复杂句或多短句语段。换言之，PG 是短语的直属上层韵律单位，同时也是语篇直属的下层韵律单位，其规范制约的范围与单位远大于句法所能管辖的孤立句。（2）韵律短语是一个短语句调单位 IU（Intonation Unit），因此短语句调是一个 PG 的直属下层韵律单位，接受三个相对 PG 位置 PG 首、PG 中与 PG 尾的规范与制约而调整。（3）语流中的边界停顿也是韵律单位，具有语篇韵律身份。可见，郑秋豫所提韵律架构中的单位与塞尔柯克（1984），尼斯博和沃格尔（1986）韵律层级模型中的韵律单位并不对等，郑秋豫的 HPG 架构更多地强调了口语语流中对韵律产生的规划以及听感上对语流中语段的感知处理。为了区别这三种模型的关系，我们做如下比较（见图 2.14[①]）：

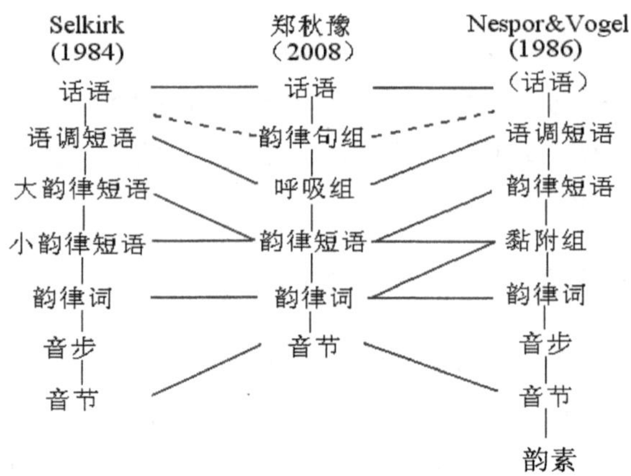

图 2.14 郑秋豫 HPG 架构与塞尔柯克、尼斯博和沃格尔韵律层级模型对照图

由于郑秋豫研究的是国语语流中的韵律架构，因此与另外两种基于英语的韵律模型不同。首先，在 HPG 架构中，没有“音步”的层级，音节上层直接是韵律词。其次，HPG 架构中的韵律单位与其他两种模

① 为简单起见，我们将原模型的树型结构改为直线结构。

型单位的对应是交错的，如郑秋豫的韵律短语对应于塞尔柯克的大、小韵律短语，对应于尼斯博和沃格尔的黏附组和韵律短语。再次，HPG架构中出现了呼吸组（BG）层级，首次明确地将与生理有关的呼吸成分纳入韵律层级中来，它实际上相当于另外两种韵律模型中的语调短语层级。最后，由于郑秋豫 HPG 架构中的韵律句组是大于句调短语小于语篇的韵律单位，因此它在塞尔柯克、尼斯博和沃格尔提出的两种韵律模型中没有直接的对应物，故而标为虚线，指向话语和语调短语之间。

由于本书所研究的呼吸一般都对应于较大的语段，因此韵律词及韵律词以下的层级不再列入本书的考查范围。综合以上几种对韵律层级的划分模型并考虑到本书的特点，我们主要根据尼斯博和沃格尔（1986）的韵律层级模型来考察三级较大的韵律层级：（1）韵律短语层级，它可以对应于塞尔柯克（1984）的大、小韵律短语和郑秋豫的韵律短语；（2）语调短语层级，它对应于塞尔柯克（1984）的语调短语层级和郑秋豫的呼吸组；（3）话语层级，严格地说，这里实际上考察的是郑秋豫的韵律句组，即介于话语和语调短语之间的层级，并非整个语篇，但为了保证同一模型间术语的一致性，我们使用“话语”来代替“韵律句组”。

2.3.2　呼吸单位与韵律层级的对应

2.3.2.1　呼吸单位在韵律层级中的分布

韵律包括不同的层级，它们与语音、语义、语法有着密切的联系。言语中的呼吸也被动地受语句结构、语句意义和情绪的控制，各级呼吸单位是不同的韵律层级在生理上的投影，是韵律、语法等语言单位的生理表现。因此，建立呼吸单位与韵律层级间的对应关系就成为可能。

我们对十位被试不同等级呼吸单位的出现位置做了统计，结果见表 2.6。

表 2.6 呼吸单位在韵律层级中分布位置考察表

呼吸单位	吸气段			呼气段		
	话语	语调短语	韵律短语	话语	语调短语	韵律短语
呼吸群	53	31	2	53	39	5
呼吸段	29	55	21	24	57	23
呼吸节	0	11	42	0	16	35

统计表明，在吸气过程中，呼吸群在话语层级中出现的次数最多，占呼吸群出现总数的 62%；在语调短语中出现 31 次，占总数的 36%；而在韵律短语中仅出现 2 次，占总数的 2%。呼吸段在语调短语中出现 55 次，占呼吸段出现总数的 52%；在话语层级中出现 29 次，占 28%；在韵律短语中出现 21 次，占 20%。呼吸节在韵律短语中占绝对优势，百分比达 79%；在语调短语中出现 11 次，占 21%，而在话语层级中没有出现（见图 2.15）。

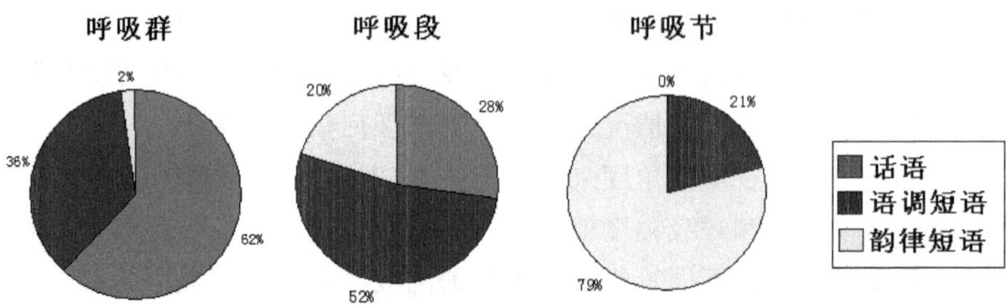

图 2.15 吸气过程中呼吸单位与韵律单位的对应图

在呼气过程中，呼吸群在话语层级中出现了 53 次，出现次数最多，占呼吸群出现总数的 55%；在语调短语中出现 39 次，占总数的 40%；在韵律短语中仅出现了 5 次，占 5%。呼吸段在语调短语中出现 57 次，占呼吸段出现总数的一半以上，百分比为 55%；在话语层级中出现 24 次，占 23%；在韵律短语中出现 23 次，占 22%。呼吸节在韵律短语中出现的次数最多，为 35 次，占 69%；在语调短语中出现 16 次，占 31%，而在话语层级中没有出现（见图 2.16）。

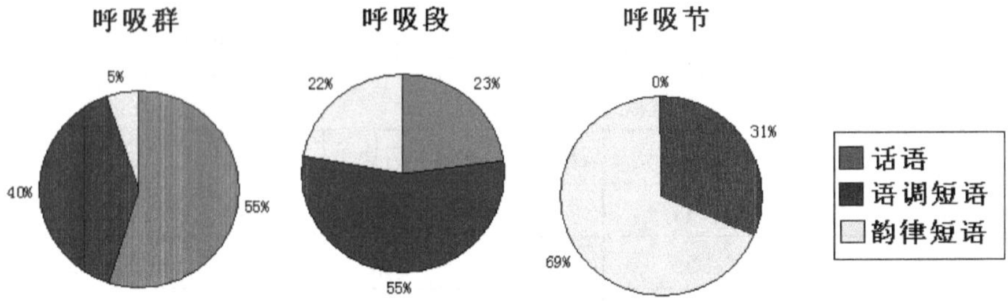

图 2.16　呼气过程中呼吸单位与韵律单位的对应图

2.3.2.2　韵律层级的呼吸表现及参数间的关系

通过以上数据，我们可以得出呼吸单位与韵律层级的基本对应关系，即在朗读的情况下，呼吸群一般对应于话语层级，呼吸段一般对应于语调短语层级，呼吸节一般对应于韵律短语层级。一般来说，呼吸群不会出现在韵律短语层级，呼吸节也很少出现在话语层级，二者界限非常分明，但是，呼吸群和呼吸节都会有一部分出现在语调短语层级中。呼吸段属于过渡阶段，尽管它主要对应于语调短语层级，但同样也可以出现在话语层级和韵律短语层级中，且出现在前者的比率略大于出现在后者的比率。可见呼吸段分布范围的限制性较呼吸群和呼吸节要小，它在一定情况下可以出现在任何韵律层级中。

因此，从语言学的角度来说（见图 2.17），话语中韵律单位等级越高，呼吸时长和呼吸幅度就越大；韵律单位等级越低，呼吸时长和呼吸幅度就越小。不同等级韵律单位前的吸气斜率差异显著，且随着韵律等级的提高，吸气斜率也显著提高，所以陡升型曲线一般出现在话语开始前，缓升型多出现在语调短语前，平升型多出现在韵律短语前。呼气斜率在话语和语调短语层级无显著差异，但韵律短语的呼气斜率则明显较小。呼气曲线的三种类型也有规律地出现在言语韵律中：一般来说，陡降型曲线多出现在话语末和语调短语末，往往是较大韵律单位结束前的标志；缓降型曲线是呼吸曲线的主体，言语表达中的多数部分都是缓降段，因此它是语义表达的主要载体；平降型曲线多对应于较长句子中的短暂停延、非语义焦点词及虚词。

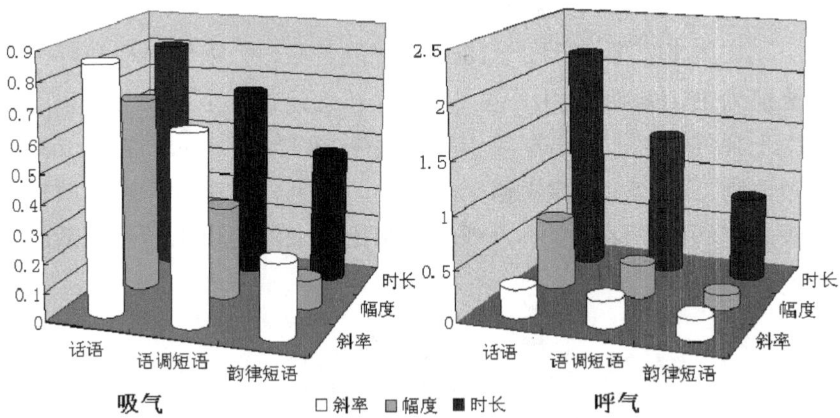

图 2.17 不同韵律单位的呼吸参数图

如上文所述，言语呼吸与平静呼吸时的表现是很不一样的，尤其体现在吸气过程和呼气过程的各项参数上。而在各个韵律层级上，呼气过程和吸气过程中的各个参数的比值和表现也是不同的，下面将从时长、幅度、斜率三个方面来具体比较各韵律层级在呼吸上的差异。

首先在时长方面（见图 2.18a），平静呼吸时，吸气时长与呼气时长的比例为 1:1.3，呼气时长稍大一点。而朗读中呼气时长和吸气时长的比例都大于平静状态下的情况，话语层级吸气时长与呼气时长比为 1:2.67，语调短语层级为 1:2.08，韵律短语层级为 1:1.78。可见，在言语状态下，呼气段时长明显增长，拉大了与吸气时长间的距离，且随着韵律等级的提高，比值也越来越大。所以说，言语时，人在有意识地调节着呼吸长度，压缩吸气时长，拉长呼气时长，从而保证句子的连续性。

在幅度方面（见图 2.18b），平静呼吸时，吸气幅度与呼气幅度的比值约为 1:1.01，二者几乎相同。在朗读状态下，吸气幅度与呼气幅度的差异也比较小，话语层级中的比值为 1:1.01，语调短语为 1:1.03，韵律短语为 1:1.3。随着韵律等级的提高，呼吸幅度的比值逐渐变小，但总体上呼吸幅度还是较为守恒的。可见，与平静状态下的呼吸相比，人在朗读时，主要调节的是呼吸时长，而幅度变化不大，呼吸量基本守恒。

在斜率方面（见图 2.18c），平静呼吸时，吸气斜率和呼气斜率的比值为 1:0.8，吸气斜率稍大一些。在朗读状态下，吸气斜率都明显地大于呼气斜率，话语层级中吸气斜率与呼气斜率的比为 1:0.33，语调短语为 1:0.42，韵律短语为 1:0.81。可见，随着韵律层级的提高，呼吸斜率的比值逐渐变小，呼吸斜率比值上的变化也是为了适应言语需要而产生的。

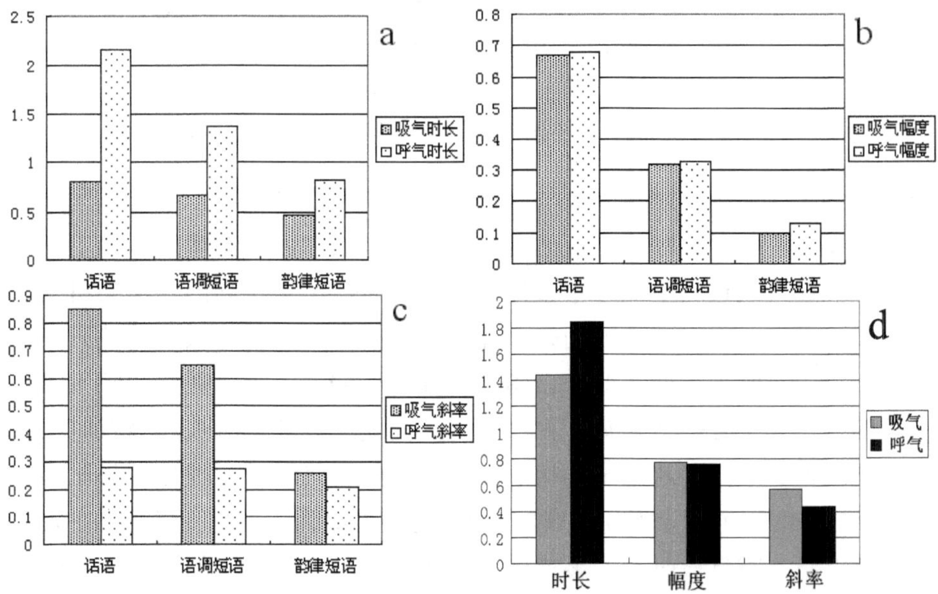

图 2.18　不同韵律层级呼吸参数比值图①

2.4　性别因素对朗读呼吸节律的影响

正如第 1 章所述，学界对不同特征人群的言语呼吸研究已经产生

① a、b、c 分别为言语状态下呼吸参数的对比，d 为平静状态下呼吸参数的对比。

了不少成果。一些研究证明，发音人的年龄、性别、健康状况等对言语呼吸都有影响。但是，霍伊特等（1990）和博列克等（1996）的研究证明，年龄对于言语呼吸的变化有显著影响，而性别对呼吸的影响则不明显。不过，也有研究证明，男性和女性不仅在呼吸方式上存在腹式与胸式的差异，而且由于气道结构等生理方面的差异，男性和女性在言语中会表现出不同的呼吸力学特征（Stathopoulos & Sapienza，1999；Huber & Stathopoulos，2003；范晔和徐志飞，2007）。可见，性别因素在言语呼吸中的作用仍然存在争议。所以，我们以下将从性别分组的角度来探讨男性和女性在朗读呼吸参数上的差异，进而检验并深化前人的研究结果。

2.4.1 平静状态下呼吸在性别上的差异

要讨论言语朗读状态下男性和女性的呼吸差异，首先应该观察他们在平静状态下呼吸参数的差异，只有这样才能区分不同性别在朗读时呼吸的差异是由生理造成的还是由言语造成的。因此，我们首先观测十位被试在平静呼吸时的差异。

由表 2.7 可见，平静状态下，男性和女性在各呼吸参数上均有不同。从吸气过程来看，男性在吸气时间、吸气幅度、吸气斜率上均大于女性，但方差分析显示，男女间的差异只有在吸气幅度上显著（$p<0.05$）。这说明，男性较女性在吸气过程中往往具有更大的吸气幅度，也即男性的吸气量更大，而在吸气时间和斜率上，男女间没有明显的差异。从呼气过程来看，男性在呼气时间、呼气幅度、呼气斜率上均大于女性，但方差分析显示，男女间的差异只有在呼气幅度上显著（$p<0.01$）。这与吸气过程的表现是一样的，由此说明，男性较女性在呼气过程中往往具有更大的呼气幅度，即呼气量更大，而在呼气时间和斜率上，男女间没有明显差异。我们认为，上述现象可能与不同性别的肺活量有关。一般认为，成年男子肺活量约为 3500 毫升，女子约为 2500 毫升，男性的肺活量一般大于女性肺活量，因此，平静状态下男性的呼吸幅度较女性要大。此外，呼吸的方法可能也影响到男女呼吸量的差别。男性多使用腹式呼吸，女性多使用胸式呼吸，一般

来说，腹式呼吸的呼吸量会大于胸式呼吸，所以平静呼吸时男性的呼吸幅度较大。

表 2.7 平静状态下不同性别的呼吸参数表

呼吸参数	男性		女性		方差
	M	SD	M	SD	
吸气时间	1.49	0.48	1.40	0.35	$p>0.05$
吸气幅度	0.80	0.10	0.75	0.10	**$p<0.05$**
吸气斜率	0.58	0.14	0.57	0.15	$p>0.05$
呼气时间	1.88	0.55	1.81	0.47	$p>0.05$
呼气幅度	0.80	0.11	0.73	0.09	**$p<0.01$**
呼气斜率	0.45	0.09	0.43	0.12	$p>0.05$

综上，不同性别的人在平静呼吸时的呼吸幅度有明显差异，男性大于女性，这主要是缘于性别生理方面的原因，即肺活量和呼吸方式的不同。尽管呼吸时间和斜率也表现为男性大于女性，但方差分析未见明显差异。

2.4.2 朗读状态下呼吸在性别上的差异

2.4.2.1 朗读吸气过程中的性别差异

我们对朗读状态下不同性别被试的吸气参数做了考察，结果发现（见表 2.8、图 2.19），在吸气时长上，男性在呼吸群和呼吸段上都大于女性，且差异显著（$p<0.01, p<0.05$），在呼吸节上则基本相同。在不同呼吸层级的吸气幅度上，男性都大于女性，但差异不显著（$ps>0.05$）。而在吸气斜率上，情况正与吸气幅度相反，表现为女性大于男性，差异也不显著（$ps>0.05$）。

表 2.8 朗读状态下不同性别的吸气参数

呼吸参数	性别	呼吸群		呼吸段		呼吸节	
		M	Sd	M	Sd	M	Sd
吸气时长	女	0.76	0.14	0.64	0.13	0.46	0.17
	男	0.87	0.16	0.72	0.19	0.46	0.21
吸气幅度	女	0.66	0.12	0.32	0.08	0.09	0.06
	男	0.69	0.13	0.33	0.09	0.10	0.06
吸气斜率	女	0.88	0.37	0.66	0.33	0.31	0.27
	男	0.87	0.35	0.65	0.34	0.24	0.17

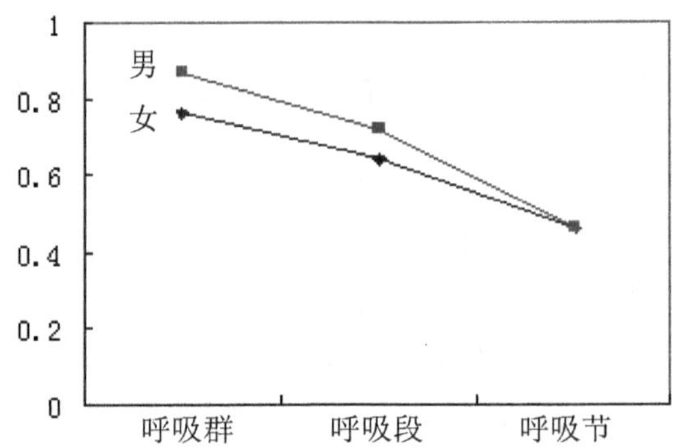

a. 吸气时间

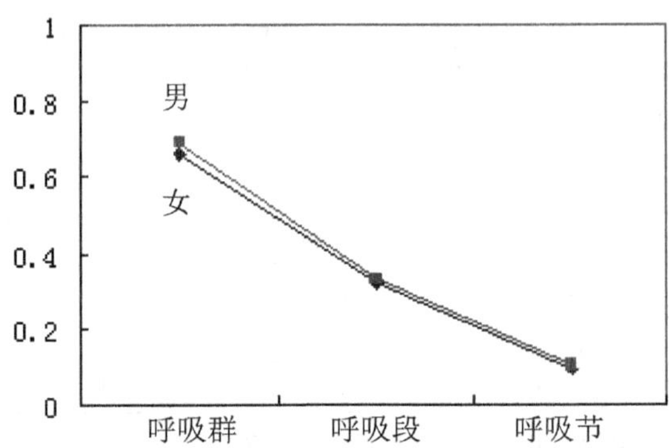

b. 吸气幅度

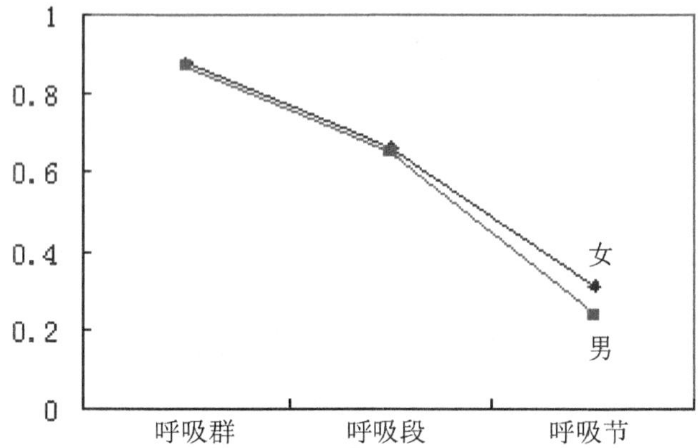

c. 吸气斜率

图 2.19　朗读状态下不同性别的吸气参数对照图

2.4.2.2　朗读呼气过程中的性别差异

对朗读状态下不同性别被试的呼气参数考察表明（见表 2.9、图 2.20），在呼气时长上，男性在呼吸群和呼吸段上都小于女性，在呼吸节上则大于女性。在呼气幅度上，男性在呼吸群上大于女性，但在呼吸段和呼吸节上小于女性。在呼气斜率上，男性在呼吸群和呼吸节上都大于女性，在呼吸段上小于女性。方差分析显示，男性和女性的所有数据差异均不显著，p 值均大于 0.05。

表 2.9　朗读状态下不同性别的呼气参数

呼吸参数	性别	呼吸群		呼吸段		呼吸节	
		M	Sd	M	Sd	M	Sd
呼气时长	女	2.22	0.73	1.43	0.57	0.77	0.42
	男	2.08	0.73	1.27	0.45	0.90	0.54
呼气幅度	女	0.66	0.13	0.34	0.09	0.13	0.05
	男	0.71	0.13	0.32	0.08	0.12	0.06
呼气斜率	女	0.27	0.15	0.27	0.15	0.20	0.11
	男	0.30	0.16	0.26	0.13	0.21	0.10

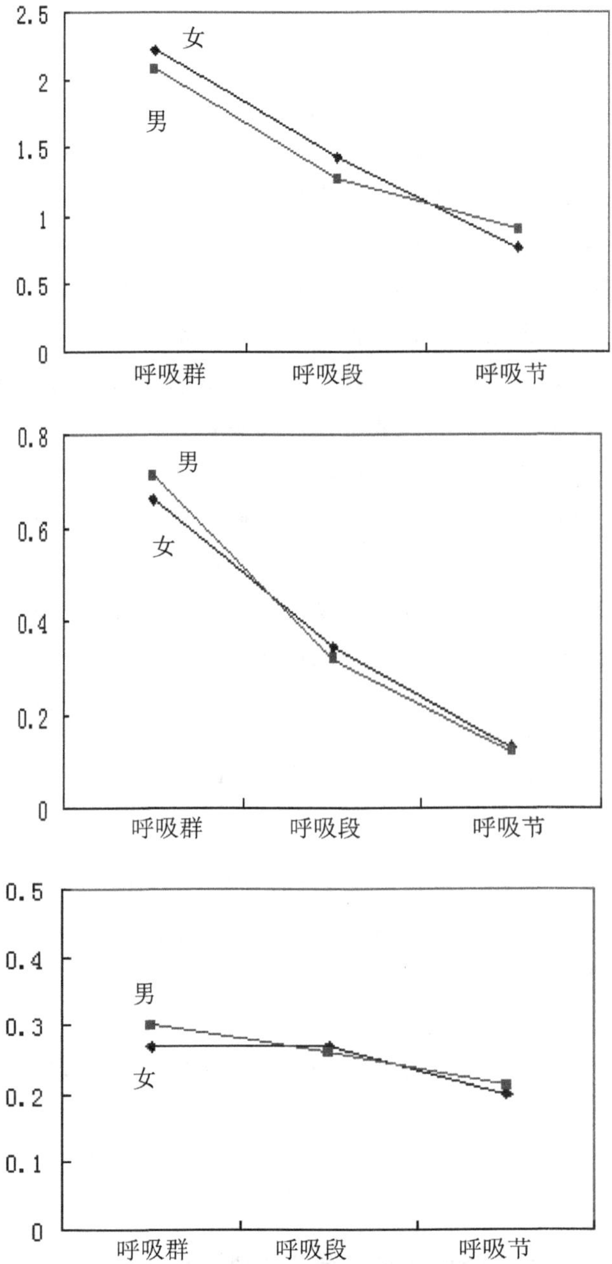

图 2.20　朗读状态下不同性别的呼气参数对照图

2.4.3 讨论

由上述结果可知，不同性别被试在朗读时的呼吸参数差异与平静呼吸时的并不相同。在平静状态下，男女在呼吸上的差别主要表现在呼吸幅度上，这种差异主要是由生理条件造成的；在朗读状态下，不同性别的呼吸参数差异仅仅体现在吸气时长上，而其他吸气参数和呼气参数均没有显著差异。这说明，在朗读等言语状态下，由生理原因造成的性别间呼吸差异已趋于消失，肺活量等生理因素在一定程度上不再是影响呼吸参数的主要原因。霍伊特等（1990）的研究证明，性别并不是影响言语呼吸的重要变量。可见，在朗读状态下，男性和女性都会有意识地根据语篇的韵律、语法和语义来调整呼吸的节奏和形式，使不同性别间的呼吸参数趋势表现趋于一致。这说明，在产生言语的过程中，人们往往会打破呼吸生理上的控制，模糊不同性别在呼吸生理属性上的差异，而使呼吸受控于语篇的韵律和结构，这正是人类呼吸系统及言语认知系统进化的最好体现。

2.5 小　结

本章以平静状态下的呼吸参数为对照组，对呼吸在朗读中的表现做了初步的分析，并考察了不同性别的言语呼吸差异表现，结果证明：

与平静状态下的呼吸节律不同，朗读言语呼吸主要受韵律、语法、语义等影响。从曲线形状上看，朗读呼吸表现比较整齐，规律性和可预测性较强，不同被试间呼吸曲线形状的个体差异不太大。朗读呼吸的峰型多样，吸气相长于呼气相，且斜率较呼气相大；吸气幅度的均值一般都小于呼气幅度；呼吸的时长、幅度和斜率随言语表达的需要发生变化。

根据呼吸参数，朗读呼吸可分为呼吸群、呼吸段、呼吸节等单位，且对应于不同层级的韵律单位。一般来说，呼吸群多数对应于话语层级，呼吸段对应于语调短语层级，呼吸节对应于韵律短语层级，韵律单位等级的不同在生理上就可以体现为不同大小的呼吸时长、幅度及斜率，这些参数值的大小也与韵律单位的等级呈正相关关系。

受韵律、语法和语义的影响，根据呼吸参数上的标准，朗读呼吸曲线的基本类型可分为陡升/降、缓升/降、平升/降。其中，陡升/降型曲线多出现在高层级韵律单位之前或结尾，是一个句子开始和结束的标志；平升/降型曲线多出现在低层级韵律单位的前后、较长句子的中部或虚词、非强调部分；缓升/降型曲线一般出现在语调短语前后，是大部分有声语段的表现。

性别因素对平静呼吸有影响，主要体现在呼吸幅度的差异中，而在言语朗读状态下，除吸气时长外，不同性别的各个呼吸参数间差异并不显著，说明在言语过程中，不同性别的呼吸生理属性差异较小，一致性较强。

可见，呼吸与言语节律有着密切的联系，言语呼吸曲线反映了生理呼吸在言语处理影响下的变化。呼吸曲线的量化解读可以为研究语调、韵律等提供客观数据和量化标准，同时也有助于揭示心理感知和生理机能在处理韵律结构时的交互作用。

3　朗读语篇中的停延与呼吸特征研究

3.1　引　言

自然语流通常包括两个部分，一是以音节为基本单位的音段成分，二是表现为重音、语调、停延等形式的超音段成分。语流中的音段成分负载了句子的主要语义信息，而超音段成分则影响着句子的表达和理解。曹剑芬（1999）认为，在自然语流的超音段成分中，标志节奏层次的韵律特征是话语组块结构最主要的说明物，它是底层语义上的断句规则在表层语音上的反映，通常包括无声间歇、边界前音段延长以及边界标志性音高变化方式。这些参量的不同组合，不但可以用来进行话语切分，而且也暗示着话语组块的内聚（coherence）特性。

一些研究表明，从言语产生的角度来看，说话人每次连续发出的音节数从不超过 7 个。而对言语感知的研究也证明，人的整体记忆的跨度通常也是 7±2 个音节（Kohno & Tanioka，1990），这是言语产生和理解的一种自然的时域控制机制。曹剑芬（1998）根据对新闻广播语料的分析，认为普通话里绝大多数最明显的节奏节落也是由 7±2 个音节构成的中等组块结构。这种中等节奏组块的具体跨度还跟语体和语速有关，但总体来看，韵律短语的作用范围最大不超过 9 个音节，一旦超过这个限制，就需要采用韵律手段或功能词来分节。这里所说的“韵律手段”主要就是停延。

停延包括两个方面，即说话或朗读时语流中声音的中断和延连，它起到言语在语流中的分合作用（吴洁敏，2001：35）。其中，停顿是一种主观感知概念，是听感上与语音单元之间的间断相关的边界信息，它的客观相关物主要是无声间歇（叶军，1996）；延宕也是一种主观感知概念，是听感上与语音单元之间的关联相关的边界信息，它的客观相关物是边界前的音节延长，主要表现为韵母的延长（许毅，1986）。

在实际的言语中，韵律有着不同的层级，各层级之间的过渡和接口则承载着非常重要的言语节律特征，这种节律特征往往由停延表现出来。因此，目前对停延的研究在声学方面已经有了不少成果。莱希斯特（Lehiste，1982）在研究段落和句子边界知觉时指出，段落边界的语音特征有无声段、喉化和边界前音节延长，且有着互补的关系。杨玉芳（1997）研究了朗读语句中不同等级句法边界与附近音节韵律参数及边界处停顿时长之间的系统关系，认为音节时长和停顿发生系统变化的只有边界前音节，且该音节时长随边界等级的不同呈双向变化。在时域，边界前音节的时长和停顿之和随边界等级提高几乎是线性增长。曹剑芬（2001，2003）归纳了四个级别停顿的分布规律，并分析了停顿与词性的关系。她指出，韵律跟句法并不完全一致，但又是密切相关的，韵律的结构是以句法结构为基础的，因此可以从句法结构中探知语句中可感知到的四级停顿；从词性上来说，表示人名、地名的名词，连词及助词后常有停顿的分布。李爱军（2002）考察了普通话口语对话语体韵律短语的时长特征和语句重音特征，认为轻声音节的时长在韵律短语的边界前最短，上声的时长在次要短语边界前最长，而主要短语边界前最长的是阴平或阳平。同时语句句型和语气也会影响到句末音节的时长以及韵律单位的时长，次要韵律短语时长在四种句型①中趋于一致（0.6—0.7 秒），主要韵律短语和语句时长与句型相关，在陈述句和疑问句中的时长（0.8—1 秒）大于祈使句和感叹句（0.6—0.9 秒）。冯勇强等（2001）在大规模语料库的基础上对19 万个音节时长进行了统计，结果发现，韵律短语边界、语调短语边

① 分别为陈述句、疑问句、祈使句、感叹句。

界和语调短语群边界对音节时长有明显的延长效果。同时，不同声调对边界前音节延长作用也不同，轻声受边界的影响最大，其次是阳平，上声受影响最小。王蓓等（2005）研究了语篇中大尺度信息单元边界的声学特征，发现无声段对韵律边界有重要的标志作用，信息单元越大，无声段越长，且变化的自由度越大。石锋等（2009）提出了“停延率”的概念，并研究了普通话陈述句语调的停延现象，他们指出，语句中不同声调及不同发音人的表现具有一致性，对停延没有明显影响。韵律边界前的字音都有延长，句首调群末字多为最长，句中调群的中字多为最短，句末调群的动宾结构首字单音动词少量延长，句末并没有更大的延长。

对于语篇中停延产生的原因和机制，一些学者也有较为精辟的论述。如熊子瑜（2003）认为，语音停顿的产生主要受以下几种原因驱动：一是生理上的要求，说话人需要利用停顿时间来换气以平衡肺部气压，这既是生理上的需要同时也是保证正常发音的前提。二是言语组织要求，一方面语音停顿在一定程度上体现着韵律单元间的组织关系，适当的语音停顿是保证韵律和谐的前提；另一方面语音停顿在一定程度上体现着语义单元间的松紧关系，适当的语音停顿是保证言语有效理解的前提。此外还包括其他方面的一些原因，如说话人一时找不到合适的词语而犹豫，或出于其他目的而故意沉默等。王蓓等(2005)认为，无声段在言语交流中被感知为停顿，停顿的位置和长短受两方面限制：一是言语产生的生理机制，二是言语认知加工过程。这说明，声学上所表现出的停延实际上是受生理和认知制约的。所以，考察语篇中停延与呼吸间的相互关系就有助于从更广阔的角度来揭示、验证乃至弥补目前韵律研究中的规律。然而，尽管目前学界对韵律停延的声学研究已经比较成熟，但是从生理呼吸角度来考察停延的文章却非常少见，因此，本章将采用停延率的方法研究自然状态下动态语句的停延规律，同时使用呼吸带传感器来分析言语停延时的呼吸特征，以期揭示二者间的对应关系。

3.2 实验说明

3.2.1 被试、实验语料及实验仪器

本章实验选取的被试与第 2 章（2.2.1）实验中的被试相同，实验语料的选取、标注以及实验仪器等也同第 2 章（2.2.2—2.2.5）。此处从略。

3.2.2 实验过程

3.2.2.1 声学参数的测量及说明

本书使用 Praat 软件进行声学实验。首先，我们测量每位被试语料中每个字的时长和各个停顿的时长，共得到 177×10=1770 个绝对字长数据和 253 个停顿数据[①]。由于绝对时长往往受多种因素影响而不具可比性，因此我们首先将绝对时长转化为相对时长，即：

$$Sx' = Sx / S\# \tag{3.1}$$

$$Gx' = Gx / G\# \tag{3.2}$$

其中，Sx′ 为某音节相对时长，Sx 为该音节的绝对时长，S#为本段话中所有音节的平均绝对时长。Gx′ 为某段停顿相对时长，Gx 为该停顿的绝对时长，G#为本段话中所有停顿的平均绝对时长（石锋等，2009）。

如果某字相对时长的数值大于 1，则认为该字发生了延长，反之则认为该字时长被压缩。对于停顿的相对时长来说，数值越大，说明停顿时长越长；数值越小，说明停顿时长越短。

在测量并计算得到每位被试单字相对时长和停顿相对时长之后，我们再把十位被试的字长、停顿数据进行平均，于是得到 177 个平均相对字长和 31 个平均相对停顿时长，在此基础上，可以观察朗读状态

① 本语料中各层级韵律边界共 31 个，理论上应得到 310 个停延数据。但由于每位被试停顿的位置和数量不同，因此测量得到的停顿数据个数也不是 10 的整数倍。

下字长和停顿的声学时长表现。

停延率包括两方面的内容，一是不同位置上字长的压缩和延长，二是不同韵律层级边界处停顿的时长。言语中的停和延是相互联系、不可分割的，停与延综合起来才可以全面表现韵律边界的特点。在本实验中，我们拟采用两种方法来考察韵律边界处的停延表现。

第一种方法：在测得音节及停顿的相对时长后，计算边界处的停延率。此种方法求得的停延率我们标记为“停延率 a”，计算公式如下：

$$Dxa = Gx' + (Sx' - 1) \tag{3.3}$$

其中，Dxa 为某音节停延率 a，Sx′ 和 Gx′ 分别是某音节相对时长和该音节后停顿的相对时长。利用本方法，我们对上述语料中 31 个不同等级韵律边界处的停延进行考察，以获得相应位置的声学特征。

第二种方法：我们采用石锋（2010）“停延率”的计算方法综合考察韵律边界的停延表现，此方法求得的停延率标记为“停延率 b”，即：

$$Dxb = (Sx + Gx) / S\# \tag{3.4}$$

其中，Dxb 为某单字停延率，Sx 为该音节时长，Gx 为该音节后的停顿时长，S#为本句音节的平均时长。某单字的停延率实际上为其时长和其后停顿时长之和与本句音节平均时长之比。这种停延率有可比性，更具语言学的意义。如果一个字音的 Dxb>1，就是发生了音段延长；如果 Dxb<1，就是发生了音段缩短（石锋，2010）。同时，使用停延率 b 的方法，我们也可分别得到某单字时长和其后停顿时长与本句音节平均时长的比值，即 Sx / S# 和 Gx / S#，进而可以比较停顿和音节的关系。用停延率 b 的方法，我们计算每位被试在每个韵律边界处的停延率，之后将所有被试在相应边界位置上的停延率进行平均，以观察总体停延特征。

通过对上述两种停延率结果的比较，我们将进一步揭示语篇朗读中的停延特征，为后面与呼吸的对应关系研究打下基础。

3.2.2.2　呼吸参数说明及相对化

呼吸参数的提取和测量方法与第 2 章（2.2.6）相同，此处从略。

3.3 朗读状态下语篇的停延特征

停延率包括两方面内容，一是不同位置上字长的压缩和延长，二是不同韵律层级边界处停顿的时长。因此，本节首先讨论朗读状态下语篇中单字和停顿的声学时长表现，分析不同韵律等级边界停延率的特征，为下一步与呼吸参数及特征的比照提供声学部分的材料。

3.3.1 普通话语篇朗读中字长变化的条件及表现

研究发现，实验中十位被试在朗读时语篇相应位置上的音节时长对比关系以及停顿的时长变化等方面的表现都较为一致，说明不同被试在朗读时对音节及停顿的时长处理是趋于一致的，因此平均停延率可以很好地反映语篇停延的实际表现。我们可以在平均停延率的基础上进行下一步的研究。

石锋等（2009）对四位北京人在普通话陈述句语调中的停延现象进行了研究（见图 3.1），从调群内各音节时长的走势变化来看，大体表现为（1）调群边界前的字音都有延长，且其延长幅度最大；（2）调群首的字音时长较边界处的要短，但一般都长于调群中字；（3）句首调群末字多为最长；（4）调群内时长曲线多为“凹”型。

孙颖(2009)对北京话焦点句语调的停延律进行了研究(见图 3.2)，结果发现，焦点句中焦点位置的音节都会发生音段延长，且是全句发生延长程度最高的音节。较之非焦点句中的停延表现，焦点位置韵律词的时长变化形式除“凹陷型”外，还有“渐升型”，即各音节时长不断增加，最终达到全句峰值。

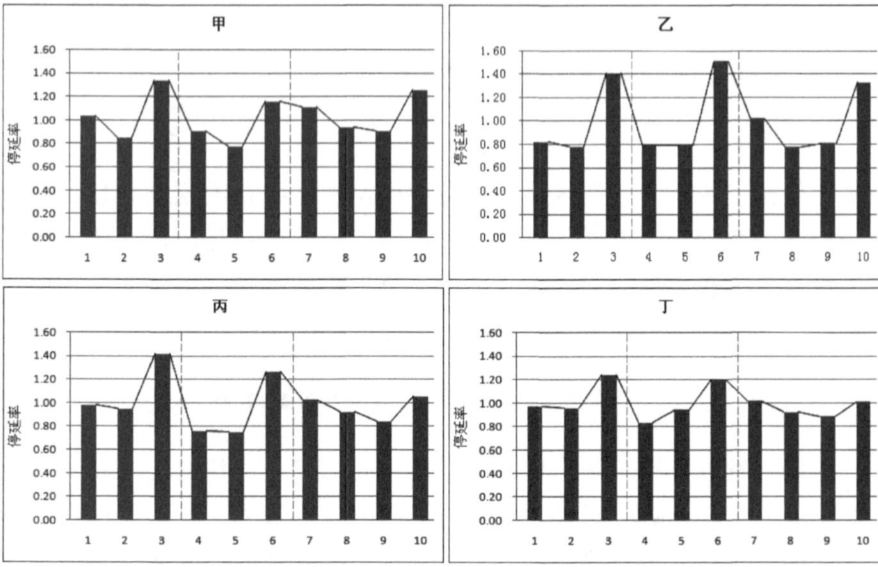

图 3.1 四位发音人整体语句停延率图（引自石锋等，2009）

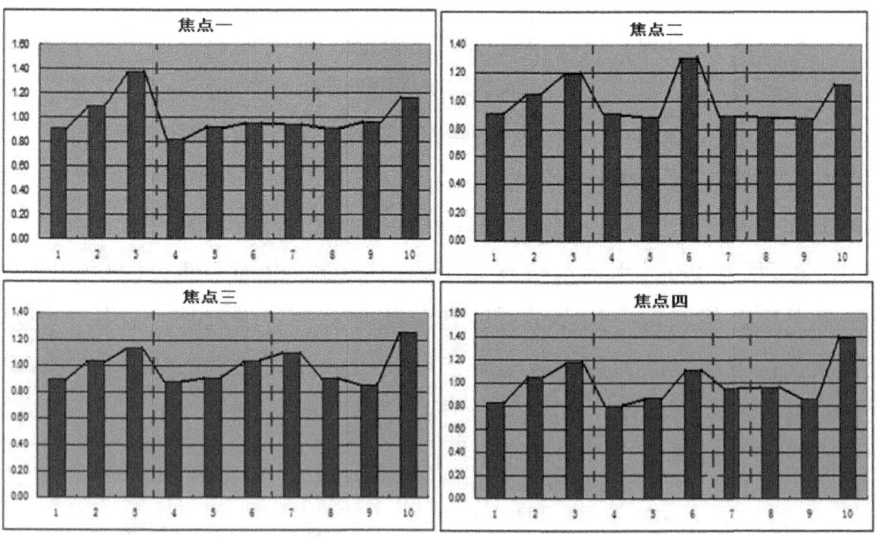

图 3.2 各焦点状况下综合停延率图（引自孙颖，2009）

总的来看，在单一陈述句中，调群内各音节时长的曲线走势较有规律，多体现为“凹陷型”“渐升型”等，发生延长的音节一般都是调群边界处的音节或是焦点位置的音节。可在自然语篇中，音节时长的曲线走势就比较复杂（见图 3.3）。这是因为语篇中的音节时长较单句中的音节受到的影响因素更多，如韵律、语义、音节位置、句群间的关系以及情感等，因此才表现为凹凸升降各种形式的共存。但我们的研究发现，尽管语篇中字长表现较为复杂，但是仍有规律可循。下面拟分别讨论。

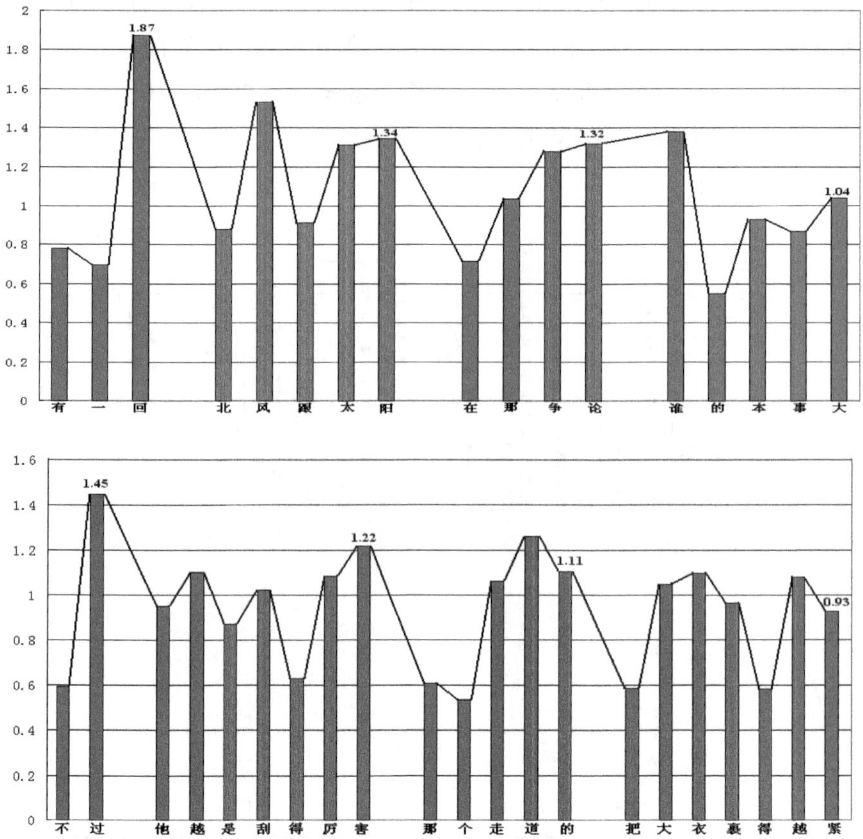

图 3.3 某段语料中各音节相对时长图

3.3.1.1 韵律层级边界的影响

图 3.4 是语料中各级韵律边界前的 31 个音节相对时长，由图可见，话语层级前末音节相对时长多在 1 以下，平均时长为 0.88，有音节明显缩短的趋势；韵律短语层级前末音节相对时长多在 1.2 以上，平均

时长达到 1.33，说明边界处的音节被明显拉长；语调短语层级前末音节相对时长则处于上述两种韵律层级的过渡状态，时长有长有短，平均值为 1.18，数据分布比较离散，但总体来看是长于话语、短于韵律短语的。对三种韵律层级前末音节平均相对时长的考察表明（见表 3.1），话语层级前末音节时长最短，韵律短语边界前末音节时长最长，且各层级差异显著（$F(2,28)=5.181, p<0.05$）。这说明，韵律边界的等级会影响边界前末音节时长，韵律边界等级越高，边界前字长越短；韵律边界等级越低，边界前字长越长。这与莱希斯特（1982）、曹剑芬（2001）等的研究结果是一致的。

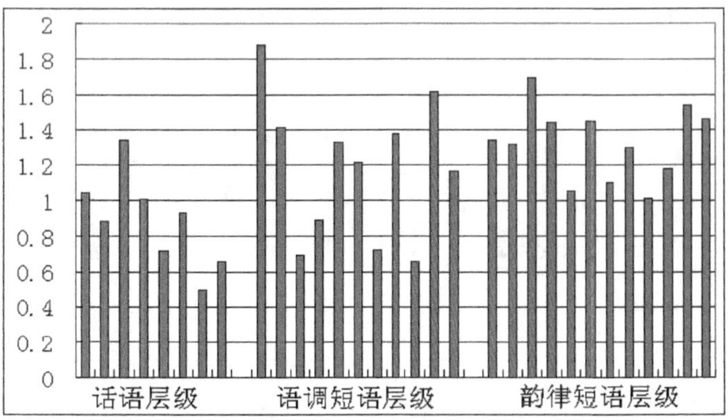

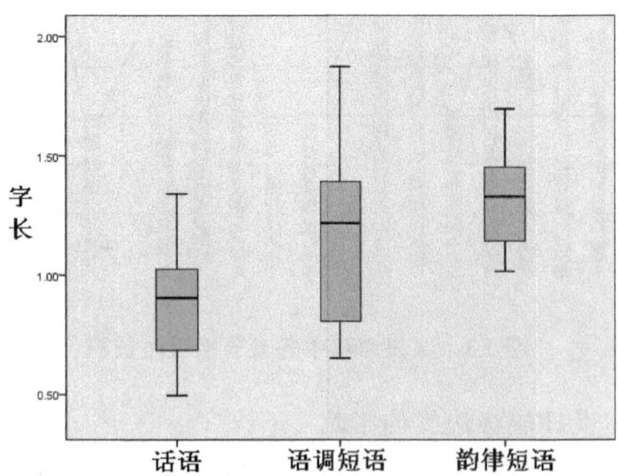

图 3.4　不同韵律层级边界前末音节相对时长柱形图及箱图

表 3.1　不同韵律层级边界前音节平均相对时长表

话语		语调短语		韵律短语	
M	Sd	M	Sd	M	Sd
0.88	0.26	1.18	0.40	1.33	0.21

那么，造成这种表现的原因是什么呢？我们认为，边界前末音节和停顿一样具有表达韵律边界的功能，所以当停顿较长时它可以明确表达边界，那么边界前末音节时长所负担的表达边界的作用就减小了，因此不需要增加字音时长，以免造成冗余；反之，若停顿较小甚至没有可感知到的停顿时，边界前末音节时长表达边界的作用就十分重要，因此才延长时长以区别于非边界处的字音。此外，边界处字音长度的大小需要与停顿的长短相互作用，以保证朗读时语句之间时长的平衡性，不至于使某些音节、语句时长过长，而另一些音节、语句时长过短。正因如此，不同韵律层级前末音节时长的表现才有不同，而韵律边界则是影响音节时长的最强势因素，它会附加在其他因素之上共同影响音节的长度。

3.3.1.2　语义焦点及重音的影响

端木三（2007）曾提出“信息—重音原则”（the Information-Stress Principle），即语句重音由信息量决定，信息多的词要重读，信息少的词不用重读。焦点—重音理论（Focus-to-Accent）则认为，在音高重音（pitch accent）语言中，成为焦点的词或成分会以音高重音的形式在口语中表现出来（Selkirk，1984；Ladd，1996）。因此，在自然语流中，说话人可以根据说话环境、句法结构、信息理论等方面来决定词的信息量，从而确定语流中的焦点及重读。众多研究表明（Fry，1955；Linger，1958；Agaath & Vincent，1996；仲晓波等，2001；仲晓波和杨玉芳，2003），在影响重音感知的诸因素中，时长的作用要大于音高及音强。因此，语句中的语义焦点和重音就在音节时长上有明显的加长。

我们的研究表明，受语义的制约，被试常常将焦点处的音节重读，其时长较非焦点处的音节时长也加长了。如“就”，在“争来争去，就是分不出高低来”这句话中被重读，时长为1.13；而在其他非焦点位置，“就”的平均时长为0.80，如他俩就（0.82）说好了/就（0.83）算谁的本事大/北风就（0.86）使劲儿地刮起来了/只好就（0.74）算了/马上就（0.73）把那件厚大衣脱下来了。

其他被重读的音节还有在那儿争论谁（1.38）的本事大；他身上穿着件厚（1.28）大衣；俩就说好（1.33）了；谁（1.47）能先叫这个走道儿的……；北风就使（1.26）劲儿地刮起来了；他火（1.15）辣辣地一晒；……马（1.14）上（1.39）就把那件厚大衣脱下来了；还是太（1.35）阳的本事大。

3.3.1.3 音节位置的影响

曹剑芬（1999）、叶军（2008）等都曾指出，当音节处于句子或短语的首、中、末位置时，音节时长会发生一定的变化。郑秋豫（2008）则系统研究了PW（韵律词）、PPh（韵律短语）和BG（呼吸组）三个层级的音节时长分布。结果证明，从总体上来看，PW层级时长回归系数的一般组型呈现为勺子状的曲线，即中间音节缩短而最后音节拉长。PPh层级的一般组型可以从最后四个音节看出，即不管什么音节长度的韵律短语，从最后倒数第四个音节开始皆维持相同的组型，倒数第三个音节明显最短，而最后音节则拉长。BG层中，不同位置的PPh时长的组型也有明显规律，起首和中部PPh大致呈现为勺状曲线，结尾PPh则表现为倒勺状曲线。

我们对本实验语料中处于不同位置上的、包含不同音节数量的韵律组块时长进行了分析。总体来看，对于位于句中的组块来说（见图3.5a），末音节相对时长最长，基本都分布在1.2—1.6之间；首音节相对时长多半表现为较短的时长，且分布比较集中，一般在0.9—1.0之间[①]；组块中间的音节时长较短，一般分布在0.8—1.2之间。对于位于句末的组块来说（见图3.5b），组块时长曲线分为两种情况：一种是四、五音节组块呈现出的单峰型时长曲线，它们首音节时长较长（相对时长在1.1—1.2之间），而末音节时长最短（相对时长在0.6—0.8之间），

① 其中，五音节组块中首音节相对时长比较特殊，与其他组块首音节时长差距较大，相对时长为0.73

在倒数第二个音节处产生一个峰。另一种是六、七、八音节组块呈现出的双峰型时长曲线，它们首音节时长较四、五音节组块的首音节时长短（相对时长在 0.7—1.0 之间），但在第二音节处形成一个峰，到第三、四音节处，时长又变短；另一个峰位于倒数第二个音节，随后末音节时长缩短，大致在 0.8—1.0 之间。这说明，音节所在位置的不同会影响其时长。末尾音节受韵律边界的影响或表现为延长，或表现为缩短；中部音节时长和首音节时长的表现随不同情况而呈现出不同的特点。

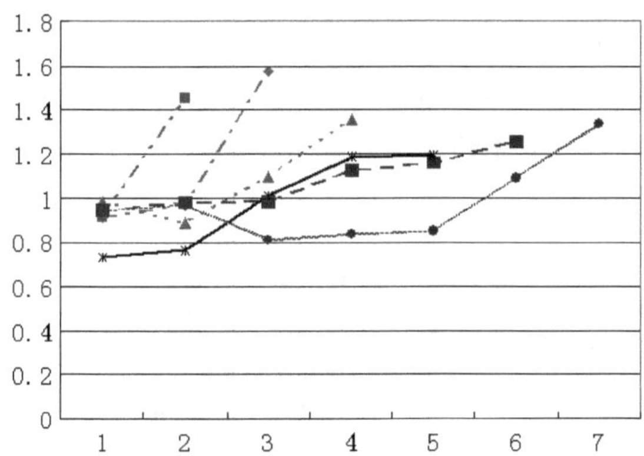

a 句中组块时长图

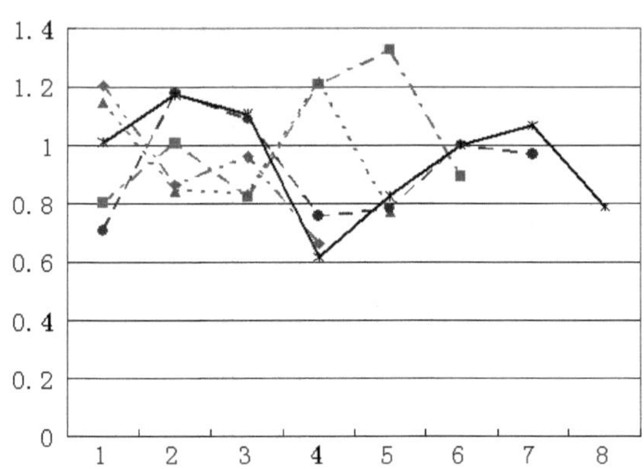

b 句末组块时长图

图 3.5 语篇中不同位置组块音节时长图

3.3.1.4　音节中音素性质的影响

郑秋豫（2008）认为，语流韵律的节奏并非由单一音节的时长串接而成，音节相对一致的长度进入语流后会发生变化。我们的研究发现，一般来说，含有擦音声母或鼻音韵尾的音节容易在语流中被拉长。如“风”既包含擦音声母又包含鼻音韵尾，即使不在韵律边界，其音节时长都在 1.3 以上。其他的如“阳、谁、上、算”等的时长也都相对较大。这样的音节若出现在韵律短语或语调短语的边界，其时长的延长则更加明显，如语调短语边界处的“回”，其时长达到 1.87。可见，构成音节的音素的性质会影响音节时长。

3.3.1.5　儿化的影响

实验结果表明，一般来说，儿化音节时长明显长于非儿化音节。尽管音节结构不同，但本段 9 个儿化音节时长均在 1.0 以上（见表 3.2），平均时长为 1.32。

表 3.2　语篇中儿化音节相对时长表

儿化音节	相对时长	备注
……在那儿争论谁的本事大	1.04	句中非儿化“那”的平均时长为 0.69
路上来了个走道儿的	1.50	“道儿”的平均相对时长为 1.33，与相同情况下的其他非儿化音节[①]时长相比，“道儿”的平均时长更大（1.33>1.01）
谁能先叫这个走道儿的……	1.30	
那个走道儿的把大衣裹得越紧	1.26	
那个走道儿的……	1.27	
北风就使劲儿地刮起来了	1.14	与相同情况下的其他非儿化音节[②]时长相比，“劲儿”的时长略大于后者（1.14>1.09）

① 这里的对比音节在结构上为“C+V+V”，词性上均为实词，且音节不处在韵律边界，不是轻读和语义焦点重读，如“北、太、走、高、脱、刮、裹”等音节。

② 这里的对比音节在结构上为“C+V+C”，其他条件同注释①，如“争、本、承、当”等音节。

续表

儿化音节	相对时长	备注
北风没法儿了	1.49	与相同情况下的其他非儿化音节①时长相比，“法儿”的时长大于后者（1.49>0.94）
过了一会儿	1.37	同时受边界的影响
这下儿，北风只好承认	1.54	

王福堂（2002）认为，北京话中的儿化韵是由基本韵母和词尾“儿”合音生成的。石锋（2003）通过实验证明儿化的卷舌特征是从韵腹开始到韵尾完成的一个完整的发音过程。刘振平（2008）认为，儿化是从语流中语音变化后产生的衍生音节中归纳出来的，它在语音层面上是一种合音现象，是词根语素与后缀“儿”结合时形成的合音现象。同时，他也利用声谱技术分析得到了儿化的两种发音方法，即带有动程的逐渐卷舌和先卷舌再发音。因此，在合音过程中，儿化音节较其原本的音节会增加一个卷舌的发音过程，这个过程会占据一定的时长。因此受儿化影响，儿化后的音节时长会明显加长。

3.3.1.6 轻音音节的影响

轻音音节的时长一般来说都比正常音节要短，轻声的时长短于轻读。许多研究证明，时长缩短是轻声的重要特征（林焘，1983）。叶军（2008）认为普通话轻音包括轻声和轻读两类。在动态语流中，许多本身有声调的字会读得轻而短，这就是“轻读”现象，它们与轻声是不同的。本书发现，语篇中轻读的字长约在0.65—1.00之间，而轻声字长则短于轻读，约在0.50—0.65之间（见表3.3）。这说明，尽管轻读和轻声都有“轻、短”的特征，但是由于轻读受本调的影响并对本调有所保留，因此时长总体上要长于轻声音节。此外，当轻声和轻读音节出现在韵律边界时，它们的时长也会发生相应的延长或缩短。但轻声和轻读被延长的程度不同，轻声一般不会超过1.00，轻读则在不少情况下可以超过1.00。因此，轻音音节受韵律边界影响大，有时

① 这里的对比音节在结构上为“C+V”，其他条件同上页注释①，如“大、他”等音节。

可以延长到和非轻声音节、非边界前音节长度相同的状态（冯勇强等，2001）。但总体看来，轻读的时长总要长于轻声。

表 3.3　语篇中轻声、轻读音节时长表

轻音	例字	均值	例字	均值
轻声	的：0.55，0.48，0.55，0.58，0.63，0.58，0.52，0.52	0.55	了：0.54，0.73	0.64
	个：0.67，0.58，0.53	0.59	着：0.65	0.65
	不：0.43，0.59	0.51	们：0.62	0.62
轻读	事：0.87，0.83，0.83	0.84	是：0.91，0.87，0.87	0.88
	就：0.82，0.83，0.86，0.74，0.73	0.80	出：0.90	0.90
	下：0.83	0.83	起：0.80	0.80
	来：0.97	0.97	把：0.58，0.81	0.70
	这：0.68	0.68	那：0.61，0.68	0.65

综上所述，我们认为，音节本身的性质如音节的结构、儿化、轻音等是影响语篇中字长的下层因素，而韵律边界、语义焦点、音节位置等则是影响语篇字长的上层因素，它们可以附加在下层因素上，调节改变音节长度，使语篇中的字长显示出与静态字长不同的表现。详见附录 C5。

3.3.2　普通话语篇朗读中停顿的条件及表现

停顿在言语中常表现为无声段，它是言语中表达韵律结构的一种常见手段。影响停顿形成的因素有很多。

首先，句子的长短会影响停顿的数量。一般来说，长句子中的停顿比较多，而短句子中的停顿比较少。正如本章引言中所述，说话人每次连续发出的音节数从不超过 7 个，而人的整体记忆的跨度通常也是 7±2 个音节（Kohno & Tanioka，1990），一旦超过这个限制就需要采用韵律手段（如停延）来分节。在本实验中，几乎所有的长句子都被停延切分，仅有两个语段包含9个音节，其他的都被停延切分在9个音节以内。短句子内部有时也会出现停顿，但停顿数量较长句要小。

其次，停顿与语速也有直接关系，曹剑芬（1998）就曾在研究中指出停顿与语速的关系。一般来说，语速快时，句内的停顿较少，一个语段组块内包含的音节数量就偏多，而语速慢时，句内停顿就会增多，语段组块内的音节数量相应就会下降。我们发现，语速较快的SF5在朗读语料时的停顿数量比语速较慢的SF1、SF2少了将近1/4。此外，从目前材料来看，大致说来，语速快时，停顿的平均时间会稍短一些；语速慢时，停顿平均时间就长一些。如语速较快的SF5的平均停顿时长为506ms，而语速相对慢一些的SF1、SF2，她们的平均停顿时长分别为817ms和632ms。不过，这还需要更多实验和数据的验证。

再次，语篇中的停顿与句内语法结构存在一定关系（曹剑芬，2001）。一般说来，主语和谓语之间、动词和宾语之间、定语/状语与中心语之间、动词和补语之间都容易发生停顿。在本书中，我们发现，在小句内部，主谓之间出现停顿共6次，动宾之间存在停顿1次，状中之间存在停顿5次。此外，本实验中还发现1次停顿出现在兼语之间的情况①，兼语部分一般被划分在前面的组块中。除语法外，句内的停顿也与语义结构有关，一般说来，较为完整的语义结构后更容易出现停顿，且其停顿的出现多为必要；语义不完整的结构后出现停顿的可能性小于完整语义结构，且其停顿的出现有时是可有可无的②。此外，我们还发现，新、旧信息之间有时也会出现停顿的现象，新信息后的停顿多半比旧信息后的停顿要长一些。我们认为，这也许是说话人突出新信息时所使用的一种韵律层面的方式。

最后，韵律层级单位是影响停顿出现的重要因素。如上所述，尽管语篇中音节时长受各种因素的影响而呈现出复杂的表现，但不同层

---

① 即谁能先叫这个走道儿的/脱下他的厚大衣。其中，“这个走道儿的”是兼语，停顿出现在它的后面。

② 比如，语篇中的各个句子和分句一般来说都表达了一个比较完整的语义信息，因此，它们的后面都有时长不等的停顿。而句中/分句中的不同语段单独表达的语义都不够完整，尽管有时也会出现停顿，但是停顿并非必须的，时长也相对较短，且这时的停顿有时可以被语段边界处末音节时长的延长替代。

级韵律边界前音节的时长表现则是比较稳定的，即韵律边界等级越高，边界前末音节的时长越小。与此相同，不同层级韵律边界处的停顿也表现出非常明显的规律。一般说来，高层级韵律单位（话语层级、语调短语层级）后一般都会出现停顿，而低层级韵律单位（韵律短语层级）后有时出现停顿，有时则以韵律边界前末音节时长的延长来代替。由表 3.4、图 3.6 可见，一般来说，韵律边界等级越高，边界处停顿越长；韵律边界等级越低，边界处停顿越短。话语层级后出现的停顿相对时长为 1.57，语调短语后的为 0.93，韵律短语后的为 0.39。我们也对不同层级韵律边界处停顿时长做了方差分析，结果显示，不同层级韵律边界处停顿时长不同且差异非常显著，$F(2,28)=164.482, p<0.001$。所以，边界处停顿的时长与边界前末音节的时长呈反相关关系，二者存在补偿的现象。这与前人的研究是一致的。

表 3.4　不同韵律层级边界出停顿的平均时长

话语		语调短语		韵律短语	
M	Sd	M	Sd	M	Sd
1.57	0.17	0.93	0.18	0.39	0.07

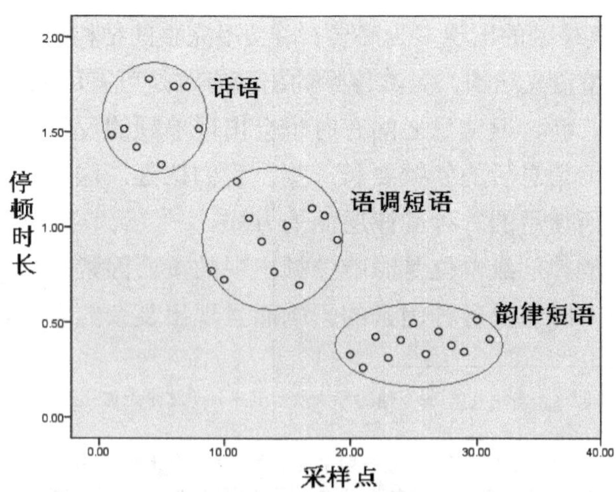

图 3.6　不同韵律层级边界前末音节相对时长

综上所述，语篇朗读中的停顿表现会受到诸如句长、语速、语法、语义结构、韵律层级等多方面因素的影响。在这些因素的影响下，停顿是否出现、出现的位置、出现的频率、发生的时长等都会存在很大的差异。因此，研究语篇停顿就必须注意到这些因素的作用。

一般来说，朗读时的停顿都是比较规律的，它们多出现在高层级韵律单位边界处，属于正常停顿。但有些研究也表明，朗读时的停顿也有不规则、非正常的情况。如汉门和约克斯顿（Hammen & Yorkston，1994）的研究发现，参加实验的成年人在朗读时有 2.1%的不合语法的吸气停顿现象存在。而在温克沃斯等（1995）的研究中，发现有 3.2%的不合语法的吸气停顿现象存在于成年人的朗读中。这说明，虽然朗读是一种比较规范的言语形式，但其呼吸中还是可能存在一些不合语法的停顿，尽管其出现的频率都非常低。在本实验中，我们也发现了有个别被试在个别地方出现了非正常停顿①。如在被试 SF1 的朗读中，就存在一处明显的非正常停顿。在“谁能先叫这个走道儿的脱下他的厚大衣”这句话中，绝大多数被试朗读的停顿一般出现在“走道儿的”和“脱下”之间，句中只有这一个停顿。而在 SF1 中，“谁”和“能”之间也出现了一个明显的吸气停顿（见图 3.7），该停顿的吸气时长为 0.455ms，幅度（H 值）为 0.10，斜率为 0.22，是一个缓升型曲线，这个非正常停顿的出现可能说明被试在这里遇到了加工困难或韵律规划失误。而在该被试后面的复述任务中也有类似的语句出现，可是这时却没有发现出现在“谁”和“能”之间的停顿（见图 3.8）。可见，非正常停顿的出现是与被试当时言语加工的过程紧密相关的，由于该加工过程具有多变性，因而这种非正常停顿也往往是较难预测且不可复制的。

---

① 较之汉门和约克斯顿（1994）以及温克沃斯等（1995）的研究结果，本实验中的非正常停顿更少，在所有停顿中所占的比例更小，这可能是由于被试在实验前进行充分准备的原因。即被试对语料的熟悉度增加，降低了心理认知加工的难度，消除了潜在非正常停顿出现的可能性。

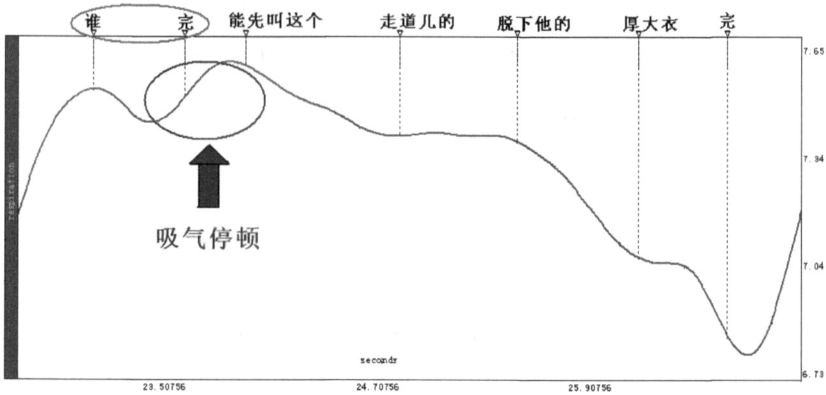

图 3.7　SF1 朗读时的非正常停顿呼吸曲线图

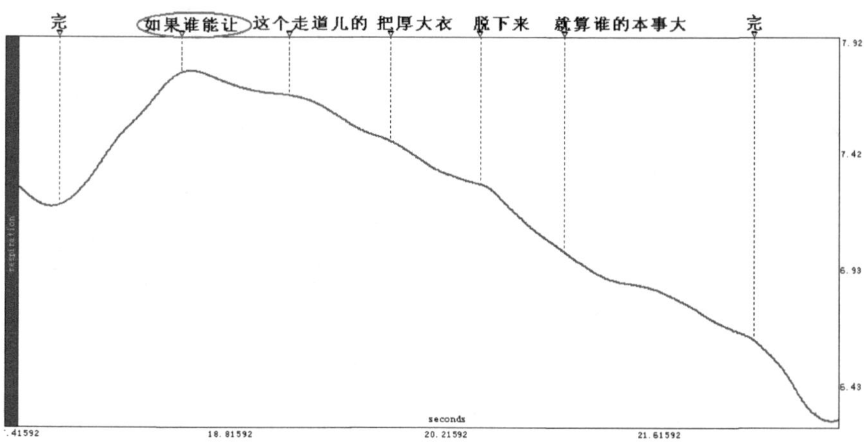

图 3.8　SF1 复述时相应语句的呼吸曲线图

3.3.3　不同韵律层级边界处的停延率特征

如 3.2.2 所述，停延率包括两方面的内容，一是不同位置上字长的压缩和延长，二是不同韵律层级边界处停顿的时长。言语中的停和延是相互联系、不可分割的，停与延综合起来，才可以全面地表现韵律边界的特点。石锋等（2009）曾对单句中不同调群的停延率做了分析，但对语篇中的停延率尚未做研究。因此，我们在这里使用两种计算停延率的方法来对语篇中的停延进行考察、比较，本小节将报告我们的实验结果。

3.3.3.1 停延率 a 的实验结果

由表 3.5 可知，不论韵律单位等级的高低，边界处的停延率都为正值。其中，话语边界的停延率最大，为 1.45；语调短语边界的停延率次之，为 1.11；韵律短语边界的停延率最小，为 0.72；三级韵律单位停延率的比例约为 4:3:2。

表 3.5 不同韵律边界的停延率 a 数据

韵律边界	停顿时长	延连时长	停延率a
话语边界	1.57	−0.12	1.45
语调短语边界	0.93	0.18	1.11
韵律短语边界	0.39	0.33	0.72

方差分析显示，不同韵律层级边界的停延率 a 差异显著，$F(2, 28)=17.168, p<0.001$。这说明，不同韵律层级边界的停延是有规律的，韵律边界等级越高，停延率越大；韵律边界等级越低，停延率越小。

具体来看（见图 3.9），话语边界的停顿最长而延连最短，此处的延连表现为负值，即话语边界处音节的时长是缩短的。这说明，在话语层级，边界主要由长时停顿来表现。在韵律短语层级，边界处的停顿最短，而延连最长。就韵律短语边界处的停顿和边界前末音节的延长来看，前者停顿缩短，后者延长加长，二者共同负担着表现边界的任务。语调短语边界的停、延时长则居于二者中间，边界基本还是由停顿来表现。可见，停延率对于划分句中语段组块、标志韵律边界是十分重要的。

尽管语句中的停与延呈互补趋势，但二者对停延率的贡献是不同的。相比较而言，停顿的时长相对较大，即使短小停顿一般也在 100ms 以上，因此容易被人感觉到①，对韵律边界的标识作用大一些。而延连一般是在原音节时长的基础上对其进行延长或压缩，延缩范围很有

① 叶军（2008）认为，当停顿达到 90ms 以上，一般就可以被感知。因此，90ms 是停顿感知的一个临界值。

限，较小的延缩不容易被人觉察到，因此它对韵律边界的标识作用小一些。

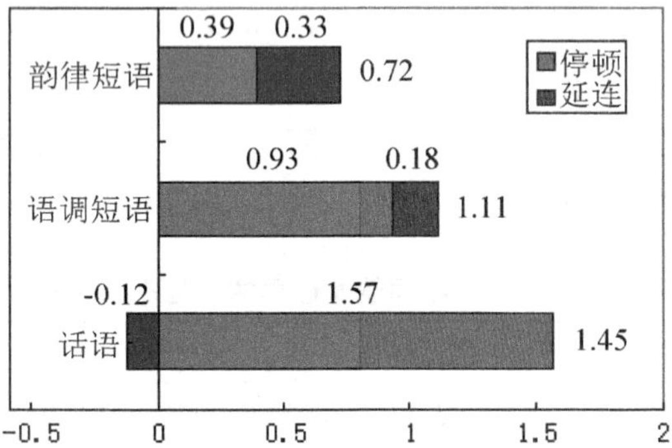

图 3.9　不同韵律边界的停延率 a 示意图

3.3.3.2　停延率 b 的实验结果

停延率 b 表示的是不同层级韵律边界停延时长与平均时长的比例关系。与停延率 a 的结果相同，不同韵律层级边界的停延率 b 是不同的。由表 3.6 可见，话语边界的停延率最大，为 6.33；语调短语边界的停延率次之，为 4.44；韵律短语边界的停延率最小，为 2.05；三级韵律单位停延率的比例约为 3:2:1。方差分析显示，不同韵律层级边界的停延率 b 差异显著，F（2, 28）=204.112, p<0.001。这也证明了韵律边界等级与停延率的大小是正相关的。

表 3.6　不同韵律边界的停延率 b 数据

韵律单位	停延率 b		停顿时长比值	音节时长比值
话语	M	6.33	5.45	0.88
	Sd	0.59		
语调短语	M	4.44	3.26	1.18
	Sd	0.46		
韵律短语	M	2.05	0.73	1.32
	Sd	0.39		

具体来看（见图 3.10），从话语层级到韵律短语层级，停顿时长明显减少，而音节时长逐渐增加。话语层级的停顿时长比值为 5.45，相当于 5 个半平均音节时长，而停顿前的音节时长比值则为 0.88，还不到平均音节时长的 90%，可见该处音节发生了缩短。话语层级边界的停顿是边界前音节的 6 倍，所以从某种意义上可以说，在话语层级停顿对边界区分具有较大的作用。在韵律短语层级，停延率 b 是最小的，停顿时长比值为 0.73，仅相当于一个平均音节时长的 3/4；停顿前音节时长比值则上升为 1.32，比平均音节的时长长出 1/3。因此，在韵律短语层级，边界停顿时长小于边界前音节时长，边界前音节的延长对韵律短语边界的区分具有更重要的作用。在语调短语层级，停顿和停顿前音节的时长分别居于话语和韵律短语相应项目的中间。停顿时长比值为 3.26，相当于 3 个平均音节的长度；停顿前音节的时长比值为 1.18，较平均音节时长长出约 20%；语调短语层级中，停顿与音节的时长之比约为 3:1，所以仍然是停顿在表现边界的作用中更突出些。

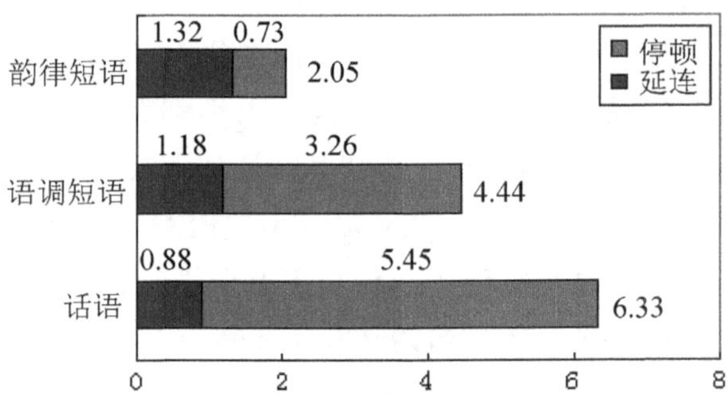

图 3.10 不同韵律边界的停延率 b 示意图

综合上述两种停延率算法的结果，我们发现，停延率可以较好地揭示韵律层级边界处的停延特征，两种算法得出的结论是一致的，即停延率随着韵律等级的不同而不同，韵律层级越高，停延率越大；韵律层级越低，停延率越小。在话语和语调短语层级中，停顿所起的区分边界的作用是更大的；在韵律短语层级中，边界处音节时长的延长对边界的区分具有更重要的作用。

3.4 语篇韵律边界的呼吸特征及其与停延的对应关系

正如第 1 章所述，言语中呼吸的作用已经引起学界的广泛关注，一些学者已从不同角度对言语呼吸的特征进行了非常有意义的探索。不过，从目前来看，考察韵律边界处的呼吸特征及其与停延特征对应关系的研究尚不多见，这方面的文章主要有斯利夫卡（2000）的研究。其他学者也有认为呼吸与韵律是相关的，如郑秋豫（2008）已将呼吸组（BG）看作韵律层级中的一级，说明呼吸在韵律中的位置是非常重要的。从本书的研究来看，不同层级韵律边界处的呼吸与停延是有明显关系的。其实，语篇中的停延不仅与呼吸等生理现象相关，而且还与人的心理认知紧密联系。有研究显示，人在说话时大脑对韵律是有明确感知的，当不同层级韵律单位出现时，某种脑电成分是否出现、出现波幅的位置及大小都有不同。施泰因豪尔等（Steinhauer et al.，1999）以及施泰因豪尔（Steinhauer，2003）等学者使用脑电图（Electroencephalography，EEG）研究了人在说英语时的脑电波情况，他们发现了一种与主要语调短语（IPh）边界相关的新的脑电成分，并将之命名为 Closure Positive Shift（CPS，中止正漂移）。施泰因豪尔（2003）认为，与 LAN、N400、P600 这些反映语义和句法加工的脑电成分不同，CPS 主要反映的是韵律短语边界的加工，它表现为一种双向的、大振幅正波。李卫君等（Li et al.，2008）对朗读状态下汉语语篇边界处的 CPS 进行了研究，结果发现 CPS 在汉语语调短语和韵律短语边界均能被激发出来，但在两种情况下，CPS 的起始部分和峰值潜伏期是不同的，韵律词边界处的 CPS 比音节边界的 CPS 存在更大的正向倾斜。

由于声学上的停延与心理、生理现象均有关系，并以后两者为物质接触，所以在实际言语交际中，人们对韵律单位的处理都需要由大脑外化到声学上来，这样就需要借助呼吸器官和发声器官来调节呼吸的节奏和形式，从而将大大小小的韵律单位从连续的语流中切分出来。于是，在言语认知加工的心理操控下，言语呼吸上的变化就会直接导致语流中的停延现象，因此生理上的呼吸和声学上的停延便会存在一种内在的对应关系。这种对应关系从呼吸曲线图与声学波形图中可以清楚地反映出来。由图 3.11 可见，呼吸与停延之间有着非常严整的对应关系：停顿在呼吸曲线中一般都表现为较为明显的吸气段，而延连在呼吸曲线中则对应呼气段的末尾部分，呼吸曲线的边界往往也是停延的边界。

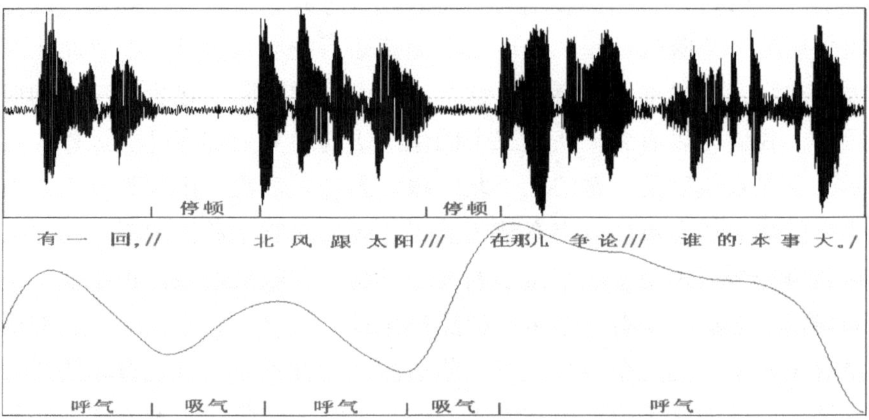

图 3.11 语音波形与呼吸曲线对应示意图

由于呼吸段落对应的韵律层级一般都较高，因此我们将讨论韵律短语及其上位层级边界处的停延在呼吸上的表现，暂不涉及韵律词及其以下层级。

3.4.1 呼吸形式与韵律边界停延的关系

就言语呼吸的一般认识来说，言语中的吸气应该对应无声停顿，呼气则应该对应发音过程。吸气和呼气似乎在言语中各司其职，分别对应着不同的停延现象。而事实上，自然言语中呼吸和韵律的对应并非如此简单。我们的研究证明，在朗读时吸气会造成语篇中大的无声停顿，而短小的停顿则可能对应小幅度吸气或呼气（包括屏气）两种情况，但发音过程[①]则几乎都是对应于呼气的（张锦玉，2010）。具体来说，话语和语调短语处的较大无声停顿一般都对应着吸气，而句中韵律短语的一些小停顿则可能表现为吸气，也可能表现为呼气，甚至是屏气[②]，这是因为韵律短语边界不仅可以表现为停顿，而且也可能以末音节的延长的方式来替代停顿，而延连的生理表现正是呼气。而对于各级韵律单位中以及边界处的音节来说，呼气是其唯一的表现，因为汉语中几乎没有靠吸气发声的音节。

如图 3.12a 中，呼气段 1 和呼气段 4 分别是语调短语和话语边界处的呼吸形式，它们都表现为明显的呼气过程。吸气段 1 则是语调短语之后的一个吸气过程，表现为语调短语后的明显停顿。在“北风跟太阳在那儿争论谁的本事大”这个语段中，它实际上包含了三个韵律短语，我们可以看到，在这三个韵律短语的边界处都有呼气过程，但是否存在吸气则是可选的。“北风跟太阳”之后没有出现吸气段，说明该韵律短语有可能以末音节延长代替停顿来表示韵律边界，而“在那儿争论”后出现了一个短小的吸气过程，即吸气段 2，说明在这个韵律短语之后一定有一个短小的无声停顿。图 3.12b 中，一个长的语调短语被切分为五个语段，在这些语段之间并没有吸气过程，韵律边界被末音节的延长反映。与 a 不同的是，它们在呼吸上都表现为明显的屏气段。因此也可以认为，屏气是呼气的一种特殊形式，也可以用来区分韵律短语的边界。

① 包括句中及边界处各个位置上的音节。

②“屏气”是一种特殊的呼气，见石锋等（2010）。

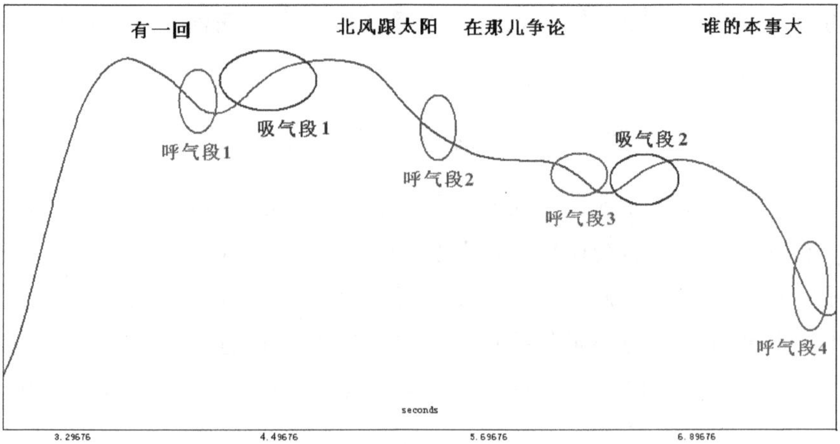

a

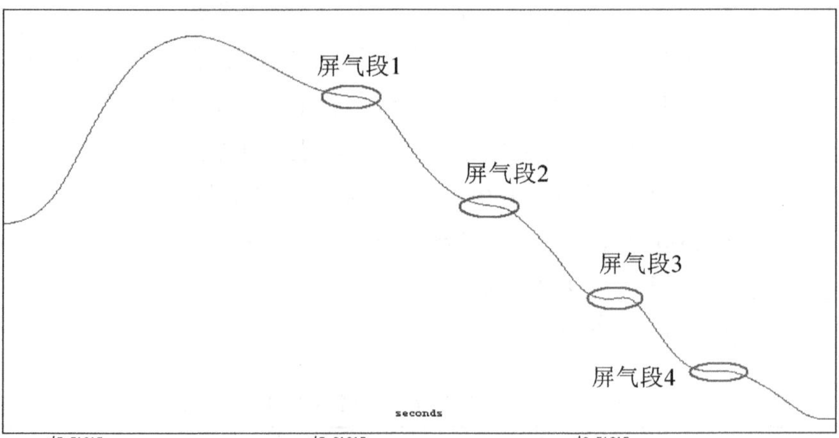

b

图 3.12 语句中韵律边界停延的呼吸形式示例图[①]

综上所述，我们认为，朗读中的呼吸形式与停延表现之间并非一一对应的关系，生理层面的呼气、屏气和吸气与声学层面的停顿、延连是交错对应的。从呼吸形式的角度来看，呼气一般可以对应于“停”，也可以对应于“延”，而吸气一般来说只能对应于停顿。从停延表现

① a 图：有一回/北风跟太阳/在那儿争论/谁的本事大。/b 图：那个走道儿的（1）/马上（2）/就把那件（3）/厚大衣（4）/脱下来了。

的角度来看，停顿大体可以对应为呼吸形式中的任何一种，而延连只对应于呼气形式。

3.4.2 呼吸参数与韵律边界停延的关系

言语韵律的停延边界对应于不同的呼吸形式，同一种呼吸形式也可能表现为不同的韵律边界。我们知道，不同层级韵律单位边界处的呼吸差异常常表现为吸气过程的有无以及吸气、呼气参数的不同，因此，本节将对不同层级韵律边界处的呼吸参数进行统计。

首先考察不同层级韵律单位边界处的时长、幅度和斜率等参数（见表 3.7）。大体来说，吸气时长、幅度、斜率表现了停顿时的呼吸特征，韵律等级越高，吸气时长、幅度和斜率越大。方差分析表明，不同层级韵律边界处的呼吸在时长、幅度、斜率等参数上的主效应差异均显著，$ps<0.001$（见表 3.8）。呼气时长、幅度、斜率则反映了边界前末音节发音时的呼吸特征，韵律等级越高，呼气时长越小，呼气幅度和斜率越大。方差分析显示，不同韵律层级边界处末音节呼气的时长主效应差异不显著（$p>0.05$），而幅度和斜率的主效应差异显著（$p<0.05$, $p<0.001$）。这说明，话语、语调短语和韵律短语三级韵律单位在边界处的呼吸表现是非常不同的，各呼吸参数随着韵律等级的不同而呈现出有规律的变化。

表 3.7 停顿及边界前末音节的呼吸参数统计表

呼吸参数	话语		语调短语		韵律短语	
	M	Sd	M	Sd	M	Sd
吸气时长	0.80	0.03	0.65	0.06	0.42	0.09
吸气幅度	0.56	0.07	0.35	0.11	0.14	0.07
吸气斜率	0.72	0.08	0.53	0.13	0.28	0.09
呼气时长	0.21	0.05	0.23	0.07	0.25	0.04
呼气幅度	0.10	0.03	0.07	0.02	0.06	0.02
呼气斜率	0.45	0.08	0.31	0.05	0.26	0.06

表 3.8 不同韵律层级边界呼吸参数主效应方差分析表

吸气	时长	F（2, 28）=78.399 p<0.001
	幅度	F（2, 28）=55.291 p<0.001
	斜率	F（2, 28）=45.919 p<0.001
呼气	时长	F（2, 28）=1.881 p>0.05
	幅度	F（2, 28）=5.334 p<0.05
	斜率	F（2, 28）=23.070 p<0.001

如果考虑呼吸参数与停延时长的关系，我们可以发现（见表 3.9），在 0.01 的水平上，停顿时长与吸气时长、幅度、斜率均呈正相关关系，相关系数均在 0.850 之上，为高度正相关。边界前末音节时长与呼气参数的关系相对较复杂：它与呼气时长在 0.01 的水平上显著正相关，与呼气幅度没有显著的相关关系，与呼气斜率在 0.05 的水平上负相关。

表 3.9 停延时长与呼吸参数的相关性检验表

停延时长	吸气时长	吸气幅度	吸气斜率
停顿时长	r=0.910 p<0.001	r=0.884 p<0.001	r=0.864 p<0.001
末音节时长	r=0.939 p<0.001	r=0.234 p>0.05	r=−0.402 p<0.05

以上数据说明，言语时的呼吸与停延有密切关系。声学层面上的韵律停延反映在停顿时长的长短和延连音节的时长、音高、音强等信息上，而生理学层面上的韵律停延则反映在呼吸时长、幅度、斜率等参数的变化上。停延在声学层面的信息和生理层面的信息可以比较一致地对应起来，它们都随着韵律层级的变化而表现出一致的变化趋势。因此韵律单位的等级是影响呼吸和停延自身表现及相互对应的根本因素，也即韵律等级越高，边界处的停顿越长，吸气的时长、幅度和斜率越大；韵律等级越高，边界前末音节时长越短，呼气时长越短，而呼气幅度和斜率越大（见图 3.13）。可见，在多数情况下，韵律边界处的停延时长具有互补性，停顿时间越长，边界前末音节时长越短，这是时长趋于恒定性的体现，而韵律边界处的呼吸斜率则具有一致性，

即吸气斜率越大，呼气斜率也越大，这是说话时呼吸速率和气流量恒定性的体现（张锦玉，2010）。

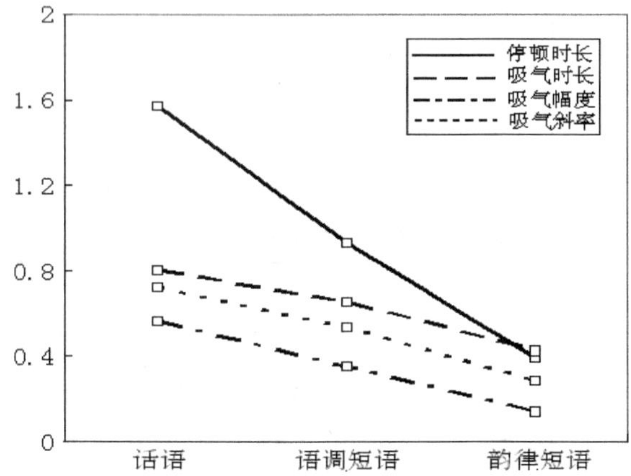

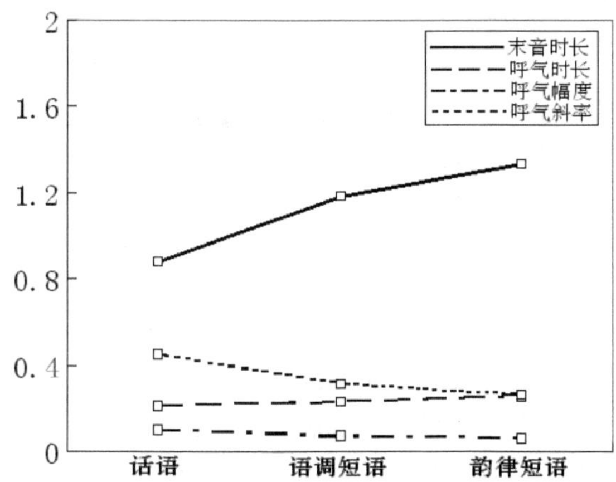

图 3.13　不同层级停延与呼吸参数分布图

上面我们分别分析了停顿及延连时的声学时长变化与吸气、呼气参数的关系。如果把声学上停延的两种形式综合起来，把生理上呼吸的两个过程综合起来，再考察它们之间的关系，也即考察停延率与呼吸参数的关系，也许就更能从整体上反映出停延与呼吸的对应。因此，我们将吸气时长、幅度、斜率分别与相同层级的呼气时长、幅度、斜率相加，得到的结果我们称之为“呼吸总时长、呼吸总幅度、呼吸总斜率”，它们分别反映了被试在韵律层级边界整体呼吸时间的长短、呼吸气流量的大小、呼吸速度的快慢。对于前面计算得出的停延率 a、停延率 b，我们也进行了部分调整。由于停延率 b 的数值与其他几组数据相比大得较多，所以，为了便于观察，我们以停延率 b 的 1/3 来作图。

由图 3.14 可见，停延率 a、停延率 b 与呼吸总时长、总幅度、总斜率都有一致的走向，即在话语层级上，停延率 a、b 都是最大的，整个呼吸过程占用的时间是最长的，呼吸所用的气流量是最大的，呼吸的总速率也是最快的；在韵律短语层级上，两个停延率都最小，整个呼吸过程的时间、气流量、速度也都是最小的，而语调短语的上述参数数值则是居于话语层级和韵律短语层级之间的。这充分说明，不同程度的呼吸变化会影响到停延的表现，而不同韵律边界处的停延要靠呼吸的调节来完成。

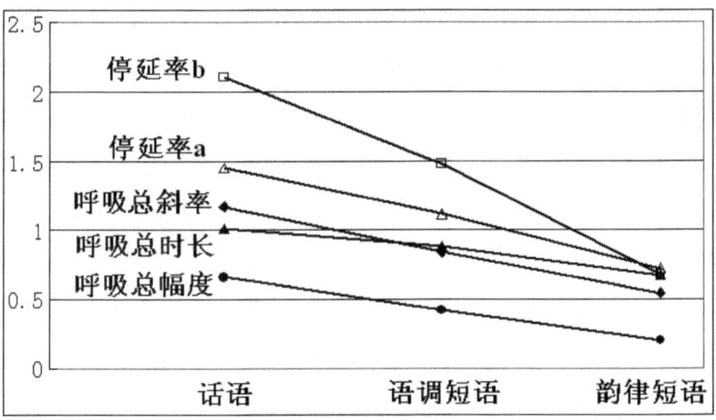

图 3.14　不同层级韵律单位边界停延率与呼吸总参数关系图

3.4.3　呼吸曲线形状与韵律边界停延的关系

在本书第 2 章中，我们研究了呼吸与韵律单位的对应关系，并根据呼吸斜率的不同划分出陡、缓、平三种呼吸曲线的基本类型。参照这种标准，并根据本节在停延边界处测得的各呼吸参数的大小，我们认为，一般来说，话语边界停顿处和边界前末音节处的呼吸曲线分别为陡升型和陡降型；语调短语边界停顿处和边界前末音节处的呼吸曲线分别为缓升型和缓降型；韵律短语边界停顿处的吸气曲线为平升型，而边界前末音节的呼气曲线为缓降型或平降型。

可见，在朗读时，人们在话语边界倾向延长停顿时间并提高吸气速率，而对话语边界前末音节的时长则倾向压缩并且迅速使呼气斜率增大，从而标志着该话语的完结。图 3.15 是被试 SF1 的一段呼吸曲线，由图可见，处于话语边界处的陡降段“大”，被试将它的时长压缩而突然增大了呼气斜率（0.74），说明本语段结束。在语调短语边界，停顿变小，边界前末音节时长增大，同时呼吸的速率都放缓并且呼气下降的幅度也变小，表现为缓升和缓降。这说明小句内部的语义等信息告一段落，而从更大的范围来看，语义并不完整，因此需要调整气息或补充一些气体以便继续下面的小句。如图 3.15 中，处在语调短语边界的“回”时长加长，呼气斜率变小（0.32），为缓降段。而其后的吸气曲线幅度和斜率也都较小，是缓升型曲线，说明还有其他后继语调短语。在韵律短语边界，呼吸的速率和幅度就更小了，有些边界甚至以大幅延长边界前末音节时长的方式来取代停顿。这种情况下，只有呼气过程而没有吸气过程，被试意在说明语句尚未完结，呼吸参数数值并未明显下降而是有所保留，这正是为保证后继语句顺利进行而使用的生理策略。如图 3.15 中，“阳”和“论”代表了韵律短语边界处音节的两种典型呼吸表现：“阳”的呼气斜率为 0.19，为缓降型曲线，且后面有一个明显的吸气过程；“论”后面并没有明显的停顿和吸气过程，它以音节时长的延长来反映韵律边界，相应的呼气斜率变得更小（0.08），是典型的平降型曲线，以控制气息来完成后面的语句。由此可见，韵律短语边界的呼吸并不像话语和语调短语边界那样稳定，它的表现形式多样，也容易受到被试朗读特点和呼吸策略的影响。

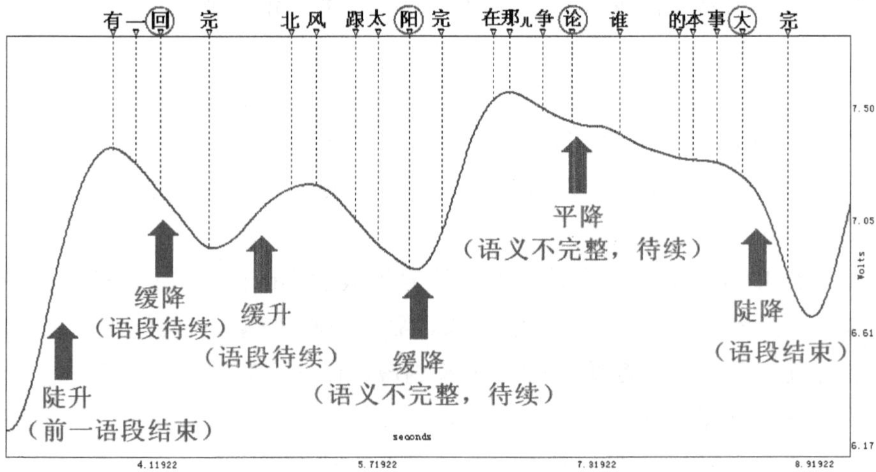

图 3.15 被试 SF1 某段呼吸曲线示意图

3.5 小 结

本章采用声学实验和生理实验的方法研究了十位被试在语篇朗读时的停延率和呼吸特征，证明并澄清了生理呼吸与声学停延上的对应关系，丰富了呼吸群理论，有助于揭示呼吸机能在言语韵律产生过程中的重要作用。通过研究，得到以下发现：

1. 在声学层面上，朗读时语篇中的字长受韵律层级边界、语义焦点、音节位置、音节中音素性质、儿化、轻音等因素的影响而呈现出停延起伏线不规整的现象。语篇中的停顿则主要受到句子长短、语速快慢、句内语法结构、韵律层级单位大小的影响。韵律边界处的停顿和边界前末音节的时长随着韵律等级的不同而不同，且二者呈现互补的趋势。

2. 停延率包括两方面的内容，即不同位置上字长的压缩、延长以及不同韵律层级边界处停顿的时长，它可以全面地、较好地揭示韵律边界的停延特征。本章停延率 a 和停延率 b 所表现出的结果是一致的，即停延率随着韵律等级的不同而不同，韵律边界等级越高，停延率越大；韵律边界等级越低，停延率越小。

3. 从生理角度来说，韵律边界处的呼吸与停延有较为严整的对应关系。朗读状态下的呼吸形式与停延表现之间并非一一对应的，而是呈现出交错对应关系，即呼气形式可以对应于停顿或延连，而吸气形式只能对应于停顿。

4. 朗读时的呼吸参数随韵律边界等级的不同而变化：韵律等级越高，边界处停顿越长，吸气的时长、幅度和斜率越大；韵律等级越高，边界前末音节时长越短，呼气时长越短，而呼气幅度和斜率越大。一般来说，韵律边界处的停延时长具有互补性，而呼吸幅度和斜率则具有一致性，它们分别体现了朗读边界处的时长恒定性和呼吸速率及气流量的恒定性。此外，若综合考察边界处停延率与整个呼吸过程中参数的关系，可以发现，停延率 a、b 与呼吸总过程的三个参数均为正相关关系，说明声学停延与生理呼吸确实存在一致对应关系。

5. 呼吸曲线形状与韵律边界处停延的关系，一般来说，话语边界的呼吸曲线分别为陡升型和陡降型，语调短语边界的呼吸曲线分别为缓升型和缓降型，韵律短语边界处的吸气曲线为平升型，呼气曲线为缓降型或平降型。

李伯曼（1967）在他的呼吸群理论（Breath-Group Theory）中曾经指出，基频和振幅可以作为呼吸群的声学标志，非标记性呼吸群（Unmarked Breath-Group）末尾处的基频和振幅都是下降的，标记性呼吸群（Marked Breath-Group）末尾处的基频和振幅则是上升的。我们的研究证明，停延的特征和呼吸的节律、形式也都受到韵律等级的制约，因此，除了基频和振幅外，停延也可以作为呼吸群的一种声学标志，而停延边界处的呼吸形式、参数和曲线形状正是这种声学标志的生理反应。

4　复述与自述状态下的呼吸特征研究

4.1　引　言

人类的言语活动是一个非常复杂的活动，言语时的声学参数随着不同的言语状态而有很大差异。朗读和自然口语都是言语活动，但是这两种言语状态却存在较大的差异。朗读一般是一种出声的阅读方式，它是朗读者根据文本，把文字转化为有声语言的一种创造性言语活动。朗读时，不仅读的内容受到文本的限制，而且朗读时的气韵、节奏、情感等也都要受到限制，因此，朗读的规约性较强。自然口语则与朗读不同，它一般没有固定的文本，不是书面语言的有声化朗读，而是在自然状态下根据一时一地的情景，临时对语言进行组织，表达个人观点、情感等的一种言语活动。这种言语活动随意性较强，言语时没有固定的范式，往往根据说话人自己的意念来操纵言语表达，因此个体性较强。

对于朗读和自然口语，前人早已注意到它们之间的差异，不少先贤已经从声学、生理学、心理学等方面进行了深入的研究。在声学方面，李爱军等学者对自然口语的研究较为深入。刘亚斌和李爱军（2002）通过对朗读语音语料库（ASCCD）、自然口语独白语音语料库（CASS）和自然口语对话语音语料库（CADCC） 的统计分析，试图说明朗读语料与自然口语的主要差异。文章主要对二者在音节、声韵、副语言学和非语言学现象、语篇话题、话轮转换、基频变化以及音段音变现象等几个方面做了比较全面的统计分析，结果证明，朗读语料与自然口语的确存在很大不同。我们以列表的方式来归纳他们的研究结果（见表 4.1）。

表 4.1　朗读语料与自然口语的主要差异（刘亚斌和李爱军，2002）

差异项目	朗读语料	自然口语
音节出现频率	助词“的、了”，动词“是、有”及副词“不”在朗读语料和自然口语中使用都较多。	“你、我、他、这、那”几个代词在自然口语中出现频率较高。
声韵母出现频率	朗读语料中高频韵母较为平均地由单元音、二合元音和三合元音构成。	自然口语中的高频韵母则几乎全是由单元音和二合元音构成，其中二合元音居多。
副语言学现象	朗读话语很少出现咳嗽、笑声、犹豫等副语言学和非语言学现象。	自然口语中的口语现象非常丰富。咳嗽、笑声、犹豫、非常规停顿频繁出现。
语篇话题	朗读语料随意性小。话题较为一致。	自然口语具有很强的随意性，话题转换较快，且呈非线性变化。
话轮转换方式	话轮转换形式相对较少，叠接现象也较少。	自然口语中出现了各种各样的话轮转换形式，且有大量的叠接现象。
韵律的声学表现	朗读语料的基频变化范围小，语速也较慢。	自然口语的基频变化范围比朗读语料的变化范围大，上限的变化更大；口语的语速较快，在上述语料中，自然口语的语速是朗读语料的 4 倍。
音段音变现象	音变现象较自然口语中要少。	自然口语中存在大量的各种各样的音变现象，其中声母的音变率比韵母更高。
句法方面	朗读语料中出现最多的句式是 SPVO。	口语中存在大量的省略句。

朗读与自然口语的另一个重要区别在于停顿。停顿可以分为无声停顿（silence pause）和填充停顿（filled pause）两种（Katarina Bartkova，2005），前者是由停顿引起的，而后者不是由停顿引起的（林茂灿，

2000）。填充停顿主要包括“嗯、啊、哦”等语气词表达的犹豫、思考等生理活动，以及错误纠正、错误起始等语言学现象（袁楚和李爱军，2007）。一般来说，自然口语中的填充停顿的数量要比朗读语料中的更多。不过，对于汉语自然口语中的填充停顿，目前的研究还不是很多，主要有刘秀敏（1987）、曾淑娟（Tseng，2005）、袁楚和李爱军（2007）等的研究。刘秀敏（1987）认为，叙事者使用不同的停顿标记来解决语言产生实时的构思问题。除了无声停顿以外，一些连接词和口语填补词也渐渐发展为停顿标记[①]，满足停顿的功能。此外，填补停顿和音节延长时常相伴发生，一方面表示语言产生时遭遇的加工困难，一方面显现占据发言权的沟通意图。曾淑娟（2005）的研究主要针对汉语中的修正（repairs）和重复（repetitions），并对汉语中的几个常用的填充停顿，“这个”“那个”、uh、mm 四种形式进行了研究。袁楚和李爱军（2007）则对自然口语中的非正常停顿现象进行了研究。他们指出，所谓非正常停顿，是指出现在非韵律边界位置上或者停顿的长短“异常”的停顿，也就是按照正常话语是不应该出现而实际交际中由于表达某种情感或态度而产生的“异常停顿”。他们的研究结果表明，在口语中，非正常停顿现象一般出现在韵律词边界上，只有极少数的情况出现在韵律词内部，出现这种情况一般是由于非正常的说话状态引起的，如发音人情绪极端不稳定、身体不适造成的话语不连贯以及口误等。此外，非正常停顿通常还会引起前一个或者几个音节的延长以及后一个或者几个音节的 F0 高点和低点发生改变。

对于朗读和自然口语中生理呼吸方面的研究，前人也做过一些有意义的探索，但总的来看，成果不多。主要有康拉德和施奈尔（1979）、温克沃斯等（1995）、王玉才等（2010）、石锋等（2010）、张锦玉（2011），这些成果的主要观点在第 1 章都详细叙述过了，此处不再赘述。因此，本章将参照声学研究以及上述生理呼吸方面的成果，对复

① 停顿标记的使用会受到其后语言单位的影响，据此停顿标记可大致区分为三类：“然后”和“那”等连接词用于标示较大单位的构思困难（分句和复杂句），“就”和“就是”用于标示词组的构思困难（通常是动词词组），而指示词停顿标记“那个”和“这个”则用于标示名词或名词词组的搜寻困难。

述和自述两种言语状态下的呼吸特征做更为深入的研究，并与朗读呼吸进行比较，以期获得一些新的发现。

4.2 实验方法

4.2.1 被试和实验材料

复述实验选取十位被试（4 男 6 女），平均年龄 26 岁；自述实验也选取十位被试（5 男 5 女），平均年龄 23 岁。以上被试均普通话标准，无呼吸疾病及言语障碍，录音时均未患有影响发音的感冒等疾病。

复述状态下的实验任务是对小故事“北风跟太阳”进行复述。实验前要求被试对小故事的内容有充分了解，能够流畅地复述。复述时，要求被试以自然语速复述小故事一遍。

自由谈话状态下的语料来自被试的自我介绍。实验前不告诉被试本次实验的任务，待被试来到实验室进行实验前，再临时告知实验任务，以保证被试在实验前不做任何预先准备，为完全自然状态。实验任务为要求被试做大概一分钟的自我介绍，语速为被试的常规语速。

4.2.2 语料录制和数据采集

本实验数据的采集仍分为声学数据和呼吸数据两部分，数据采集方法同第 2 章 2.1.4—2.1.5。声学样本采集完毕后，笔者分别将复述和自然谈话两种任务下的声音文件转写为文本。之后由南开大学语言学专业的 5 名硕士研究生对转写语料进行标注，具体标注方法同 2.1.3，最后由笔者对标注结果进行整理、订正。

图 4.1 为复述和自述状态下分别采集到的被试 SF1、SM5 的语音信号和呼吸信号。由图可见，语音信号和呼吸信号是基本同步的，吸气过程一般对应于语音中的停顿，呼气过程一般对应于有声语音，呼吸与语音的对应十分整齐，可以进行后期分析。

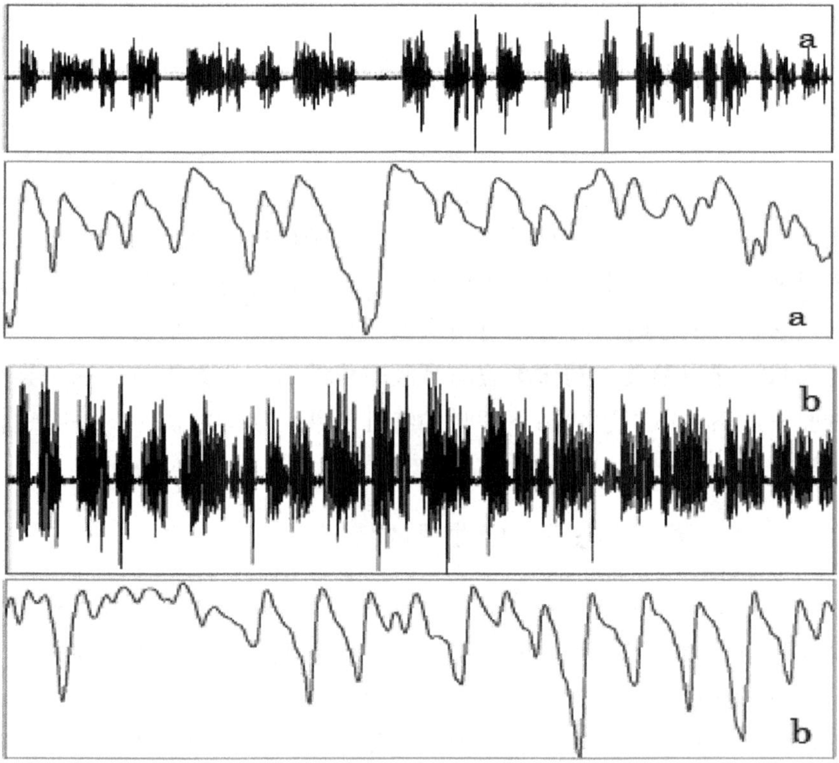

（a 为被试 SF1 复述状态下的对照图，b 为 SM5 自述状态下的对照图）

图 4.1 复述和自述状态下的语音波形和呼吸曲线对照图

样本采集完毕后，使用 Praat 软件和 Acqknowledge 软件分别对声学样本和呼吸样本进行标注并提取数据。

4.2.3 数据的统计

数据提取完成后，按照 2.1.6 的公式和方法计算各位被试复述和自述时的呼吸参数，如呼吸时长、呼吸幅度、呼吸斜率等。之后使用 Excel、SPSS 软件进行统计、作图。

4.3　复述状态下的呼吸特征分析

康拉德和施奈尔（1979）曾以实验证明不同言语任务下的呼吸形式是有明显差异的，并且具体的言语任务是可以由特定的言语呼吸形式反映出来的。本书的研究也证明，讲述和自述时的呼吸是各有特点的，它们与朗读时的呼吸也有很大的差异。这里，我们将从呼吸曲线的形状、呼吸参数、韵律单位与呼吸单位的对应关系以及性别差异等方面来考察一下复述状态下呼吸的特征，并与朗读状态下的呼吸进行比较。

4.3.1　复述状态下呼吸曲线的特征

图 4.2 是四位被试复述时的呼吸曲线图，从图中可以明显看出，复述时的呼吸与平静呼吸明显不同，主要表现在以下几个方面：

（1）呼吸峰型多样，单峰型和多峰型共存。

（2）呼吸时长长短不一，但呼气相一般都长于吸气相，且有时呼气相的长度是吸气相的很多倍。

（3）呼吸起伏变化大，幅度有大有小，深度呼吸甚至可以是浅度呼吸幅度的几十倍。

（4）从呼吸斜率上看，吸气斜率多数比较陡峭一些，而呼气斜率则陡缓差异较大。吸气过程一般都是一次性完成的，在整个吸气过程中，斜率基本保持一致。而呼气时的斜率则根据语言表达的需要有平有缓，徐急不同，因此，呼气过程的斜率也是在不断变化的。

（5）在呼吸域上，复述呼吸域多数较平静呼吸域更大。

（6）在复述过程中，伴有吸气过程的句中停顿较朗读时明显减少，停顿主要集中在句末或分句末，因此呼吸曲线中微小的起伏相对较少。

（7）在复述呼吸的整个过程中，部分被试的呼吸中存在一个特别明显的呼吸谷（见图 4.2 中红色圆圈部分），它一般由一个大幅度呼气段和一个大幅度吸气段构成，它的存在加大了整个呼吸过程的呼吸域，同时也减小了其他呼吸段落的 H 值。

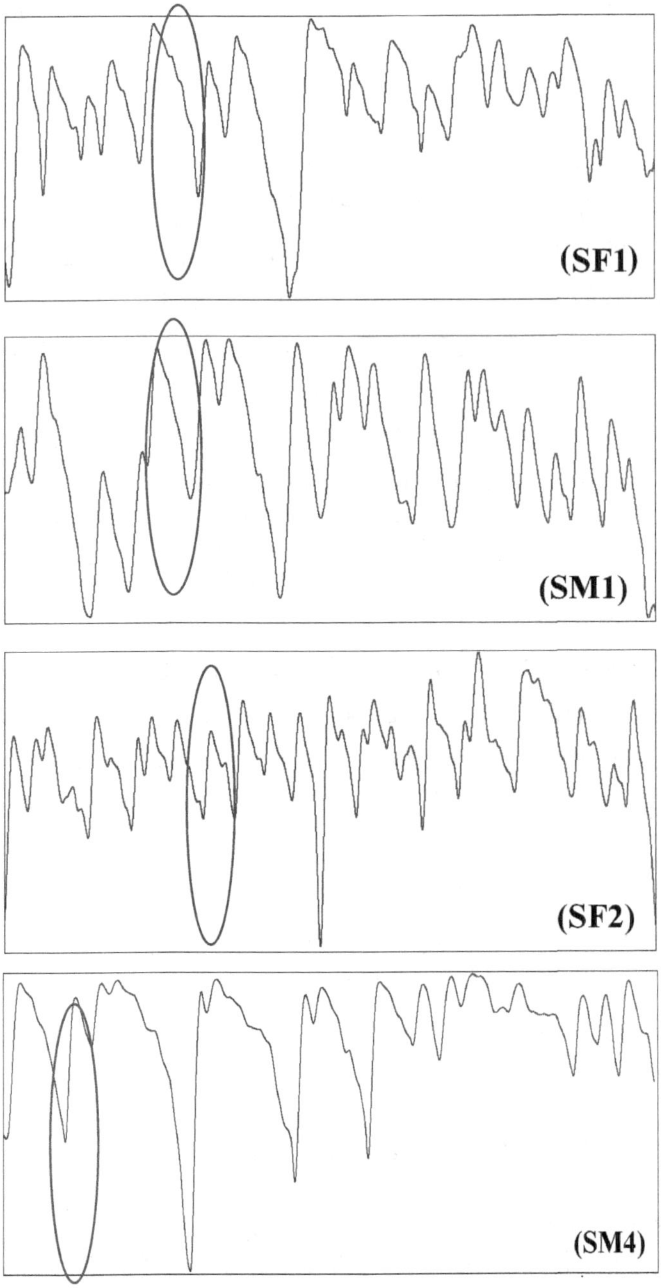

图 4.2 复述状态下的呼吸曲线示例图

（8）在部分被试的复述过程中，出现了诸如“嗯、呃、呣”等语气词，或有较长的停顿，这些部分也会对应相应的呼吸曲线，它们的特点是一般都自成一个较明显的呼吸段落，有时也随其他语句出现在同一个呼吸段落内。

与朗读状态下的呼吸曲线相比，复述状态下的呼吸曲线与前者的特征是大致相同的，但是也有些不一样的地方，主要表现在上述的 6、7、8 三点上。即首先，朗读时句中停顿多于复述时，微小起伏多于复述；其次，朗读时的呼吸较复述时的更平稳些，一般不会出现一个特别明显的呼吸谷，而这种情况在复述时是会出现的；最后，朗读时不会出现“嗯、呃、呣”等语气词和过长的停顿，而这在复述时是可以见到的。

我们认为，造成以上现象的原因可能在于被试在复述时言语心理加工难度的增加。由于朗读时的语料是以文字形式呈现给被试的，被试事先有所准备且可以看着文本朗读，所以不需要对语料进行再加工或重新整合，因此耗费的心理资源少、加工难度小，被试可以把更多的注意力放在调整呼吸节奏和语音韵律之上，因此句中韵律短语的停延较明显，微小起伏较多，呼吸也较为平稳。而复述要求被试脱稿，用复述的方式表达，这时，被试就需要调动记忆中储存的信息，并将这些信息进行重组。此外，被试还要保证复述语言语法的正确性、内容的合逻辑性、与原故事信息的一致性等，故而加工难度就会变大，被试也就没有更多余力去调整韵律节奏、监控呼吸调节，这样就容易造成句中呼吸微小起伏少、呼吸平稳性差以及“断流”情况的出现。此外，语流中“嗯、呃、呣”等语气词和过长的停顿实际上是被试思维间断的表现，即被试说完上一句后，下一句还没有想好，这时就会使用语气词或停顿来缓冲思维的间断，所以这种情况在复述时较多而在朗读中没有，这也证明了复述与朗读时加工难度的差异。

4.3.2 复述状态下呼吸参数的分析

4.3.2.1 吸气段参数分析

与朗读时的呼吸一样，复述状态下的吸气一般对应于语句间较大的停顿，吸气时长与停顿时长成正比。吸气段幅度反映了不同呼吸单位前预置气流量的大小。呼气斜率则反映了吸气过程速率的大小。研究结果表明，呼吸群前的吸气时长最长，吸气幅度最大，吸气斜率最大；呼吸节前的吸气时长最短，吸气幅度最小，吸气斜率最小；呼吸段的三种吸气参数都介于呼吸群和呼吸节之间（见表 4.2）。

表 4.2 复述状态下的吸气参数表

吸气参数	呼吸群		呼吸段		呼吸节	
	M	Sd	M	Sd	M	Sd
吸气时长（s）	0.79	0.21	0.64	0.23	0.43	0.17
吸气幅度（H 值）	0.47	0.22	0.28	0.17	0.09	0.08
吸气斜率	0.67	0.28	0.42	0.20	0.21	0.12

根据吸气斜率的大小，呼吸群的吸气曲线为典型的缓升型曲线；呼吸段的斜率也是缓升型曲线，但较标准的缓升型曲线斜率更缓些；呼吸节的吸气曲线为典型的平升型曲线。

我们对十位被试在不同呼吸单位前的吸气参数进行了考察，剔除离群值后并做正态分布检验，吸气时长、幅度和斜率均为正态分布，因此可以进行方差分析等统计检验。分析结果表明（见表 4.3），在吸气时长（Ti）上，主效应差异显著，各呼吸单位间吸气时长的组间差异也都显著（ps<0.001，p<0.01）；在吸气幅度（Ci）上，主效应差异显著（p<0.001），各呼吸单位间吸气幅度的组间差异也都显著（ps<0.001，p<0.01）；在吸气斜率（Ki）上，主效应差异显著（p<0.001），各呼吸单位间吸气斜率的组间差异也都显著（ps<0.001）。

表 4.3 复述状态下不同呼吸单位吸气参数方差分析表

吸气参数	主效应（0.05 水平）	Post Hoc Tests（LSD）		
		Q—D	Q—J	D—J
吸气时长	$F(2, 182)=21.361, p<0.001$	$p<0.001$	$p<0.001$	$p<0.01$
吸气幅度	$F(2, 182)=35,604, p<0.001$	$p<0.001$	$p<0.001$	$p<0.01$
吸气斜率	$F(2, 182)=42,546, p<0.001$	$p<0.001$	$p<0.001$	$p<0.001$

注：Q、D、J 分别代表呼吸群、呼吸段和呼吸节。

由以上数据可知，不同呼吸单位在吸气各参数上都存在着明显的差异，说明在复述状态下，不同级别的呼吸单位在吸气段上均有着自己的特点，主要表现在呼吸单位由大到小分别为呼吸群、呼吸段、呼吸节，其呼吸曲线类型分别为缓升型和平升型，它们的各项吸气参数值也随着呼吸单位等级的降低而逐渐变小。

4.3.2.2 呼气段参数分析

与朗读呼吸一样，复述时的呼气段对应于语句中的有声部分及个别的短小停顿。呼气时长反映了一个语段的时长（包括部分句中的无声间歇）；呼气幅度则反映了某一语段总体呼气幅度的大小；呼气斜率反映了说话时呼气的速率变化情况。研究结果表明，呼吸群的呼气时长最长，呼气幅度最大，呼气斜率最大；呼吸节的这三项指标均为最小；呼吸段则介于呼吸群和呼吸节之间。（见表 4.4）

表 4.4　复述状态下的呼气参数表

呼气参数	呼吸群		呼吸段		呼吸节	
	M	Sd	M	Sd	M	Sd
呼气时长（s）	2.06	0.90	1.31	0.69	0.75	0.48
呼气幅度（H 值）	0.47	0.22	0.28	0.16	0.14	0.08
呼气斜率	0.28	0.16	0.23	0.10	0.16	0.07

根据呼气斜率的大小，呼吸群、呼吸段、呼吸节的呼吸曲线从总体上看均表现为缓降型曲线。其中，呼吸群和呼吸段的曲线更为接近，而呼吸节的曲线下降更为缓慢些。

我们首先对十位被试的呼气参数进行离群值和正态分布检验，剔除离群值后，呼气时长、幅度、斜率均呈正态分布，因此可以进行方差分析等统计检验。研究表明（见表 4.5），在呼气时长（Te）上，主效应差异显著，各呼吸单位间呼气时长的组间差异也都显著（$ps<0.001$，$p<0.01$）；在呼气幅度（Ce）上，主效应差异显著（$p<0.001$），各呼吸单位间呼气幅度的组间差异也都显著（$ps<0.001$，$p<0.01$）；在呼气斜率（Ke）上，主效应差异显著（$p<0.001$），各呼吸单位间呼

气斜率的组间差异也都显著（p<0.01，ps<0.001）。

表 4.5 复述状态下不同呼吸单位呼气参数方差分析表

呼气参数	主效应（0.05 水平）	Post Hoc Tests（LSD）		
		Q—D	Q—J	D—J
呼气时长	$F(2, 181)=36.682, p<0.001$	$p<0.001$	$p<0.001$	$p<0.01$
呼气幅度	$F(2, 181)=31.842, p<0.001$	$p<0.001$	$p<0.001$	$p<0.01$
呼气斜率	$F(2, 252)=15.890, p<0.001$	$p<0.01$	$p<0.001$	$p<0.001$

注：Q、D、J 分别代表呼吸群、呼吸段和呼吸节。

可见，不同呼吸单位在呼气各参数上也存在明显差异，说明在复述状态下，不同级别的呼吸单位在呼气段上均有自己的特点，主要表现为，呼吸单位由大到小分别为呼吸群、呼吸段、呼吸节，其呼吸曲线类型均表现为缓降型曲线，它们的呼气参数值是随着呼吸单位等级的降低而逐渐变小的。

4.3.2.3 复述状态下呼吸参数间的关系

总的来看，吸气过程和呼气过程的各参数均成正比（见图 4.3），也就是说，随着呼吸单位由大到小的变化，吸气段和呼气段在时长、幅度、斜率等参数上的变化趋势非常一致，数值均相应减小。

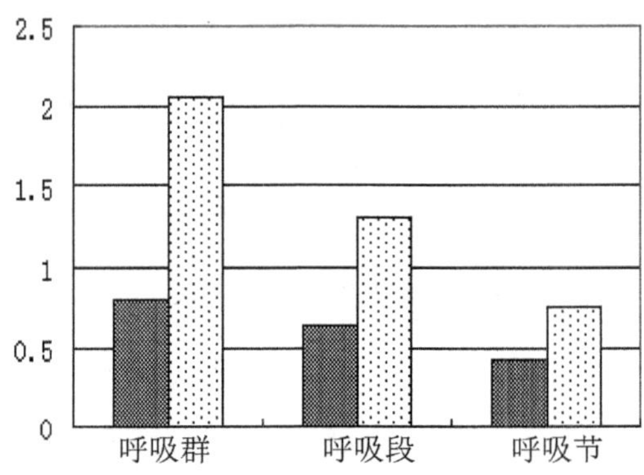

a. 时长

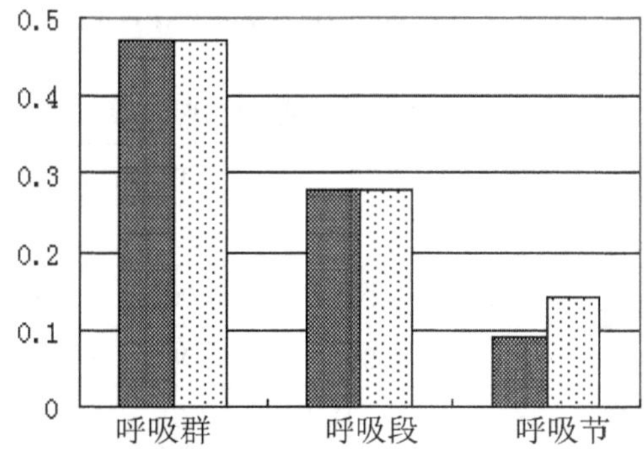

b. 幅度

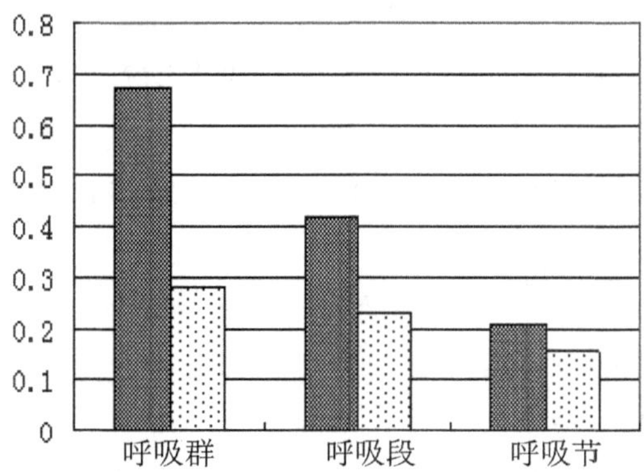

c. 斜率

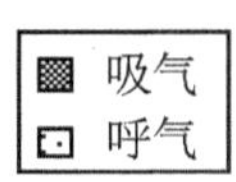

图 4.3　复述状态下呼吸参数比较图

康拉德和施奈尔（1979）提出了“呼吸时间商”（Respiratory Time Quotient，RTQ）的概念，它是指吸气时间和呼气时间的比值，即 RTQ= Ti/ Te。它用于表示吸气和呼气时间的关系，RTQ 越大，呼吸越平静；RTQ 越小，呼吸越不平静。为了考察呼吸过程中其他两个参数的关系，我们提出“呼吸幅度商”（Respiratory Aamplitude Quotient，RAQ）和

“呼吸斜率商”（Respiratory Slope Quotient RSQ）[①]的指标。由于影响RTQ、RAQ、RSQ的因素比较多[②]，因此它不适于作具体语段的比较，故而此处采用复述状态下的各平均呼吸参数进行计算，得到的3组比值是对复述状态下呼气和吸气关系总体情况的考察。

由表4.6可见，总体来看，从时长角度来说，3个呼吸单位的RTQ约在0.4到0.6之间，总体表现为吸气时间短于呼气时间，且呼吸单位等级越高，这种趋势越明显。从幅度上看，3个呼吸单位的RAQ均在0.6以上，其中呼吸群和呼吸段的RAQ均为1，说明吸气幅度基本与呼气幅度持平，这表明呼吸单位等级越高，呼吸两个过程所用的气流量就越接近，使用的补呼气量就越少，呼吸越平衡。从斜率上看，3个呼吸单位的RSQ均大于1，说明吸气斜率总大于相应的呼气斜率，整体上表现为锯齿形曲线。其中，呼吸群的RSQ值最大，为2.39，呼吸节的RSQ值最小，为1.31，说明呼吸单位等级越高，呼吸曲线的形状偏离正弦曲线越远，吸气和呼气速率的差异越大。

表4.6 吸气、呼气关系考察表

呼吸参数商	呼吸群	呼吸段	呼吸节
呼吸时间商（RTQ）	0.38	0.49	0.57
呼吸幅度商（RAQ）	1.00	1.00	0.64
呼吸斜率商（RSQ）	2.39	1.83	1.31

因此，我们可以认为，在呼吸群层级上，呼吸幅度变化很小，而呼吸时间相差很多，进而呼吸斜率差异较大；在呼吸段层级上，呼吸幅度依然比较稳定，呼吸时间相差距离缩短，呼吸斜率的差异有所减小；在呼吸节层级上，呼吸幅度变化较大，而呼吸时间相差较小，呼吸斜率的差异也相对来说最小。在3种呼吸单位中，呼吸的幅度差异均不是很大，而呼吸时长的差异则比较明显，因此我们估计，呼吸斜

① “呼吸幅度商（RAQ）”是吸气幅度和呼气幅度的比值，RAQ越接近1，呼吸幅度越平稳，RAQ越偏离1，呼吸越不平稳；“呼吸斜率商（RSQ）”是吸气斜率和呼气斜率的比值，RSQ越大，说明吸气和呼气速率的差异越大，反之则差异越小。

② 影响因素如语段的长短、音节的多少、不同语段间语速的变化等等。

率的大小主要是受到时长变化影响的。

4.3.2.4 复述与朗读状态下呼吸参数的比较

复述与朗读一样，都属于言语任务。但是通过我们的实验发现，二者在呼吸参数上的表现是有一定差异的。（具体数据参见本章表 4.1、表 4.4 和第 2 章表 2.2—表 2.5）

由图 4.4、表 4.7 可见，在时长上，复述与朗读都表现为呼气时长大大长于吸气时长。无论是呼气过程还是吸气过程，复述的时长均小于朗读，但总的来看，二者时长比较接近，差异不大。方差分析显示，在呼气和吸气时长的主效应上，复述与朗读均无显著差异；在三级呼吸单位上，p 值均大于 0.05，说明亦无明显差异，可见复述与朗读两种言语状态的呼吸时间基本是同质的。

在幅度上，复述与朗读各自的吸气幅度和呼气幅度都非常接近，且呼气幅度略大于吸气幅度。它们的差异在于，复述时的呼吸幅度在呼吸群和呼吸段两个层级上均小于朗读时的，而在呼吸节上则大于朗读时的。其中，复述与朗读在呼吸群上的呼吸幅度差异非常大，前者比后者小将近 0.2 个 H 值。方差分析显示，复述与朗读在呼气幅度的主效应接近显著（sig.=.067），吸气幅度主效应不显著。呼吸群层级上的 p 值均小于 0.001；呼吸段上在吸气时差异不显著，在呼气时差异显著；在呼吸节上 p 值都大于 0.05，差异不显著。这说明，复述与朗读时的呼吸幅度有一定的差异，主要表现在呼吸群层级和呼气过程中，即复述幅度明显小于朗读幅度。所以，与朗读状态相比，复述时被试呼吸时间基本不变，但在高层级的呼吸单位上，呼吸幅度却有较为明显的下降。

在斜率上，复述与朗读都表现为吸气斜率大于呼气斜率，且呼吸斜率的差距随呼吸单位层级的降低而减小。我们还可以发现，总体来看，复述的呼吸斜率都小于朗读时的。不过，二者的差异又主要表现在吸气斜率上，而呼气斜率则比较接近。方差分析表明，复述与朗读的呼吸斜率主效应差异均显著（$p<0.001$；$p<0.01$）。其中，复述和朗读吸气斜率在呼吸群和呼吸段两个层级上分别差异显著，而呼气斜率在呼吸段和呼吸节两个层级上分别差异显著。可见，复述与朗读时呼吸的主要差异体现在斜率上，即复述时呼吸速率较慢，斜率较小；朗

读时呼吸速率较快，斜率较大。

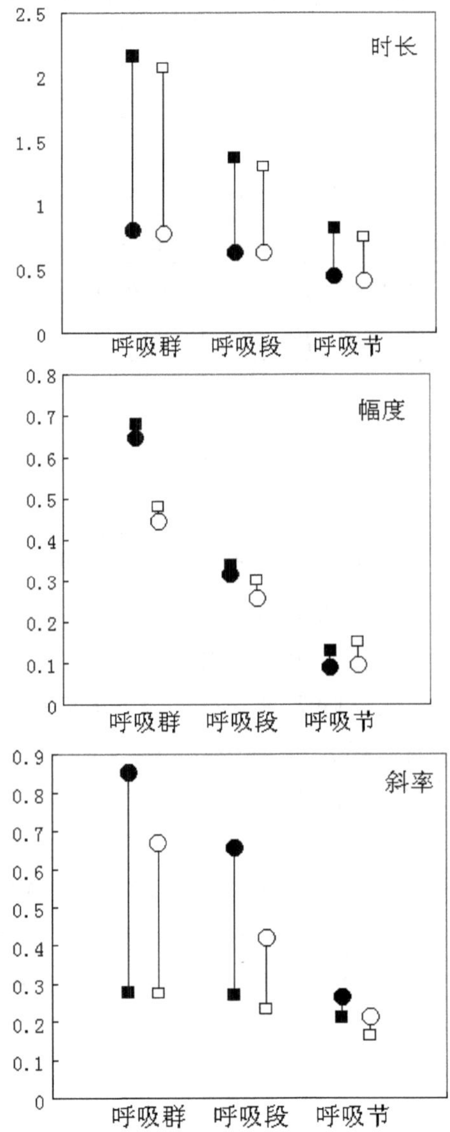

图 4.4　复述与朗读状态下呼吸各参数比较①

① 图中实心圆圈为朗读吸气值，实心方块为朗读呼气值；空心圆圈为复述吸气值，空心方块为复述呼气值。

表 4.7　复述与朗读状态呼吸参数方差分析表

呼吸参数	主效应(0.05 水平)	呼吸群	呼吸段	呼吸节
吸气时长	$F(1,435)=1.872$　$p>0.05$	$p>0.05$	$p>0.05$	$p>0.05$
吸气幅度	$F(1,427)=2.795$　$p>0.05$	$p<0.001$	$p>0.05$	$p>0.05$
吸气斜率	$F(1,436)=17.911$　$p<0.001$	$p<0.001$	$p<0.001$	$p>0.05$
呼气时长	$F(1,435)=1.466$　$p>0.05$	$p>0.05$	$p>0.05$	$p>0.05$
呼气幅度	$F(1,434)=3.363$　$p>0.05$	$p<0.001$	$p<0.01$	$p>0.05$
呼气斜率	$F(1,735)=9.303$　$p<0.01$	$p>0.05$	$p<0.05$	$p<0.01$

4.3.3　复述状态下韵律层级与呼吸单位的对应关系

在第 2 章中，我们讨论了朗读状态下呼吸单位与韵律层级的对应关系。在朗读时，话语中的呼吸被动地受语句结构、语句意义和韵律规则的控制，各级呼吸单位是不同的韵律层级在生理上的投影，是韵律、语法等语言单位的生理表现（Shi 等，2010）。一般来说，呼吸群大致对应于话语层级，呼吸段大致对应于语调短语层级，呼吸节则大致对应于韵律短语层级。那么在复述状态下，呼吸单位与韵律层级的关系是否仍然如朗读时的表现呢？

根据本书实验的统计（见表 4.8），在复述状态下，不论在吸气过程中还是在呼气过程中，呼吸单位与韵律单位的对应还是比较整齐的，表现为呼吸群主要还是对应于话语层级，吸气时对应比例为 85.1%，呼气时对应比例为 76.9%；呼吸段主要对应于语调短语层级，吸气时对应比例为 58.8%，呼气时对应比例为 55.1%；呼吸节也主要对应于语调短语层级，吸气时对应比例为 64.7%，呼气时对应比例为 57.1%。

表 4.8 复述与朗读状态下呼吸单位与韵律单位对照比较表

呼吸单位		吸气			呼气		
		话语	语调短语	韵律短语	话语	语调短语	韵律短语
复述	Q	*40 (85.1%)*	7 (14.9%)	0(0%)	*30 (76.9%)*	9 (23.1%)	0(0%)
	D	31 (36.5%)	*50 (58.8%)*	4 (4.7%)	37 (41.5%)	*49 (55.1%)*	3 (3.4%)
	J	8 (15.7%)	*33 (64.7%)*	10 (19.6%)	8 (16.3%)	*28 (57.1%)*	13 (26.5%)
朗读	Q	*53 (61.6%)*	31 (36.1%)	2 (2.3%)	*53 (54.6%)*	39 (40.2%)	5 (5.2%)
	D	29 (27.6%)	*55 (52.4%)*	21 (20%)	24 (23.1%)	*57 (54.8%)*	23 (22.1%)
	J	0(0%)	11 (20.7%)	*42 (79.3%)*	0(0%)	16 (31.4%)	*35 (68.6%)*

（下表中 Q、D、J 分别代表呼吸群、呼吸段和呼吸节）

与朗读状态下呼吸单位与韵律单位的对应关系相比，复述时呼吸群与话语的对应、呼吸段与语调短语的主体对应都没有变化。但其不同则主要表现在，首先，在对应比例上，复述时的比例都大于朗读时的比例；其次，复述时呼吸群、呼吸段与韵律短语的对应大大减少（前者为 0，后者也都在 5%以下），较之朗读时的对应比例要小。但是，复述与朗读时呼吸节与韵律单位的对应却大不相同，复述时，呼吸节主要对应于语调短语。而朗读时，呼吸节则主要对应于韵律短语。因此，我们认为：

（1）与朗读状态相比，复述时呼吸群更为严格地对应着话语层级。

（2）复述时语调短语的呼吸形式表现更为丰富，它可以对应呼吸段和呼吸节两个呼吸单位；

（3）呼吸节在复述时的分布较朗读时更为分散，它主要对应于语调短语（64.7%和 57.1%），却只有 19.6%和 26.5%对应于韵律短语，甚至有 15.7%和 16.3%还出现在话语层级上，这在朗读中是没有的。

我们认为，出现上述特征的原因在于，在复述时被试需要对故事进行重组，这时心理加工难度增加，被试可能就较少注意言语节奏和呼吸形式，因而在某些语句段落上，呼吸单位与韵律层级就会发生错位。但是，总体来说，复述时的停顿还是主要在集中在句末或分句末，而句中伴有吸气过程的停顿明显减少，所以复述状态下话语和语调短语的呼吸表现更为明显，它们与呼吸群、呼吸段的对应相对比较整齐而有明显吸气起伏的韵律短语在复述中却不太多，它对应的呼吸单位形式也与朗读时的有差异。

4.3.4 复述状态下停顿的特点及其呼吸特征

袁楚和李爱军（2007）认为，自然口语中的停顿与朗读时的停顿不同，前者更容易出现非正常停顿，并引起停顿前后音节时长、基频等的变化。复述状态可以说是介于朗读和自然口语之间的一种状态，一方面它没有固定的书面语料，不是对书面语的有声转化，因此不同于朗读。而另一方面，它又要求被试不能任意发挥，而是在内容上有所规定，是用自己的话对某一固定内容的复述，因此又有别于自然口语。正是因为这样，复述状态下的停顿情况与朗读时的会有一定的差别，所以在呼吸上也会有不同于朗读时的表现。本节将具体探讨一下复述时的停顿与呼吸的关系及其与朗读时的差异。

在此，我们对具有代表性的四位被试（两男两女）在复述时韵律边界停延的时长做了测量统计。结果发现，被试在复述状态下的韵律边界停延情况与朗读时的规律很接近，即在复述时，停顿时长随韵律边界等级的提高而增大，边界前末音节时长随韵律边界等级的提高而减小，二者呈现互补趋势[①]；从停延率来看，无论是停延率 a 还是停延率 b，均呈现出随着韵律边界等级的提高而变大的趋势（见表 4.9）。

表 4.9 四位被试复述时停延统计表（绝对时长单位为 ms）

被试	韵律单位	停顿		边界前末音节		停延率	
		绝对时长	相对时长	绝对时长	相对时长	停延率 a	停延率 b
M1	话语	1015	1.84	165.1	0.93	1.77	6.64
	语调短语	439.5	0.80	257.5	1.45	1.25	3.92
	韵律短语	175.3	0.32	282.3	1.59	0.91	2.57

① 在复述状态下，被试 SF1 的情况有些特殊。该被试韵律短语边界前末音节的时长比话语和语调短语边界前末音节的时长反而要短。

续表

被试	韵律单位	停顿		边界前末音节		停延率	
		绝对时长	相对时长	绝对时长	相对时长	停延率 a	停延率 b
M2	话语	1156	1.69	177.7	0.96	1.65	7.23
	语调短语	595.8	0.87	263.1	1.43	1.30	4.66
	韵律短语	305.3	0.45	304.5	1.65	1.10	3.31
F1	话语	1408.1	1.53	210.5	1.33	1.86	10.2
	语调短语	716.3	0.78	234.1	1.48	1.26	6.00
	韵律短语	402.9	0.44	200.2	1.26	0.70	3.81
F2	话语	629.5	1.37	196.6	0.99	1.36	4.18
	语调短语	412.4	0.89	260	1.31	1.20	3.40
	韵律短语	277	0.66	302.4	1.40	1.06	2.93

我们继续对复述状态下停延的呼吸参数进行了考察（见表 4.10、图 4.5）。结果发现，总体来看，不同级别的停顿和延连在呼吸参数上表现不同：停顿的等级越高，吸气时长、幅度、斜率越大。延连对应的呼吸参数表现比较复杂，呼气斜率随延连等级的提高而增大，呼气时长则表现为语调短语最长，而呼气幅度则变化不大。所以，总体来说，复述状态下韵律边界停延的呼吸参数变化情况与朗读时的趋势还是比较接近的。

表 4.10 复述停顿及边界前末音节的呼吸参数统计表

停延	呼吸参数	话语		语调短语		韵律短语	
		M	SD	M	SD	M	SD
停顿	吸气时长	0.83	0.18	0.65	0.16	0.52	0.12
	吸气幅度	0.50	0.10	0.26	0.03	0.15	0.10
	吸气斜率	0.78	0.19	0.40	0.09	0.18	0.07
延连	呼气时长	0.15	0.02	0.18	0.03	0.17	0.03
	呼气幅度	0.05	0.04	0.05	0.02	0.03	0.02
	呼气斜率	0.30	0.21	0.23	0.06	0.19	0.06

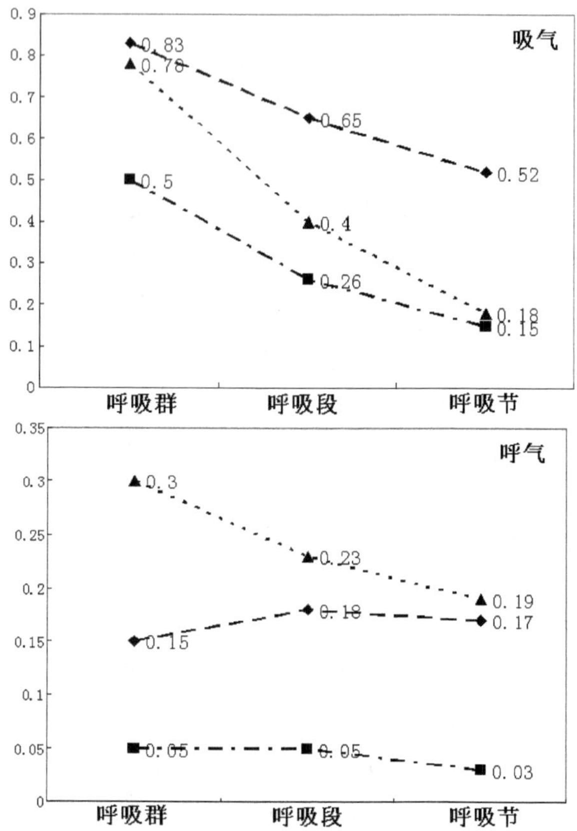

图例：--- 时长 ----- 幅度 ······ 斜率

图 4.5 复述状态下不同层级停延呼吸参数图

实际上，由附录 C8、C9 可见，在复述状态下，尤其是在延连所对应的呼吸上，尽管四位被试呼吸参数的总体平均值依然表现出一定的规律性，而具体到每个被试，不同级别停延所对应的呼吸参数的规律性却大大减弱。此外，与朗读时相比，被试间的一致性也差得多。我们认为，复述时停延呼吸规律性的减弱与复述中非正常停延的出现以及言语加工难度的增加有关。由于复述时非正常停延在数量、位置、种类、长度等方面与朗读时的正常停延有很大差异，故而非正常停延的存在影响了复述时停延及其对应的呼吸形式和参数的规律性表现。以下，我们拟列表说明（见表 4.11）：

表 4.11 复述状态下的停顿特点总结表

正常停顿	无声停顿	停顿数量	较朗读时的数量有所减少，主要是句中，即韵律短语层面上的无声停顿数量的减少。
		停顿位置	主要集中在句末或分句末，句中位置较少。
		停顿长度	一般来说比较长，平均在 0.6 秒以上。
		生理特点	对应于明显的吸气过程。一般来说，吸气过程时长越长、幅度越大，其所对应的无声停顿就越长。因此，吸气曲线可以看作是无声停顿的生理标志。
	填充停顿	停顿数量	朗读时几乎没有填充停顿，而复述时偶尔伴有填充停顿，因此，后者填充停顿数量大于前者。填充内容包括语气词“嗯”“呃”“啊”“呣”，代词“这个”“那个”，连词“然后”等等。
		停顿位置	停顿的位置不是很固定，多出现在句首、分句首或韵律短语开头，但一般来说很少出现在韵律词之内。
		停顿长度	填充停顿的长度一般来说要长于无声停顿，但具体长度根据填充音节的多少和音节的长度而异。
		生理特点	填充停顿一般表现为一个包含吸气和呼气过程的完整的呼吸段落，填充停顿的文字部分对应于呼气段落，在填充停顿之前则一般都有一个吸气过程。有时，填充停顿也会与其他语句连接在一起，共同处于一个呼气段落内。
非正常停顿和零停顿①		停顿数量	总体看，非正常停顿和零停顿在复述状态下不多，仅在个别被试中出现。非正常停顿中既有无声停顿，也有填充停顿，但朗读状态下十位被试均未有非正常停顿和零停顿。
		停顿位置	非正常停顿主要出现在韵律短语内部，韵律词内的非正常停顿较少。零停顿则主要出现在分句或句子之间。
		停顿长度	零停顿的停顿长度表现为 0，非正常停顿的停顿长度与正常停顿的长度有一些类似，但非正常停顿中的无声停顿有时表现得更长，这可能是被试思考、预计划失败或其他因素所致。
		生理特点	零停顿的呼吸表现为下降的呼气曲线，即两个语句的呼气曲线相连，中间未出现吸气曲线；非正常停顿可以表现为吸气曲线，也可以表现为呼气曲线，它们在时长、幅度等方面的表现比较复杂，与说话人的情绪、语速、停顿位置等有关，如笑声后呼气幅度急剧下降，吃惊往往表现为深吸气，即突然产生的较大吸气幅度。

① “零停顿”是指在应该停顿的地方没有出现停顿。

图 4.6 是某位被试复述时特殊停顿的呼吸曲线图。由图 4.6a 可见，零停顿一般表现为一个较长的呼气段落，中间没有吸气过程。如“就是分不出高低来”是前一个句子的结束；“这时候路上来了一个穿着厚大衣的人”是另外一个句子。因此，“高低来”和“这时候”之间应该有一个较长的无声停顿，即吸气过程。而实际上，被试在此并没有停顿，而是一口气读了下来，呼吸上表现为一个时长很长、幅度很大的呼气段落，这就是零停顿的表现。另外，“厚大衣的人”是一个韵律短语，中间不应该有停顿，可是被试在“厚大衣的”和“人”之间却产生了一个非常大的无声停顿，且吸气幅度非常大，这是非正常停顿的一个表现。

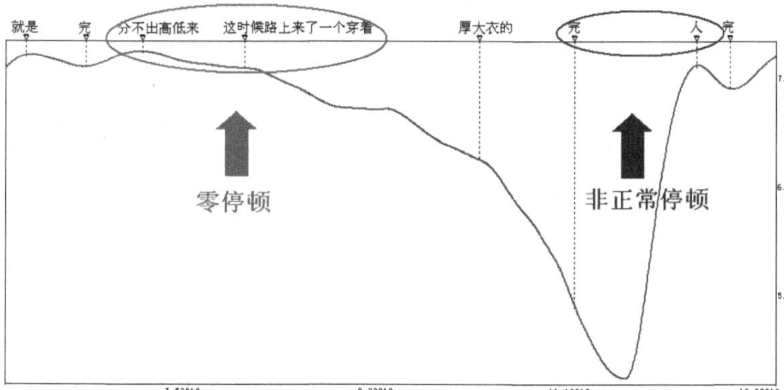

a

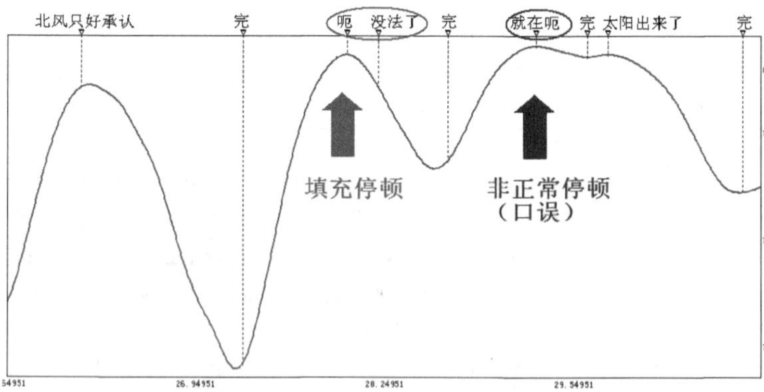

b

图 4.6　复述时特殊停顿的呼吸曲线图

关于填充停顿，它既可以是正常停顿，也可以是非正常停顿。由图 4.6b 可见，“没法了”前可以有停顿，因此，这里的“呃”可以算是正常的停顿，它与后面的语句同处于一个呼气段落之内。而“就在呃太阳出来了”中，“就在呃”是被试的一个口误，也可能是被试想说另外一个句子而未说出便继续下一个句子了。不管怎么说，这里的“就在呃”是一个非正常的语句，也可将其纳入非正常停顿的范畴中，它表现为一个独立的、完整的呼吸曲线。

可见，复述时的停顿相对朗读更为复杂，其呼吸表现也更为多样。

4.3.5　复述状态下不同性别的呼吸特征分析

总体来看，男女不同性别在复述状态下的呼吸是有一定差异的（见表 4.12）。

表 4.12　复述时不同性别呼吸参数差异比较表[①]

呼吸参数		性别	Q	D	J	方差分析
吸气	时长	男	0.85	0.66	0.46	*F(1, 184)=1.992　p>0.05*
		女	0.75	0.63	0.40	***p1<0.05***, *p2>0.05, p3>0.05*
	幅度	男	0.49	0.31	0.12	*F(1, 183)=1.548　p>0.05*
		女	0.45	0.25	0.07	*p1>0.05, p2>0.05, p3>0.05*
	斜率	男	0.62	0.42	0.16	*F(1, 180)=0.624　p>0.05*
		女	0.71	0.43	0.25	*p1>0.05, p2>0.05, p3>0.05*
呼气	时长	男	1.85	1.17	0.57	***F(1, 182)=8.302　p<0.01***
		女	2.20	1.44	0.93	*p1>0.05, p2>0.05, p3>0.05*
	幅度	男	0.51	0.31	0.11	*F(1, 189)=1.081　p>0.05*
		女	0.45	0.25	0.17	*p1>0.05, p2>0.05, p3>0.05*
	斜率	男	0.32	0.28	0.17	***F(1, 253)=25.265　p<0.001***
		女	0.25	0.19	0.16	*p1>0.05,* ***p2<0.001****, p3>0.05*

① p1 表示男女在呼吸群上的差异显著系数，p2 表示男女在呼吸段上的差异显著系数，p3 表示男女在呼吸节上的差异显著系数。

由图 4.7 我们可以发现，在吸气过程中，男性吸气时长和幅度的曲线都在女性之上，而斜率则在女性之下。这说明，男性在不同呼吸单位上的吸气平均时长都长于女性，吸气平均幅度（H 值）都大于女性，而吸气平均斜率均小于女性。但是，我们对两种性别的吸气参数进行了方差分析，结果发现，在吸气时长、幅度和斜率的主效应上，男女差异均不显著，只在呼吸群的吸气时长上二者存在显著差异。因此，就总体情况而言，男女吸气参数的特征是同质的。

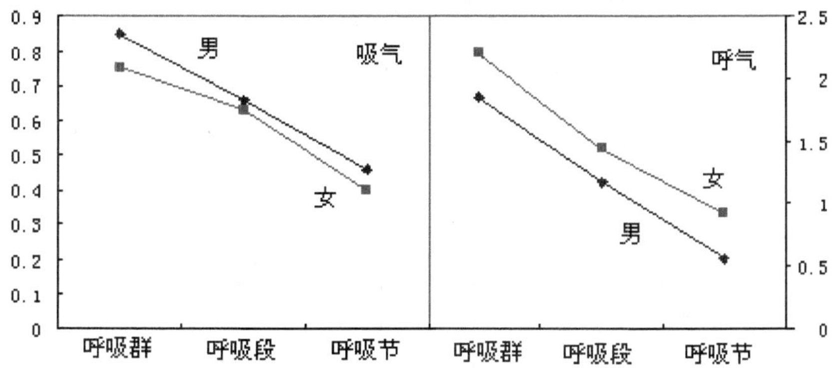

a 时长

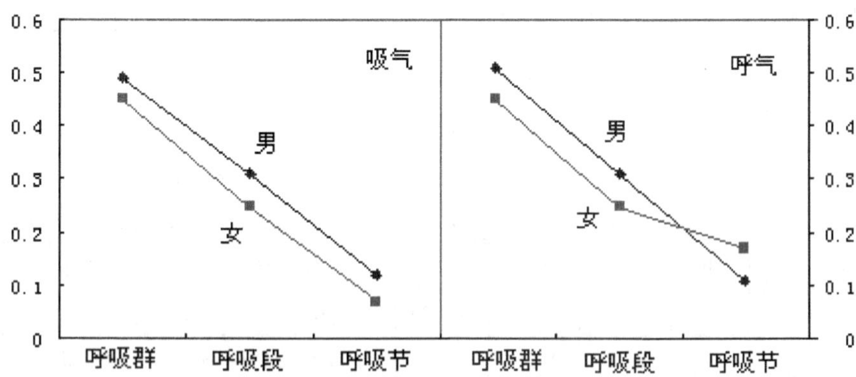

b 幅度

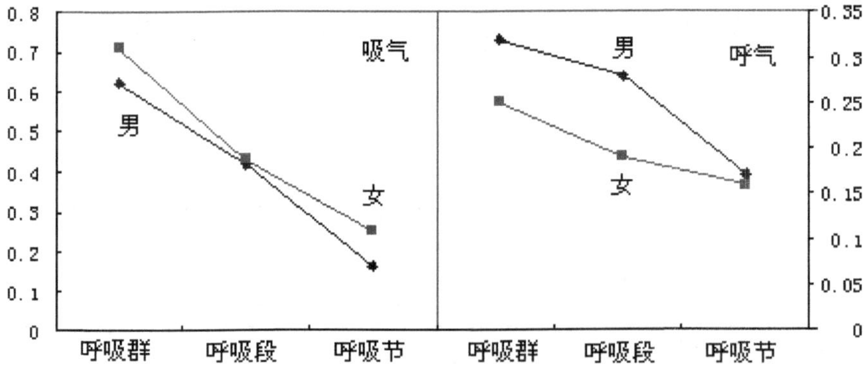

c 斜率

图 4.7　复述时不同性别呼吸参数图

同样，由图 4.7 可知，在呼气过程中，男性呼气时长曲线都在女性之下，呼气幅度的曲线除呼吸节部分小于女性，其他则在女性之上，呼气斜率曲线则都在女性之上。这说明，男性在不同呼吸单位上的呼气平均时长都短于女性，吸气幅度平均 H 值大部分大于女性，吸气斜率也都大于女性。对两种性别的呼气参数的方差分析表明，在呼气时长和斜率的主效应上，男女差异十分显著，分别为 $p<0.01$ 和 $p<0.001$。此外，在呼吸段层级上，男女的呼气斜率也差异显著。在呼气幅度上，男女的差异不显著。因此，总的来看，男女呼气参数在时长和斜率上表现不同，男性比女性的呼气时间更短，斜率更大，而幅度的特征则是相似的。

与朗读时呼吸参数相比，男女在复述状态下吸气参数的大小变化与朗读完全一致，即时长和幅度的各项参数均表现为男性大于女性，而斜率则为男性小于女性。在呼气过程中，男女在两种状态中的呼吸节时长、呼吸段幅度、斜率三个参数上存在差异，而在其他参数上还是大部分表现一致的。综上所述，复述与朗读时男女在各参数上的大小关系是多数一致的，这在某种程度上可能说明男女在言语呼吸上表现出的一些趋势（见表 4.13）。

表 4.13　不同性别呼吸参数在复述与朗读状态下的关系比较表

呼吸参数	呼吸群		呼吸段		呼吸节	
	朗读	复述	朗读	复述	朗读	复述
吸气时长	M>F	M>F	M>F	M>F	M>F	M>F
吸气幅度	M>F	M>F	M>F	M>F	M>F	M>F
吸气斜率	M<F	M<F	M<F	M<F	M<F	M<F
呼气时长	M<F	M<F	M<F	M<F	**M>F**	**M<F**
呼气幅度	M>F	M>F	**M<F**	**M>F**	M<F	M<F
呼气斜率	M>F	M>F	**M<F**	**M>F**	M>F	M>F

4.4　自述状态下的呼吸特征分析

如本章第二节所述，本实验中的自述任务是要求被试做一分钟左右的自我介绍，它是一种更加自然的言语状态，没有固定的文本供被试朗读，也不限制被试言语的内容，而是更类似于一种自然状态下的言语活动，因此也更能反映真实、自然的言语状态。本节将从呼吸曲线特征、呼吸参数、呼吸单位与韵律层级的对应关系、停延与自述呼吸的关系、男女性别呼吸差异等几方面对自述状态的呼吸特征进行分析。

4.4.1　自述状态下呼吸曲线的特征

自述状态下的呼吸曲线与朗读、复述时有很多特征是一样的，比如呼吸峰型包括单峰型和多峰型两种；呼气相一般都长于吸气相；呼吸幅度起伏变化大；吸气过程的斜率多半大于相应的呼气斜率等等（如图 4.8）。

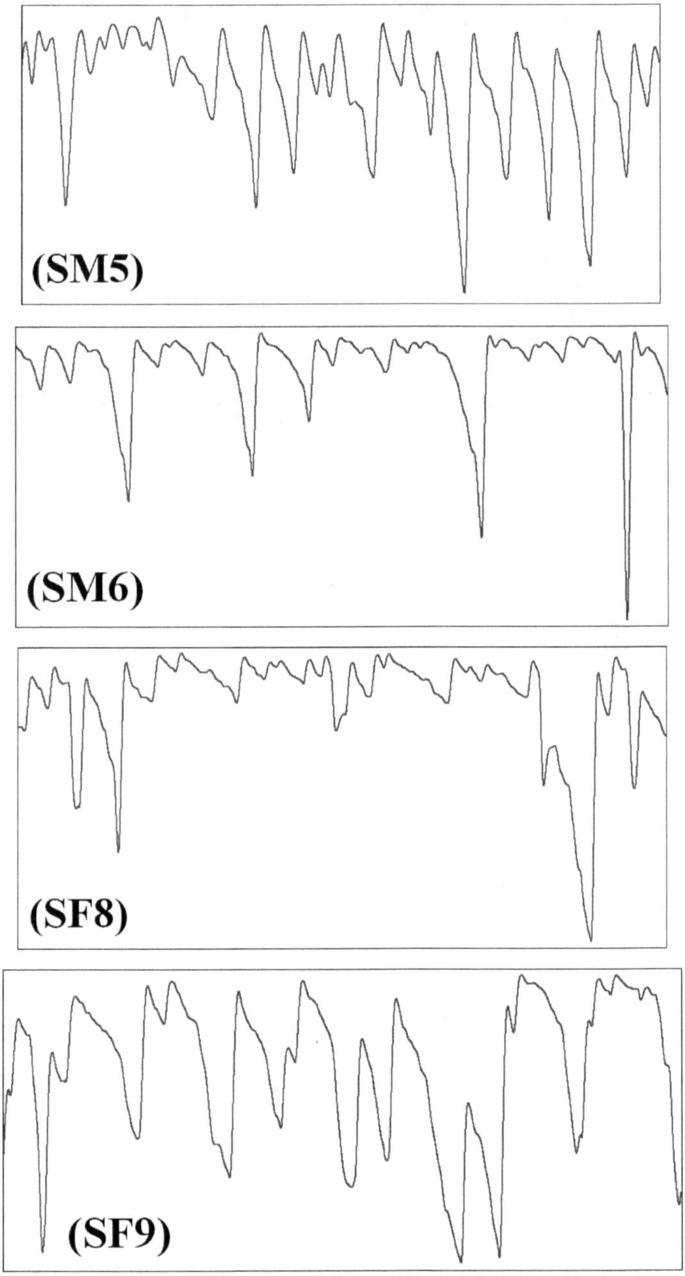

图 4.8　自述状态下的呼吸曲线示例图

不过，自述状态下的呼吸曲线也有很多不同于朗读、复述的特征。具体有以下几方面：

（1）自述状态下填充词“嗯、啊、呃、呣、这/那个、然后、就是”等出现的次数大大增加，而且形式更加多样（如图 4.9）。主要有以下几种：

填充词+句子（图 4.9a）：填充词后无停顿，与句子出现在同一段呼吸曲线中。

填充词+停顿（图 4.9b）：填充词后有停顿，填充词单独表现为一段呼吸曲线。

填充词+填充词（图 4.9c）：连续出现几个填充词，各自表现为独立的呼吸曲线。

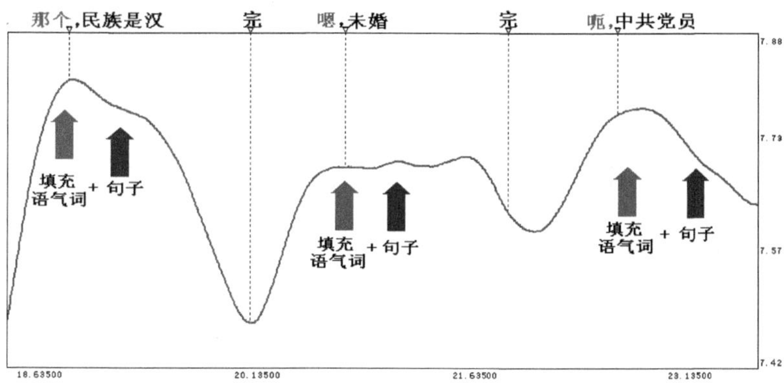

a

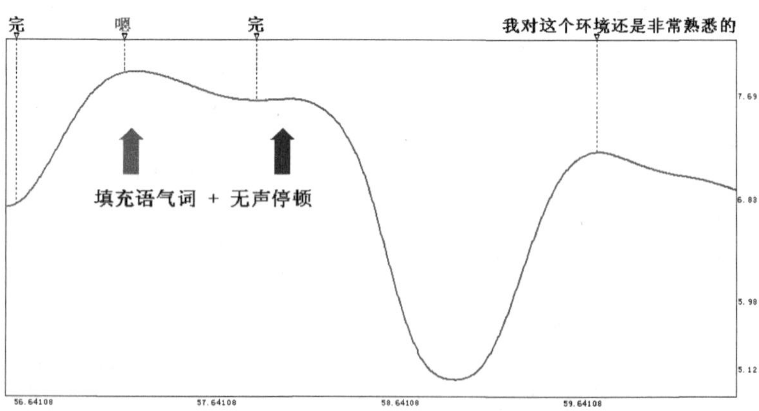

b

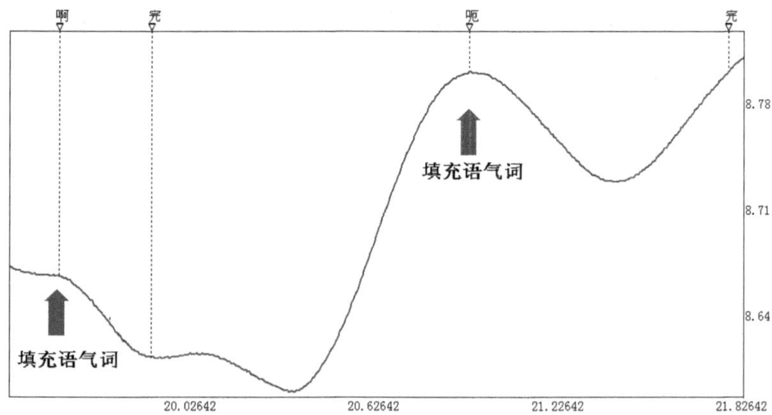

c

图 4.9 句中填充语气词示例

在“填充词+句子”的情况下，填充词的时长一般来说要小于后两种情况。这是因为填充词说完后，还要留足够的气流来进行后面的句子，所以填充词不会时长过长或占据过多的呼气过程。而在后两种情况下，填充词单独成一言语段落，不受后面语句的影响，故而时长可长可短，其对应的呼吸过程亦可大可小。所以说，在第一种情况下，填充词的长度多数要小于单独成句的填充词的长度。一般来说，语句中出现填充词，表明被试在自述过程中出现思维中断或加工困难，所以，填充词所占的时长越长，说明思维中断或加工困难的程度越大。因此，在大多数情况下，“填充词+填充词”的加工难度最大，思维连续性最差，“填充词+停顿”次之，“填充词+句子”的加工难度相对前两者来说最小，思维连续性也相对最好。

（2）在自述状态下，停顿的位置与韵律边界、语法语义的关系更加疏远。自述时的停顿可以打破韵律和语法语义的限制出现在任何位置，故而使自述时的呼吸曲线表现得更为凌乱、不规则。在自述状态下，非正常停顿的出现主要取决于生理和心理原因，具体情况将在4.4.4 中分析。

（3）自述状态下，情绪特征会时有出现，主要表现为笑、叹气、吸气（“嘶”声）、咂嘴（“啧啧”声）等，这在朗读、复述中很少。

自述时的情绪特征往往表达被试一定的情绪特征，如笑表明愉快、友好或不好意思；叹气表明不满意、无奈、失落；吸气（“嘶”声）表明吃惊、思考等；咂嘴（“啧啧”声）可能表明赞许、思考、惋惜等等。这些情绪特征所对应的呼吸曲线也有不同特点（如图 4.10）。

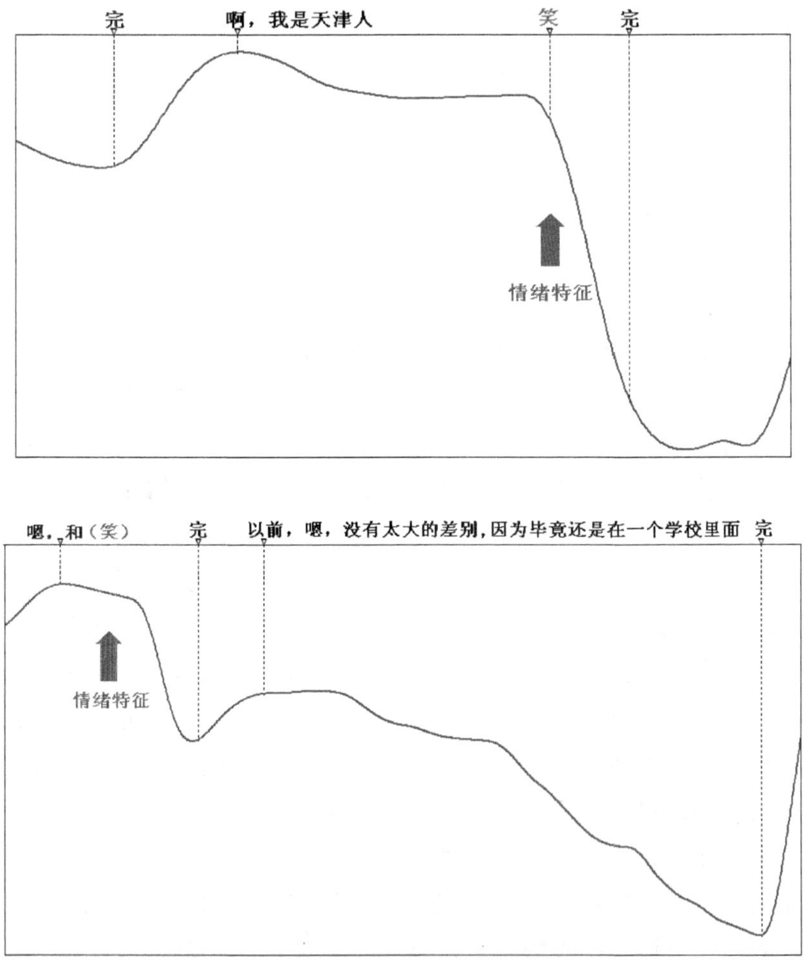

a

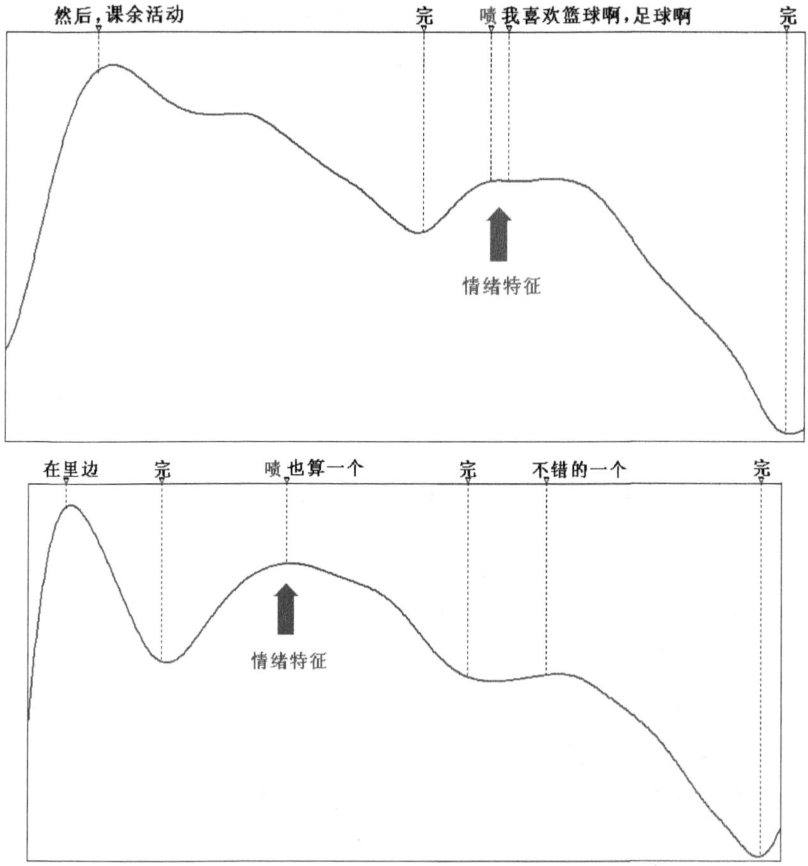
然后，课余活动
完
啧
我喜欢篮球啊，足球啊
完
情绪特征
在里边
完
啧
也算一个
完
不错的一个
完
情绪特征

b

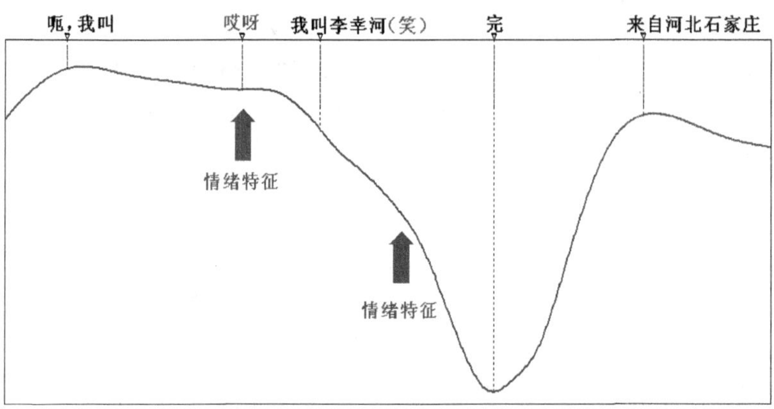
呃，我叫
哎呀
我叫李幸河(笑)
完
来自河北石家庄
情绪特征
情绪特征

c

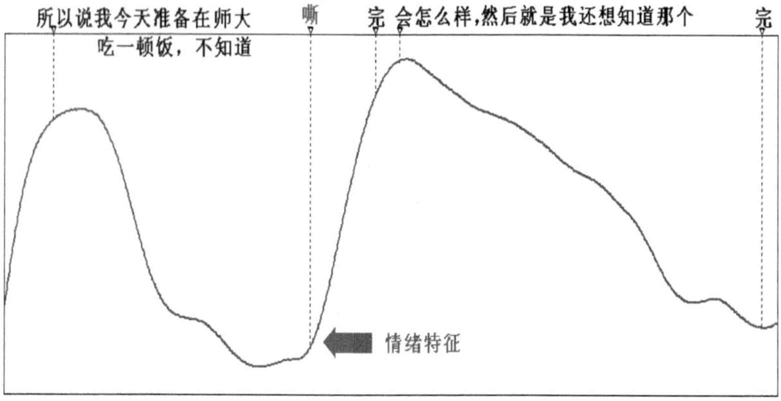

d

图 4.10　自述状态下含有情绪特征的呼吸曲线图

言语中“笑”的情绪特征一般有两种情况：一种是一句话说完后有一个单独的笑的过程，如图 4.10a 上侧图所示；另一种是说话人边说边笑，笑夹杂在句子中，如图 4.10a 下侧图所示。“笑”的呼吸曲线均表现为下降，且下降的速率都非常快，表现为较明显的陡降。不过，前一种“笑”的下降幅度、速率往往都比后一种更大，这是因为后一种在笑的同时还要有词句产生，因此下降不能过快、过大，要保证言语产生所需要的必要的气流和动力。

咂嘴（“啧啧”声）在自述中也多有出现，它多半出现在下降的呼吸曲线中，有时也对应于平降型呼吸曲线（如图 4.10b），较少出现在吸气段上。①一般来说，咂嘴的时长都很短，后面多半会紧接语句，因此咂嘴时的呼吸曲线是与语句的呼吸曲线表现在一起的，下降幅度小，速率慢，一般是缓降或平降。

叹气一般多表示不满意、无奈或失落，在言语中，叹气可以由语气词（如“唉、哎呀、咳”等）表示，也可以由单纯的呼气、吐气表示。一般来说，单纯呼气、吐气时的叹气，其呼吸曲线表现为一个很

---

① 尽管咂嘴时可能会有吸气的感觉，但实际上，咂嘴所用的气流多半是口腔中的气流，咂嘴的时间短，气流交换少，且不进入肺部，所以咂嘴时的“啧啧”声所对应的呼吸曲线一般表现为下降或不升不降，而很少表现为吸气，即上升型曲线。

明显的下降曲线，且下降幅度非常大。而含有语气词的叹气过程（如图 4.10c），虽然也表现为下降的呼气曲线，但它毕竟受到词语的限制，幅度可能会稍小一些。此外，叹气过程可以表现为一个单独的叹气段，即表现为一个独立的呼吸节落，也可以后面接一些词句与它们一起构成一个呼吸节落。

在一些被试的自述中，也出现了一些“嘶”声（如图 4.10d）。它们可以出现在句子内部，也可以出现在句子之间，一般是被试思考时的言语表现。研究发现，与其他情绪状态不同，“嘶”声一般都出现在吸气段上，上升幅度明显，多半表现为陡升，是一种吸气发音现象。

（4）在自述状态下，被试呼吸的个体特征很强，不同被试间的呼吸形式差异很大。如图 4.8 中，四位被试的呼吸曲线特征不太一样：SM2 和 SF8 在一分钟的自述中，呼吸曲线表现为较少的几个大呼吸段落，而 SM5 和 SF9 则呼吸较均匀。另外，每个被试在呼吸特点和策略上也各有特点，差异较大。

（5）在自述时，小呼吸段落的数量大大增加，且很多看似都是无固定规律的。因此，由呼吸曲线推知语音段落的可预测性大大减弱。

4.4.2 自述状态下呼吸参数的分析及其与朗读、复述的比较

我们对十名被试自述时的呼吸参数进行了测量，并求得其平均数，结果见表 4.14 和表 4.15。

表 4.14 自述状态下的呼吸参数表

呼吸参数	呼吸群		呼吸段		呼吸节	
	M	Sd	M	Sd	M	Sd
吸气时长（s）	0.66	0.20	0.59	0.15	0.53	0.15
吸气幅度	0.33	0.23	0.28	0.21	0.16	0.22
吸气斜率	0.49	0.29	0.45	0.29	0.28	0.31
呼气时长（s）	2.00	1.28	1.87	1.08	1.55	1.23
呼气幅度	0.30	0.23	0.28	0.23	0.21	0.21
呼气斜率	0.17	0.14	0.15	0.10	0.15	0.16

表 4.15　自述状态下的呼吸参数方差分析表

呼吸参数	主效应 (0.05 水平)	Post Hoc Tests (LSD)		
		Q---D	Q---J	D---J
吸气时长	$F(2, 214)=9.208, p<0.001$	$p<0.05$	$p<0.001$	$p<0.05$
吸气幅度	$F(2, 214)=9.422, p<0.001$	$p>0.05$	$p<0.001$	$p<0.01$
吸气斜率	$F(2, 214)=8.825, p<0.001$	$p>0.05$	$p<0.001$	$p<0.01$
呼气时长	$F(2, 218)=2.347, p>0.05$	$p>0.05$	$p<0.05$	$p>0.05$
呼气幅度	$F(2, 218)=3.063, p<0.05$	$p>0.05$	$p<0.05$	$p>0.05$
呼气斜率	$F(2, 218)=0.761, p>0.05$	$p>0.05$	$p>0.05$	$p>0.05$

4.4.2.1　吸气段参数分析

在自述状态下，吸气单位也可按照呼吸等级大小分为呼吸群、呼吸段和呼吸节三级单位。在吸气时长上，呼吸群的时长最长，为 0.66；呼吸段次之，为 0.59；呼吸节最短，为 0.53。三级呼吸单位在吸气段时长的主效应上差异显著，p<0.001，各级呼吸单位之间的组间差异也显著（p<0.05）。但是，较之朗读和复述两种状态，自述状态下各级呼吸单位之间吸气时长的标准差加大，说明各呼吸单位内部的数据分布更加分散，其稳定性较前两者差。另外，从各级呼吸单位的吸气时长差距上看，自述时不同呼吸单位时长的差距减小，相邻两级呼吸单位的时长差一般都在 0.1 之内，而复述和朗读两种言语状态下的相邻呼吸单位时长差异一般都在 0.1 之上，有的甚至达到 0.2 以上。这说明，在自述状态下，尽管不同级别呼吸单位的吸气时长仍差异显著，但它们之间的数值却较之朗读和复述更为接近，表明被试在自述时更倾向使各级呼吸单位时长趋同。

在吸气幅度上，按幅度大小依次排列分别为呼吸群>呼吸段>呼吸节。各级呼吸单位吸气幅度的主效应差异显著，p<0.001；呼吸群与呼吸段吸气幅度差异不显著（p>0.05），另外两组呼吸单位吸气幅度差异显著；说明在自述状态下，只有部分呼吸单位的吸气幅度差异显著。但从标准差和吸气幅度的平均值上看，各级呼吸单位的平均值差距变小，差距都在 0.15 以内，而朗读和复述中，各级呼吸单位的差距一般都在 0.2 以上。此外，自述时各级呼吸单位吸气幅度的标准差较之前两种状态大大增加，均在 0.2 以上。这说明，从朗读到复述再到自述，各级呼吸单位的吸气幅度在逐步拉近，差异逐渐变小，边界愈加模糊。

在吸气斜率上，呼吸群和呼吸段的吸气斜率比较接近，前者为 0.49，后者为 0.45，呼吸节的斜率最小，为 0.28。各级呼吸单位吸气斜率的主效应差异显著，$p<0.001$；呼吸群与呼吸段吸气斜率差异不显著（$p>0.05$），另外两组呼吸单位吸气斜率差异均显著（$p<0.001$，$p<0.01$）。这说明，自述状态下各级呼吸单位的吸气斜率部分差异显著。但是从吸气斜率的平均值看，自述时的吸气斜率在不同级别间的差距在逐渐缩小，特别是呼吸群和呼吸段，在本状态下差值仅为 0.04，而在朗读时二者差值为 0.2，在复述时差值为 0.19。再看自述时吸气斜率的标准差，各级呼吸单位的标准差都非常大，都维持在 0.30 左右，说明各级呼吸单位内部吸气斜率数值的分布十分分散。吸气斜率的游移性较为明显，且不同级别呼吸单位的吸气斜率差异性减小，边界较朗读、复述时更加不清晰。

4.4.2.2 呼气段参数分析

在呼气时长上，各级呼吸单位间的差距较吸气时明显得多，呼吸群比呼吸段长 0.13s，呼吸段比呼吸节长 0.32s。不过，与朗读和复述相比，自述时各呼吸单位的呼气时长差距变小。但是，它们仍表现出呼吸群时长最长、呼吸段次之、呼吸节最短的现象，呼气时长分别为 2.00、1.87、1.55。方差分析显示，各呼吸单位时长主效应差异不明显（$p>0.05$），组间差异也仅仅是在呼吸群和呼吸节上差异显著（$p<0.05$），其他均无显著差异。从呼气时长的标准差来看，自述时的标准差比较大，全部在 1 以上，这种现象在朗读和复述中是没有的。可见，自述时各呼吸单位的呼气时长差距减小，且同一呼吸单位内部的呼气时长值分布较为分散，各单位差异不显著。

在呼气幅度上，呼吸群仍然最大，为 0.30；呼吸节最小，为 0.21；呼吸段居中，为 0.28。从数值上看，自述时各呼吸单位间的幅度差异较朗读和复述时要小，不同单位的呼气幅度趋于相近，即各单位间的呼气幅度差异在缩小。方差分析证明，不同呼吸单位间的主效应刚刚达到显著，而组间相邻的两级呼吸单位的差异却不显著（p>0.05）。同样，自述状态下呼气幅度的标准差依旧加大，说明各级呼吸单位的呼气幅度离散性较强，规律性较朗读、复述时差。

在呼气斜率上，三级呼吸单位的总体呼气斜率都很小，均在 0.2 以下。其中，呼吸群的呼气斜率最大，而呼吸段和呼吸节的呼气斜率则基本相等。它们均比朗读和复述状态下的呼气斜率小，且各级呼吸单位间的呼气斜率差异也更小了，几乎趋于一致。方差分析也证明，自述时的呼气斜率在主效应上和组间差异上均不显著，p 值均远远大于 0.05。从标准差上看，呼气斜率的标准差均在 0.1 以上，说明各级呼吸单位中的呼气斜率值分布都非常离散，特点不鲜明。

综上所述，自述时，呼吸单位仍大致可以分为呼吸群、呼吸段、呼吸节三级，但是较之朗读和复述，自述时无论是吸气参数还是呼气参数，各参数的标准差都大大增加，表现为同一参数内部数据分布离散性加大。同时，自述时不同级别呼吸单位参数平均值的差距均缩小，即均值靠拢而标准差增加，这表明自述时呼吸单位间的差异较朗读和复述时更为模糊（见图 4.11）。

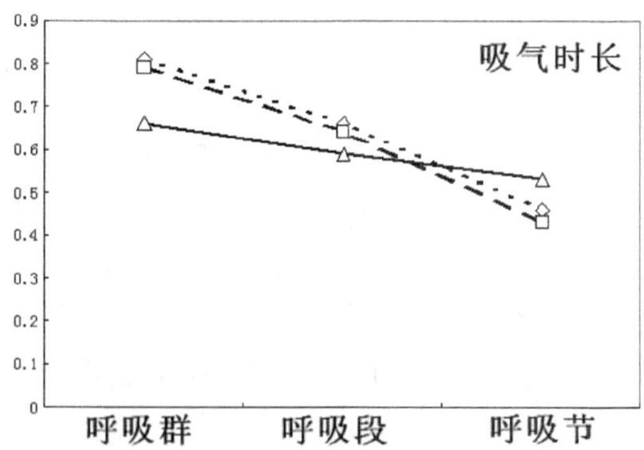

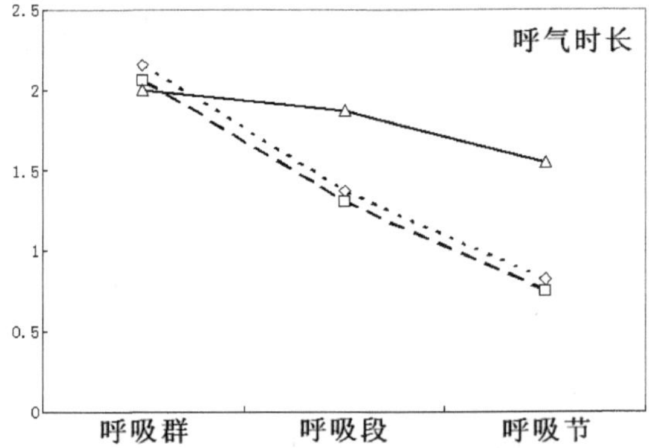
呼气时长
2.5
2
1.5
1
0.5
0
呼吸群
呼吸段
呼吸节

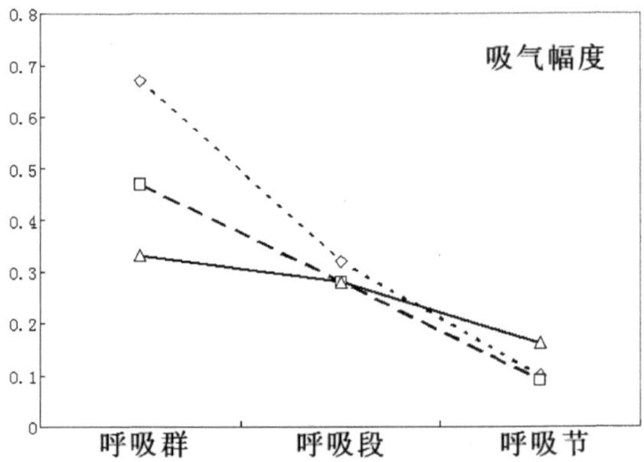
吸气幅度
0.8
0.7
0.6
0.5
0.4
0.3
0.2
0.1
0
呼吸群
呼吸段
呼吸节

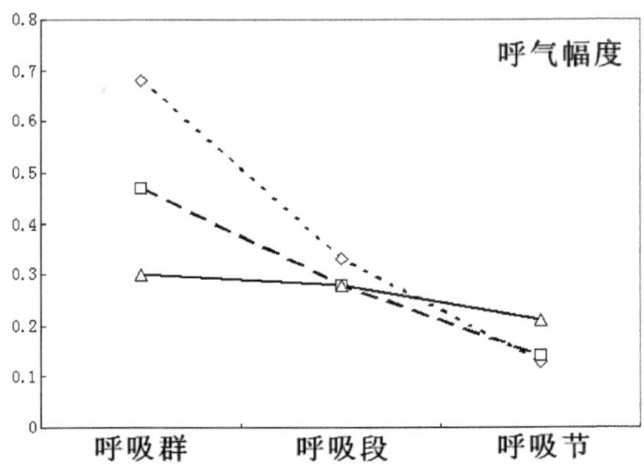
呼气幅度
0.8
0.7
0.6
0.5
0.4
0.3
0.2
0.1
0
呼吸群
呼吸段
呼吸节

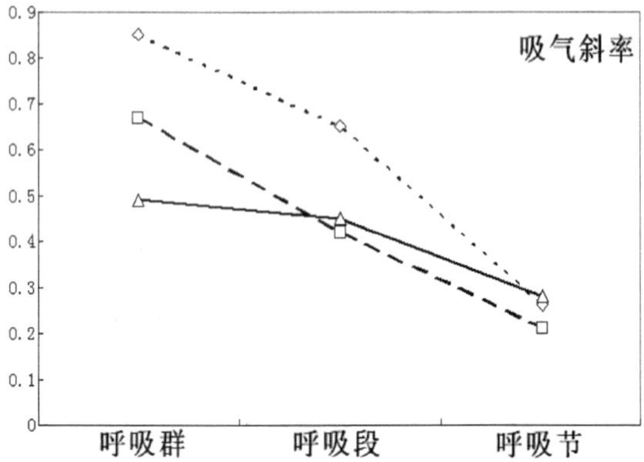

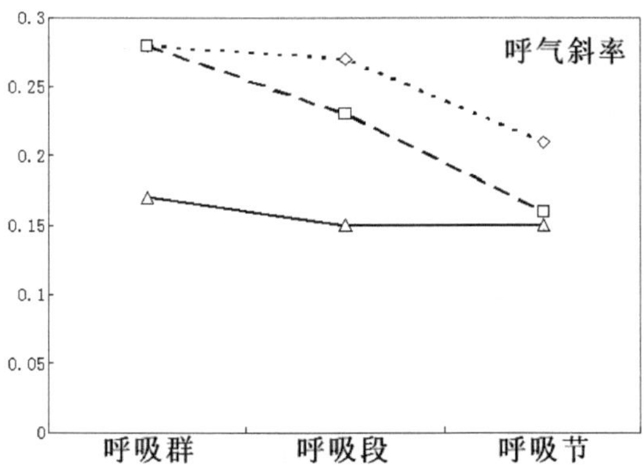

图例： 朗读------- 复述——— 自述———

图 4.11　朗读、复述、自述状态下呼吸参数比较图

尽管朗读、复述和自述都属于言语活动，但是它们所需要的心理资源是不同的。朗读最简单，所需心理资源最少；复述其次，所需心理资源较朗读多一些；自述最难，所需心理资源最多。因此，综合朗读、复述、自述时呼吸参数的特点以及它们的加工难度，我们发现，说话人言语加工的心理难度越小，言语呼吸的规律性就越强，不同层级呼吸单位的数值差异就越大，各呼吸单位内部数据的分布越集中，其特点也就越鲜明，如朗读呼吸。但是，若说话人言语加工的心理难度很大，如自述时其呼吸的规律性越差，不同层级呼吸单位的数值差异越小，各单位内部数据的分布越分散，各呼吸单位的边界越模糊。

可见，呼吸单位的特点是与言语任务的认知加工紧密相连的，认知加工难度的变化决定着言语呼吸资源的分配，进而影响到呼吸参数的特征。

4.4.2.3 自述状态下呼吸参数间的关系

总的来看，自述时吸气过程和呼气过程的各参数基本成正比（见图4.12），也就是说，随着呼吸单位由大到小的变化，吸气过程和呼气过程在时长、幅度、斜率等参数上的数值均相应减小。而从呼吸两个过程中的参数比较来看，在时长上，表现为呼气时长远远大于吸气时长；在幅度上，吸气和呼气两个过程的幅度相差较小；在斜率上，吸气斜率远远大于呼气斜率。这说明，被试在自述的言语状态下，吸气快而短，呼气慢而长，而呼吸的幅度则是较为稳定的。

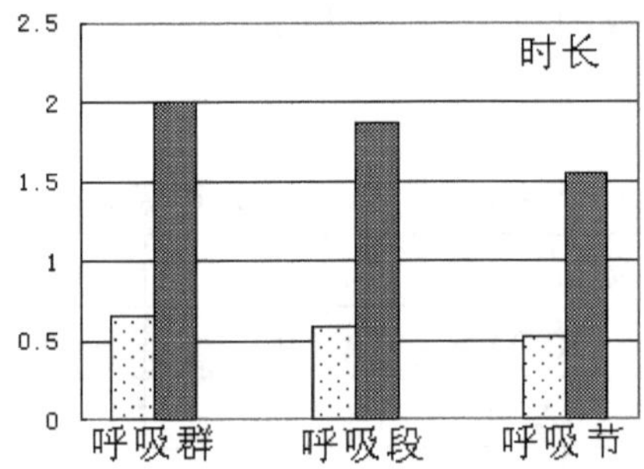

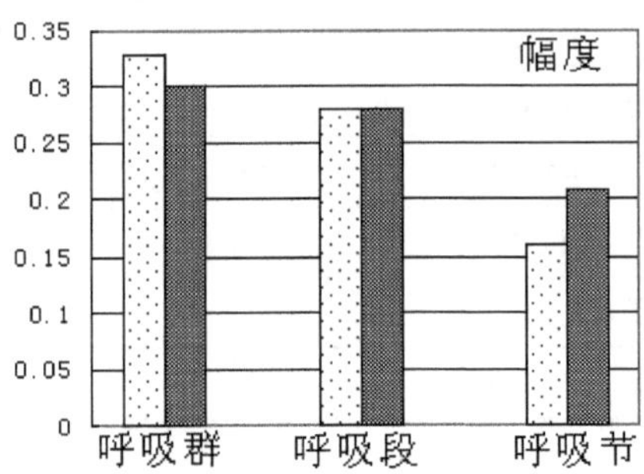

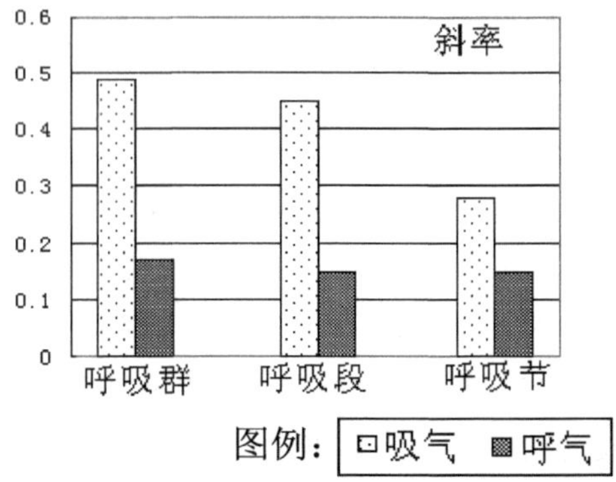

图 4.12　自述状态下各呼吸参数比较图

下面，我们使用 RTQ、RAQ、RSQ 三个指标来量化地分析一下自述状态下各呼吸参数间的关系，并与复述、朗读时的情况进行比较（见表 4.16）。

表 4.16　自述、复述、朗读时呼吸参数关系比较表

呼吸参数商		呼吸群	呼吸段	呼吸节
自述	呼吸时间商（RTQ）	0.33	0.32	0.34
	呼吸幅度商（RAQ）	1.10	1.00	0.76
	呼吸斜率商（RSQ）	2.88	3.00	1.87
复述	呼吸时间商（RTQ）	0.38	0.49	0.57
	呼吸幅度商（RAQ）	1.00	1.00	0.64
	呼吸斜率商（RSQ）	2.39	1.83	1.31
朗读	呼吸时间商（RTQ）	0.38	0.48	0.56
	呼吸幅度商（RAQ）	0.99	0.97	0.77
	呼吸斜率商（RSQ）	3.04	2.41	1.24

自述时各级呼吸单位的 RTQ 比值均在 0.33 左右，即呼吸时长比约为 3:1，而复述和朗读时，各级呼吸单位的 RTQ 值均大于自述时的值。由于 RTQ 的值反映了言语时呼吸是否平静，RTQ 值越小，呼吸越不平静，反之则越平静，所以以上数据说明，自述在 3 种言语状态

中是最不平静的，呼吸时长差异较大。

在 RAQ 上，自述最大的特点是在呼吸群层级上，RAQ 的值大于 1，这在其他两种言语状况中是没有的。说明自述时，在呼吸群中，吸气的幅度要大于呼气幅度。在呼吸段上，呼吸幅度基本持平，RAQ 为 1.00，而在呼吸节上 RAQ 为 0.76，说话时使用了一部分补呼气量。从三级呼吸单位整体上看，3 种言语状态呼吸幅度的 RAQ 有着相同的趋势，即都随着呼吸单位等级的升高而增大，说明呼吸单位越大，呼吸幅度越趋向平衡。

在 RSQ 上，三级呼吸单位的数值都大于 1，说明吸气斜率总大于呼气斜率。其中，在自述状态下呼吸段的 RSQ 最大，为 3.00，呼吸节最小，为 1.87，这与朗读和复述时呼吸群 RSQ 最大的情况有不同。另外，自述时各级呼吸单位的 RSQ 大部分都大于在朗读和复述中相应单位的 RSQ 值，这表明，自述时呼吸斜率的差异较朗读和复述时更为明显。因此，总的来看，言语呼吸参数间的关系也与言语任务有关。言语的状态不同，心理资源的使用量就不同，呼吸参数的关系也就不同。但一般情况下，呼吸幅度在各状态下变化不大，差异主要体现在呼吸时长和斜率上。

4.4.3 自述状态下韵律层级与呼吸单位的对应关系

在本节中，我们分析了十位被试自述时呼吸单位与韵律单位的关系，结果发现，自述时呼吸单位与韵律单位的关系和复述状态时接近，而与朗读状态时存在较明显的差异。自述时，在吸气过程中，呼吸群的 48.8%对应于话语层级；呼吸段的 44.1%对应于语调短语层级，但也有 39%对应于话语层级；呼吸节的 37.4%对应于语调短语层级，但也有 35.3%对应于韵律短语层级。在呼气过程中，无论呼吸群、呼吸段还是呼吸节，三级呼吸单位均多数对应于语调短语层级，分别为 42.5%、47.9%、37.3%。但是，呼吸群仍有 40%对应于话语层级，而呼吸节在与韵律单位的对应中分布比较平均，只是与语调短语的对应比例略高一些（见表 4.17）。

表 4.17　自述状态下呼吸单位与韵律单位对应分布表

呼吸位置	韵律单位	呼吸群	呼吸段	呼吸节
吸气段	话语	20(48.8%)	30(39.0%)	27(27.3%)
	语调短语	16(39.0%)	34(44.1%)	37(37.4%)
	韵律短语	5(12.2%)	13(16.9%)	35(35.3%)
呼气段	话语	16(40.0%)	24(33.8%)	35(31.8%)
	语调短语	17(42.5%)	34(47.9%)	41(37.3%)
	韵律短语	7(17.5%)	13(18.3%)	34(30.9%)

通过上述分析和表 4.17，我们认为，自述时呼吸单位与韵律单位的对应有如下特点：

（1）自述时，无论是吸气过程还是呼气过程，呼吸节的数量都大大增加，分别出现 99 次和 110 次；呼吸群和呼吸段的数量都有所下降，特别是与朗读时相比，下降得更为明显。这说明，在更自然的言语状态下，被试倾向使用时长较短、幅度较小的浅层呼吸。另外，较之朗读，自述的归约性差、随意性强，很多非正常停顿、填充词句以及情绪状态等都可能需要浅层呼吸随时提供气流并补充能量，因此表现为呼吸节数量的增加（见图 4.13）。

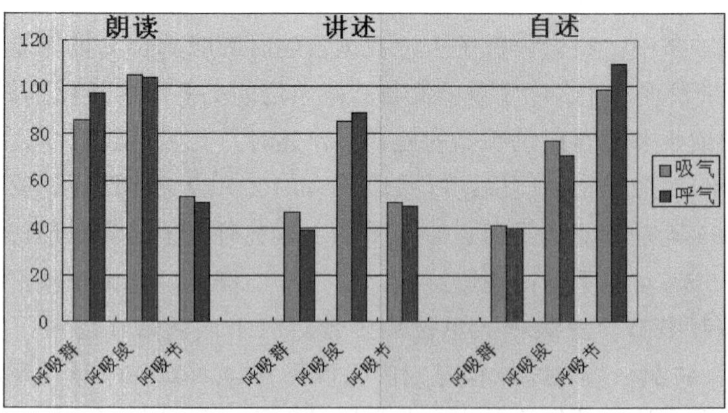

图 4.13　三种言语状态下各级呼吸单位出现次数比较图

（2）在自述状态下，无论是吸气还是呼气，各级呼吸单位与韵律单位的对应分布均没有超过50%的。具体来说，吸气时，呼吸段在与话语和语调短语的对应上相差不大，约5个百分点；呼气时，呼吸群在与话语和语调短语的对应上十分接近，二者相差约2.5个百分点。而对于呼吸节，无论在吸气还是呼气上，与三级韵律单位的对应都基本维持在27%到37%之间。因此，与朗读、复述不同，自述时呼吸节不仅数量上升，而且其对应的韵律单位形式也更加多样，其地位更加重要。可见，自述时，尽管每个呼吸单位都主要对应于某一个韵律单位，但是，较之朗读和复述，自述时呼吸单位与韵律单位的对应更加多变，且自述时被试对呼吸形式的选择更加灵活。

通过上述分析，我们发现，在3种不同言语状态下，呼吸单位与韵律单位对应的情况有所差别，其中尤以自述与朗读的差异最大。我们将三种言语状态下呼吸与韵律的对应情况制成图4.14。

由图4.14可见，在朗读状态下，呼吸单位与韵律单位的对应比较整齐，说明朗读时被试的呼吸形式、节奏等受韵律影响较大，韵律的心理加工在很大程度上影响呼吸形式的表现。

在复述状态下，被试呼吸单位与韵律单位的对应关系不如朗读状态时那么整齐，呼吸段在言语中出现的频率更高，对应的韵律层级更为广泛。这说明，被试在复述状态下将更多的注意力投入到言语的内容上，而呼吸形式受韵律的控制不那么严格了，中级呼吸单位被更多地使用，说明长语句更多地被切分为中等长度且韵律结构较简单的句子，以此来适应心理加工难度增加的需要。

在自述状态下，呼吸单位与韵律单位的对应关系更为复杂无序，表现为呼吸节数量的增多及其重要性的增加，与韵律单位对应的呼吸单位分布的“趋均化”，不同级别呼吸单位参数均值靠拢且标准差增加等等。这些都表明在自述状态下，被试使用更多的心理资源去加工、产出言语内容，而韵律对呼吸的控制和规约作用进一步减弱。另外，自述状态下的韵律单位多对应于中低层级的呼吸单位，这说明人在自由说话的情况下更倾向使用长度短、幅度小的浅层呼吸。

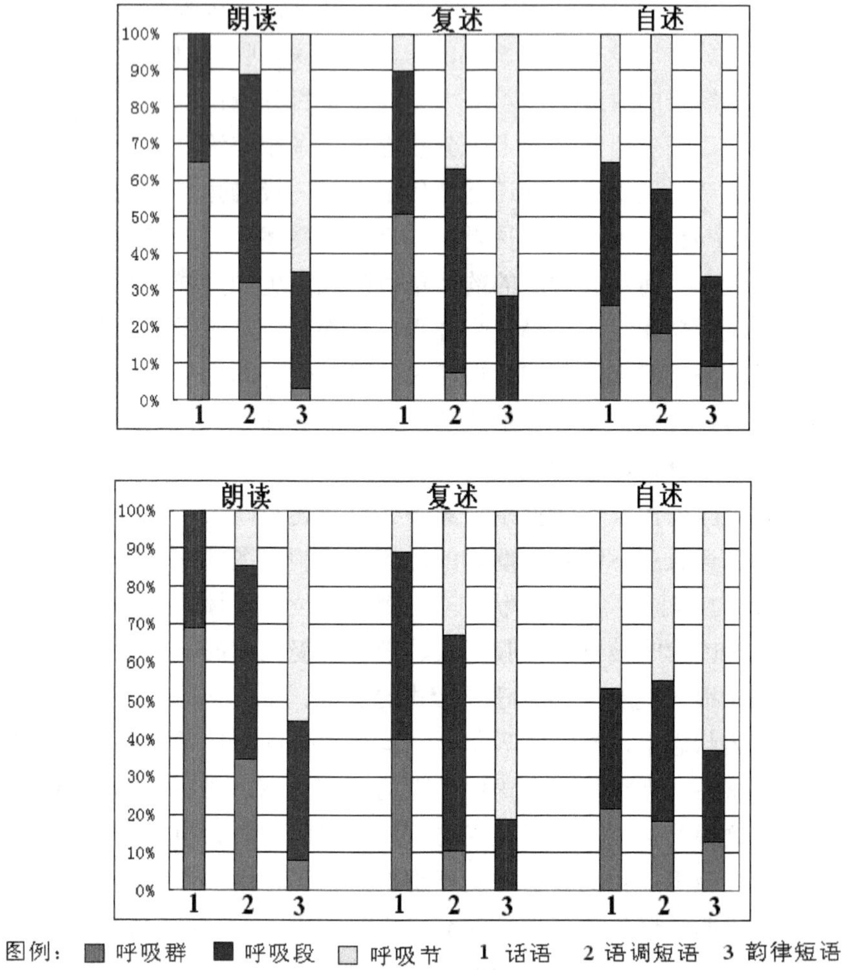

图 4.14　三种言语状态下呼吸与韵律对应图

4.4.4　自述状态下停顿的特点及其呼吸特征

在 4.4.1 中我们曾提到，在自述状态下，停顿的位置与韵律边界、语法、语义的关系更加疏远，主要表现在自述时的停顿可以打破韵律和语法语义的限制，出现在任何位置，非正常停顿的出现频率、次数均大幅增加。这是因为自述较之朗读和复述更为自由。在我们的实验中，自述时首先没有文本作为参照；其次，自述前也没有告知本次实验的任务，被试不能提前做准备；再次，自述的内容完全由被试自己决定，各位被试所述内容非常广泛，包括自身基本信息、教育经历、兴趣爱好、自我评价、家庭成员等等，都需要被试在现场临时组织语言；最后，实验要求被试以最自然的状态自述，被试所述都是非书面化的口语，并可以掺杂进个人的情感。因此，受到生理和心理等方面原因的影响，自述时的呼吸也就更为灵活多变。本节将主要讨论自述时的停顿情况、呼吸特点以及解释其产生的原因，最后与朗读、复述两种状态下的停顿做比较。

总的来看，自述时停顿的位置、种类、特点以及停顿的呼吸表现与朗读时停顿的差异比较大，其特点表现为：

首先，自述时非正常停顿的数量非常多，出现得更加频繁，且其所占比例也大大提高。例如，我们对其中一位男性被试的自述停顿情况做了统计，该被试在一分钟左右的自述中共出现停顿 28 次，其中正常停顿与非正常停顿的比例达到 1:1，即各出现 14 次。此外，还有 3 处应该停顿却没有停顿的情况。所以这样算来，该被试实际出现非正常停顿的比例要高于正常停顿。其他一些被试也存在类似的情况，不过由于存在个体差异，非正常停顿比例的高低略有不同而已。

其次，从非正常停顿出现的位置来说，自述时的非正常停顿可以出现在任何位置，它的出现基本不受语法、语义、韵律的限制，甚至可以出现在韵律词内部。如“现在已经/大学已经在南开大学上了/半年了”“我的愿望是当一名对外汉语/教师”“前几天带了一个国家汉办指导教师的那个公派教师的/一个培训营的活动”“今/年二十四岁”。

再次，自述时非正常停顿的种类较多，包括非停顿处的无声停顿、零停顿、超长停顿、停顿不足①、增加填充词、口误、情绪特征等。在被试自述的过程中，可能会出现若干种非正常停顿，特别是增加填充词、口误、情绪特征等比朗读、复述时更易出现。

①“超长停顿”即停顿时间超过正常需要的停顿时长，“停顿不足”即停顿时间没有达到需要的停顿时长。

最后，自述时，各种非正常停顿的呼吸表现是不同的。有些对应于吸气形式，如非正常的无声停顿、超长停顿、停顿不足、部分情绪特征停顿等，还有一些是对应于呼气形式的，比如零停顿、增加填充词、口误、部分情绪特征等。对于非正常停顿的呼吸参数，我们发现它们并非固定的。由于非正常停顿非常灵活，在言语中可有可无，位置可前可后，长度可长可短，种类可此可彼，再加上被试之间的人际差异和被试个体的自身差异，非正常停顿的呼吸参数是很难准确测出的。所以，呼吸的时长、幅度等随着非正常停顿具体情况的不同而不同。一般来说，非正常停顿持续的时间越长，呼吸的时长就越大，幅度也越大；非正常停顿持续的时间越短，呼吸的时长就越小，幅度也越小。但这仅是一般情况，也不排除违背此规律的个别情况的存在。

本研究表明，被试在自述的状态下非正常停顿会骤然增多。我们发现，其中很大一部分都是由于思维不连续、思维跳跃性大或思维快于表达，进而引起气流过剩或气流不足。温克沃斯等（1995）认为，人们在说话时，语句前的吸气量与其后的呼吸群的长度有关：呼吸群的长度越长，其前部吸气的量就越大；呼吸群的长度越短，其前部吸气的量就越小。呼吸群的长度可以被它前面的吸气量预先反映，这正是李伯曼（1984）指出的“预计划（preprogramming）”。李伯曼（1984：110–111）认为，在开始一个句子之前，人们往往要根据句子的预测长度吸入稍多于句子所需要的气体量。在朗读时，尤其是在有文本且事先经过准备的状态下，这种预计划是比较准确的，所以朗读时几乎所有的停顿都是正常的，一般不会出现或很少出现气流不足或过剩的情况。但是，在自然口语如本书所列举的自述状态下，预计划却可能出现失误。正如高曼（Goldman，1958：96–105）指出，说话人常常由于思考或转换话题而打断一个完整的呼气过程。李伯曼和迈克尔斯（Lieberman & Michaels，1962：922–927）则指出，呼吸形式也随着说话人情绪状态的改变而改变，从而造成预计划的失败。说话人还可能由于思维跳跃、不连续等原因提前中断呼气过程，或句子未表达完气流却不够了出现句中补气的现象，从而出现“产出错误（production errors）”（Lieberman，1984：110–111）和预计划失败。可见，非正常停顿的出现多半来自对正常呼吸的阻断，而其中更深层次的原因则来自认知心理层面。

如前所述，自述时停顿的情况与朗读时相去较远，而在一些情况下与复述时的停顿有部分特征是相似的。为了更明确地比较 3 种言语状态下停顿的特点，我们列表为 4.18。

表 4.18 朗读、复述、自述状态下的停顿特点比较表

停顿特点	朗读	复述	自述
停顿的规律性	很强	较强	很弱
正常停顿的次数	几乎全部是正常停顿。	正常停顿占多数。	正常停顿数量下降，具体数量可能因人而异。
非正常停顿的次数	很少，几乎没有。	非正常停顿占少数。	非正常停顿数量上升，约占一半，甚至更多。
停顿出现的位置	大停顿出现在话语和语调短语末，小停顿出现在韵律短语末。	大部分出现在话语、语调短语、韵律短语末尾，少数非正常停顿出现位置不规律。	自述时的非正常停顿几乎可以出现在任何位置。
影响停顿的因素	受语法、语义、韵律的影响较大。	多数停顿受语法、语义、韵律的影响。	正常停顿受语法、语义、韵律影响，但非正常停顿不受其影响。
停顿的成因	受语法、语义、韵律的影响。	主要受语法、语义、韵律影响，还与表达和心理加工有关。	主要受生理条件和心理加工等方面原因的影响，如气流的支配、思维的连续性、加工的难易等。
停顿的种类	主要是无声停顿和边界前末音节延长。	多数停顿是正常的无声停顿和末音节延长，即停延；非正常停顿较少，包括无声停顿、零停顿、超长停顿、停顿不足、增加填充词、口误等。	非正常停顿较多，包括无声停顿、零停顿、超长停顿、停顿不足、增加填充词、口误、情绪特征等。此外还有正常停顿，它们表现为无声停顿和边界前末音节延长。

续表

停顿特点	朗读	复述	自述
停顿的呼吸表现	无声停顿表现为吸气，末音节延长表现为呼气。	正常停延的呼吸表现同朗读状态。非正常无声停顿、超长停顿、停顿不足表现为吸气；零停顿、增加填充词、口误表现为呼气。	基本情况同复述。但自述时由情绪特征导致的呼吸变化增多。不同情绪特征可表现为吸气也可表现为呼气。有些非正常停顿还表现为呼吸过程俱全的呼吸段落。
停顿的呼吸参数表现	不同级别停顿的呼吸参数稳定，特征明显。呼吸参数随停顿等级不同而呈现出有规律的变化。	不同级别停顿的停延率及呼吸参数特征较为明显，但规律性较朗读时差。	不同级别停顿的呼吸参数表现复杂，规律性最差。
被试间停顿差异	受文本规约影响，不同被试差异较小。	受复述内容固定性和一定程度自我发挥的影响，被试间差异较朗读变大。	自述内容和形式不固定，被试间停顿差异很大。

4.4.5　自述状态下不同性别的呼吸特征分析

在 4.3.5 中，我们分析了复述时不同性别的呼吸特点，并与朗读状态进行了比较。结果发现，复述与朗读时，男女在各呼吸参数上的大小关系是多数一致的。本节将具体分析自述时不同性别的呼吸差异，并与朗读、复述两种言语状态时的情况做一个简单的比较。

由图 4.15 可见，男女在自述时呼吸参数的均值上是有一定差别的。在吸气过程中，男性吸气时长的曲线都在女性之上，斜率曲线都在女性之下，幅度曲线在呼吸群部分略高于女性，其他也都在女性曲线之下。这说明，自述时男性在不同呼吸单位上的吸气平均时长都长于女性，吸气幅度多数小于女性，而吸气斜率均小于女性。

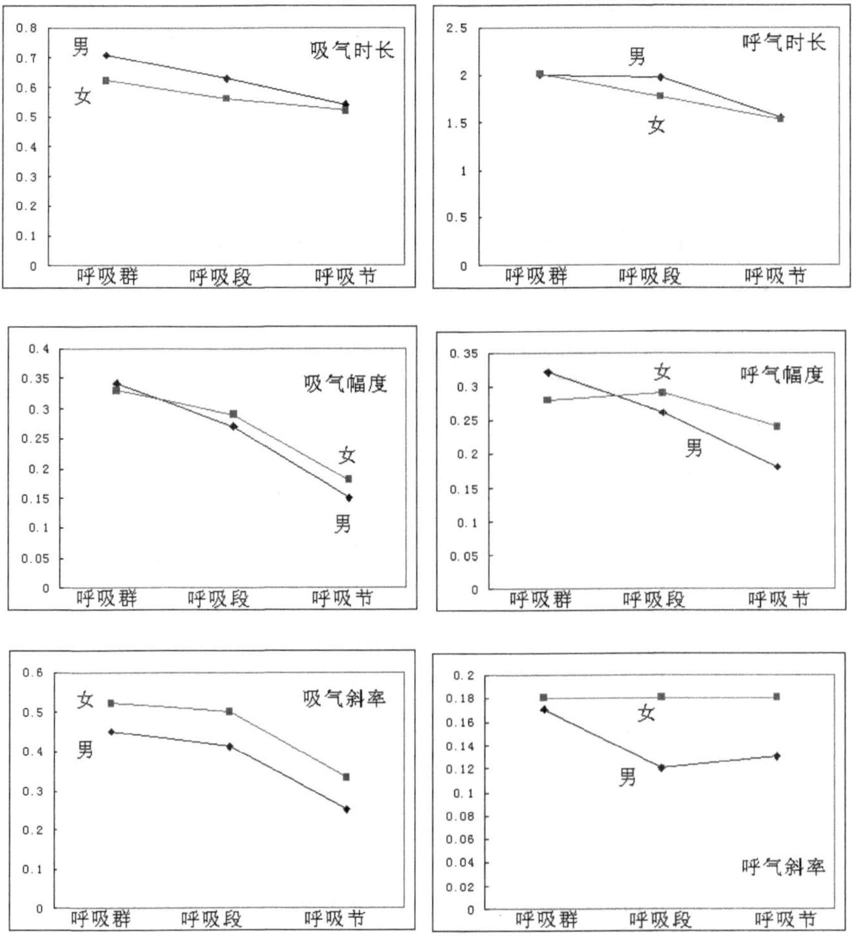

图 4.15　自述时不同性别呼吸参数图

由图 4.15 可知，在呼气过程中，男性呼气时长曲线基本在女性之上，除了呼吸群略略小于女性之外。呼气幅度的曲线男性与女性也有交叉，除呼吸群部分大于女性，其他部分均小于女性幅度。呼气斜率曲线男性则都在女性之下。这说明，男性在不同呼吸单位上的呼气平均时长多数都长于女性，吸气幅度大部分小于女性，吸气斜率则全部小于女性。

由表 4.19 可见，尽管在自述状态下男性和女性在各呼吸参数的平均值上有不同，但是，方差分析结果表明，不同性别除了呼吸群吸气时长和呼吸段呼气幅度两个值差异显著以外，其他参数值均差异不显著。说明在大多数情况下，自述时男女被试的呼吸参数基本是同质的，在统计学意义上无明显的差异。这里的结果与朗读和复述时的情况是基本一致的，即在朗读、复述、自述 3 种言语状态下，男女的呼吸参数多数是一致的，说明不同性别在言语时的呼吸表现是基本同质的，性别不是影响言语呼吸的显著因素。

表 4.19　自述时不同性别呼吸参数表

呼吸参数		性别	呼吸群		呼吸段		呼吸节	
吸气	时长	男	0.71	***p<0.05***	0.63	*p>0.05*	0.54	*p>0.05*
		女	0.62	M>F	0.56	M>F	0.52	M>F
	幅度	男	0.34	*p>0.05*	0.27	*p>0.05*	0.15	*p>0.05*
		女	0.33	M>F	0.29	M<F	0.18	M<F
	斜率	男	0.45	*p>0.05*	0.41	*p>0.05*	0.25	*p>0.05*
		女	0.52	M<F	0.50	M<F	0.33	M<F
呼气	时长	男	1.99	*p>0.05*	1.97	*p>0.05*	1.55	*p>0.05*
		女	2.01	M<F	1.77	M>F	1.53	M>F
	幅度	男	0.32	*p>0.05*	0.26	*p>0.05*	0.18	*p>0.05*
		女	0.28	M>F	0.29	M<F	0.24	M<F
	斜率	男	0.17	*p>0.05*	0.12	***p<0.05***	0.13	*p>0.05*
		女	0.18	M<F	0.18	M<F	0.18	M<F

4.5　小　结

在本章中，我们对 20 名被试在复述和自述两种言语状态下的呼吸特征进行了分析，并与朗读时的呼吸做了比较，得到如下结果：

（1）与朗读一样，复述和自述时的呼吸也可大致分为呼吸群、呼吸段和呼吸节三级。不过，复述时各级呼吸单位的值多数小于朗读时相应层级的值。自述时各呼吸单位的值在呼吸群和呼吸段上多数小于朗读，而在呼吸节上则多数大于朗读；自述时各呼吸参数值的标准差均增大，且不同级别呼吸单位在各参数的平均值间的差距进一步缩小。这说明与书面语朗读不同，自然口语时的各呼吸单位间的差异有所减小，边界更加模糊，而复述则是处于朗读和自述之间的一种过渡状态。

（2）复述时，呼吸单位与韵律单位间的对应没有朗读时那么整齐。在呼吸两种状态下，呼吸群多数对应于话语层级，呼吸段和呼吸节则多数对应于语调短语层级；呼吸群和呼吸节的数量下降，呼吸段的数量较之上述二者则比较多。

在自述时，呼吸单位与韵律单位的对应更加复杂，多数呼吸单位都对应于语调短语层级。自述时呼吸节的数量猛增，且呼吸单位在与韵律单位的对应分布上有均化的趋势。这说明，被试在自然口语中使用更多的心理资源去加工言语的内容，而对呼吸的监控度则下降，韵律对呼吸的影响作用也变小，表现为两套单位对应的复杂化和均化的趋势。因此，三种言语状态下呼吸单位与韵律单位对应的整齐度排序为朗读>复述>自述。

（3）从停顿的位置及停顿的呼吸表现来看，复述与自述有一致的地方，它们都与朗读时的情况有较大的偏离，不过，自述比复述表现的偏离度更大。在朗读时，停顿一般都表现为正常停顿，多出现于话语末、语调短语末及韵律短语末；高层级韵律单位后表现为较长的无声停顿，低层级韵律单位后表现为末音节延长或时长很短的无声停顿。但是，在复述和自述中非正常停顿频频出现，且尤以在自述中表现更多、更明显。非正常停顿可以是无声或有声停顿，常常表现为非停顿处的停顿、零停顿、超长停顿、停顿不足、增加填充词等，有时还有口误和情绪特征出现。非正常停顿可以单独出现，也可以若干个连续出现，且连续出现的非正常停顿的类型也可以不同，非正常停顿越多，可能表明被试的言语加工困难越大。

复述和自述时的非正常停顿一般不受语法、语义、韵律等的控制，而是更多受到被试的言语心理加工、生理条件、情绪状态等的影响。非正常停顿的呼吸随其类型的不同对应为不同的呼吸形式，如非正常的无声停顿、超长时停顿、部分情绪特征停顿等一般表现为呼吸中的吸气过程，而零停顿、增加填充词、口误以及另一部分情绪特征则表现为呼气过程，呼吸的时长、幅度等随着非正常停顿具体情况的不同而不同。

（4）对复述和自述时不同性别呼吸的考察表明，尽管男性和女性在各呼吸单位相应参数的均值上有不同，但方差分析结果表明，大部分参数的差异均不显著。这说明，在复述和自述两种言语状态下，男女的呼吸基本是同质的，在统计学意义上没有明显差异。这与朗读时的结果是一致的，这也说明性别不是影响言语呼吸的显著因素。

5 歌唱状态下的呼吸特征研究

5.1 引 言

声乐艺术是文学语言和音乐语言有机结合的产物，歌唱中的语言是在生活语言的基础上提炼、加工、发展而来的，语言是声乐的基础（许讲真，1984：1，13），语言和音乐密不可分。从语音学角度来看，语言和音乐都是由人类发声器官发出的语音现象，它们之间既有相同之处，又有差异之处。

5.1.1 歌唱与言语的相同之处

从生理角度来看，言语呼吸和歌唱呼吸都有较平静呼吸时更多的肌肉参与呼吸运动，且这两种呼吸运动都是一种由人类意识支配的、非自律性的生理运动。在发声上，言语和歌唱都是由大脑皮质语言区的语言和歌唱神经中枢所控制，由发音器官和共鸣器官相互协调而发声（冯葆富等，1981：87-89）。

从声学角度来看，言语和歌唱都由随时间展开的连续语音构成，并且可通过相同的参数如音高、时程、响度等来表示其音韵学特征。两种系统都有特定的语法和语音学规则，并且应用相同的组块和切分规则形成序列的声音流，并将其组织成短语。此外，口语中的韵律边界经常通过基频的移动和时程信息，如边界前音节延长以及停顿的插入实现，这些参数也是音乐的边界标记（李卫君和杨玉芳，2007；Beach，1991；Knösche 等，2005）。

从心理角度看，人对言语和音乐的认知加工有相似的地方。认知神经科学的研究表明，原来被认为是反映语言中句法加工的布罗卡氏区（Broca's area），在音乐认知中也被激活（Maess 等，2001）。在音乐中，还发现了在语言中出现的由于结构不一致而诱发的 P600 以及早期左侧负波（Patel，2003）。对语言和音乐中短语边界的认知加工研究也表明，口语中的语调短语边界和阅读中的逗号都能诱发中止正漂移（Closure Positive Shift，CPS）这种反映语调短语中止的 ERP 成分。而在音乐旋律边界的感知中，同样的 CPS 成分[①]也被诱发出来，且二者在波幅和脑地形学分布上都较为相似，说明人们对音乐和语言短语边界的加工有相似的潜在过程（李卫君和杨玉芳，2007）。

5.1.2 歌唱与言语的相异之处

尽管歌唱与言语有不少相似之处，但二者毕竟是两种不同的发音任务，区别还是很明显的。许讲真（1984：13-21）认为，说与唱的发音状态有不同之处。首先，口咽腔动作特点不同，说话时口咽腔动作小、横、前[②]，歌唱时则大、竖、后；其次，咬字发音时字的头腹尾时值不同，平时说话时咬字发音过程快，字的头、腹、尾转换自然、短促，歌唱咬字则字头短、韵母长、字尾清，发音过程慢、时值长；最后，二者的气息运动情况也不同，说话时气息是单向运动，歌唱时则是双向运动[③]。冯葆富等（1981：31）指出，唱歌时的呼吸动作与安静时、言语时的呼吸有所不同。第一，吸气时有较多的吸气肌参加作用，使胸廓的上、中、下肋明显扩张，保证气息吸得深。第二，呼气时处在收缩中的吸气肌群不能放松，它们还要继续收缩用力，以维持胸廓的阔大状态。这也正是许讲真提到的“气息的双向运动”。所

① 在音乐中被称为音乐 CPS（mCPS）。

② 小，指口咽腔部位动作幅度小，口形小，腔体空间容量小；横，指口咽腔部位动作的趋向上下垂直幅度小，口形为较横形状；前，是指口咽腔部位前面用得多。大、竖、后与此相反。（许讲真，1984：14）

③ 单向运动是下意识地将气息自然向外呼出，吹击声带而发出声音；双向运动是指呼气的同时要保持吸气的状态，是向外呼气的推动力量与向内吸气的保持力量互相制约、互相作用的结果。（许讲真，1984：20）

以，歌唱的呼气动作是在吸气和呼气两大肌群相对抗的情况下稳健完成的。

从发音的声学结果来看，歌唱也显著不同于说话。首先，日常说话时字音高低要受到声调、语调等的控制而表现出“音高下倾”（沈炯，1985）和“降阶”（黄贤军等，2007）的趋势，而歌唱时字音高低主要受音符高低的影响，不一定有“音高下倾”的趋势。其次，日常说话时字的时长较短，在不包含停顿的情况下，一般人语流中单个音节的平均时长大概为 160ms—210ms（曹剑芬，2003），而歌唱中的字长受到旋律、节拍的影响，长短不一，有的字甚至可能拖长至几秒。再次，一般说来，歌唱时字音的强度会大于说话时字音强度，说话时还会由于焦点、强调等原因表现出不同的轻重音，而歌唱时的强调和字音轻重则与说话不同，主要受控于旋律和音乐。再次，轻声现象在歌唱和言语中的表现也不同，言语中的轻声一般时长短、音强小，音高可能会受到前后音节的影响而发生一定程度的变化，在语流中还可能弱化甚至脱落。而在歌唱中，轻声字受旋律节拍影响，在时长、强度等方面与非轻声音节基本相同，甚至会比某些非轻音节唱得更长、更重。此外，由于歌曲中的轻声音节一般都对应着某个音符或节奏，所以在歌唱中轻声音节脱落的情况也不很常见。最后，歌唱与说话的音域不同：在日常说话时，人们多利用真声，音域窄一些，男性的说话音域约在 110Hz—145Hz 之间，女性约在 220Hz—295Hz 之间。在歌唱时，人常常会使用假声，因此音域也拓宽很多，大体上是两个或两个半八度，个别的可以达到 3 个八度或更宽（冯葆富等，1981：118）。

综上所述，歌唱和言语既有区别又有联系，因此，研究歌唱时的呼吸特征并将其与言语呼吸作比较就变得很有意义。这不但可以揭示不同任务状态下人类呼吸的变化特征，而且也有助于为歌唱教学提供生理知识上的参考。

5.2　实验说明

5.2.1　实验材料和被试

本实验的主材料为歌曲《向天再借五百年》中的一段，见图 5.1。该歌曲为 4/4 拍①旋律，该段旋律共包含 16 个小节。

图 5.1　《向天再借五百年》实验用词谱

一般说来，不同歌曲在节拍、旋律、情绪、形式上的差异都比较大，我们在实验中选取这首歌的原因在于 4/4 拍的歌曲相对慢一些，各节拍可以唱得比较饱满。此外，抒情性的歌曲在节奏上也相对缓慢一些。所以，实验选取的这首歌有助于我们对数据的测量，可以在一定程度上减少误差。

参加该实验的被试共 5 名，均为男性，年龄在 24—27 岁之间。5 名被试均无呼吸疾病和言语障碍，录音时均未患有影响发音的感冒等疾病；被试均未受过正式的歌唱训练，为非专业歌唱者，但通过练习，他们均能正确把握乐曲旋律和曲调变化；被试实验前要充分练习本段实验材料，歌唱达到熟练程度后再以正常速度歌唱，此时即进行语音和呼吸记录。

① “4/4 拍” 是音乐学中的术语，它是指以四分音符为一拍，每小节有四拍。

5.2.2 数据的采集和标注

本实验数据的采集分为声学数据和呼吸数据两部分，数据采集方法同第 2 章 2.1.4—2.1.5。数据采集完毕后，使用 Praat 软件和 Acqknowledge 软件对材料进行标注，使声学样本与呼吸样本在时间上对应起来（如图 5.2），之后使用上述软件对声学数据和呼吸数据进行提取。

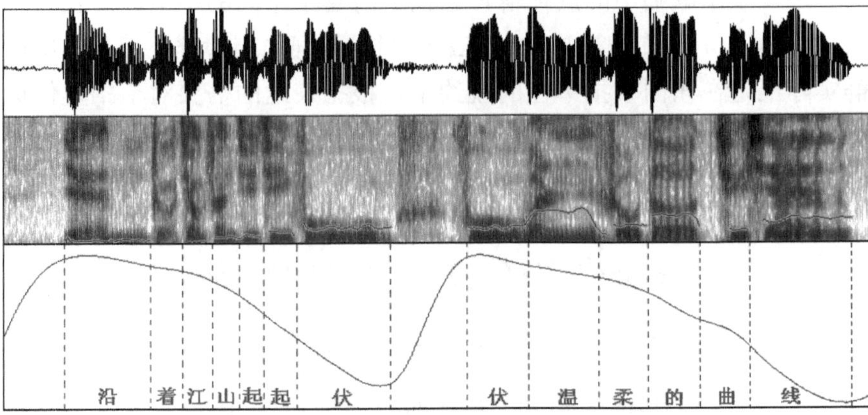

图 5.2 歌唱呼吸样本与声学样本对应图

5.2.3 数据的统计

数据提取完成后，按照第 2 章 2.1.6 的公式和方法计算各位被试歌唱时的呼吸参数，如呼吸时长、呼吸幅度、呼吸斜率等等，之后使用 Excle、SPSS 软件进行统计、作图。

5.3 歌唱呼吸的特征分析

5.3.1 歌唱呼吸曲线的形状及特点

5.3.1.1 旋律群

正如说话有节奏群一样，歌唱也有节奏。不过，与说话不同的是，说话时的节奏受句法、韵律、语义等因素的控制，而歌唱的节奏主要受旋律的控制，我们称之为“旋律群”。但是，旋律群与歌曲的节拍单位并不完全对应，受歌唱者生理因素以及歌唱表达的需要，旋律群往往是可以跨越不同节拍单位的。比如，在本研究中我们发现，歌唱材料共包括 16 个小节，而根据被试歌唱的实际状况，旋律群实际上只有 8 个，它们跨越甚至切分了乐谱中的小节。图 5.3 中，横线下的（1）、（2）……表示歌唱中的旋律群，它们都跨越了不同的小节，而且将第 2、6、10、14 小节分割开来，使之归属于不同的旋律群。可见，旋律群实际上是在乐曲节拍单位的规约下，根据表达的需要对节拍单位进行拆分整合的结果。

1沿着江山起起　2伏	**伏　3温柔的曲　4线**
（1）	（2）
5放马爱的中原　6爱	**的　7北国和江　8南**
（3）	（4）
9面对冰刀雪剑　10风	**雨　11多情的陪　12伴**
（5）	（6）
13珍惜苍天赐给　14我	**的　15金色的华　16年**
（7）	（8）

图 5.3　旋律群与节拍单位对应图

旋律群是比节拍单位（即小节）更大的乐律单位，但旋律群本身也有大有小。旋律群的大小实际上是由乐律的连续性、歌词语义的完整性和感情表达的贯通性相联系的。当两个小旋律群之间存在乐律、语义、感情的连续性时，它们就组成一个更大的旋律群。如本实验中，旋律群（1）到（8）均可视为小旋律群，而（1）与（2）、（3）与（4）、（5）与（6）、（7）与（8）则分别构成四个大旋律群。此外，由于一个乐曲内往往有若干重复的旋律，因此，相同乐谱旋律下的旋律群也是整齐且重复的，如本实验中旋律群（1）与（5）、（2）与（6）、（3）与（7）、（4）与（8），都是完全相同的。

5.3.1.2　呼吸群与旋律群

人类发声时主要的动力都来源于呼吸。歌唱是一种高级的、复杂的发声状态，歌声的发出和旋律的实现更是离不开呼吸的调节。因此，歌唱中的旋律群必然与呼吸单位有着密切的联系。

从 5 位被试的呼吸曲线来看，呼吸曲线严格按照乐谱上的旋律群分为 8 个明显的呼吸段落。这些呼吸段落多数是比较大的呼吸单位，一般对应于前面所说的呼吸群，也有一部分对应于呼吸段，但呼吸节这类比较小的呼吸单位则很少。这是因为，歌唱的呼吸往往是有规律的，不能随意停歇换气，因此类似于言语中那种可有可无的小呼吸段落在歌唱中相对就比较少。就单个呼吸段落来说，它是一个旋律单元的呼吸体现，一个旋律群内的音节都出现在一个呼吸段落之内。因此旋律群的边界也往往是呼吸段落的边界，它们的对应很整齐。由图 5.4 可见，不同被试歌唱时的呼吸曲线一致性较强，大多数都表现为单峰型曲线，比较整齐。总的来看，各呼吸群的峰值相差不大，但谷值却有明显差别。这说明，就某位被试来说，他在每个旋律群发声前，吸入空气后的最大肺容量是相近的。但被试在歌唱不同旋律群时，所用的气流量则是不同的：大旋律群使用的气流量大，曲线下降幅度大，谷值就小；反之，小旋律群使用的气流量小，曲线下降幅度小，谷值就大。

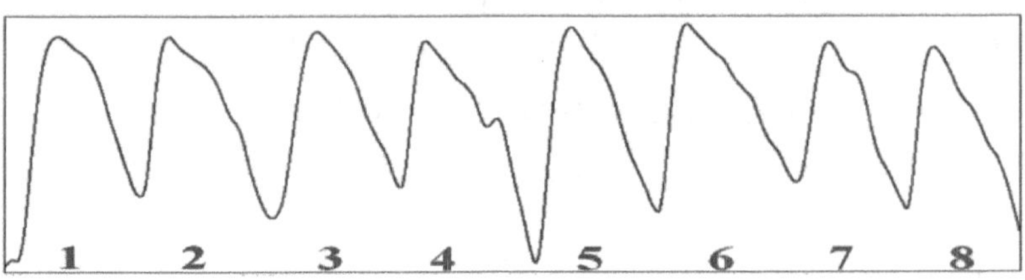

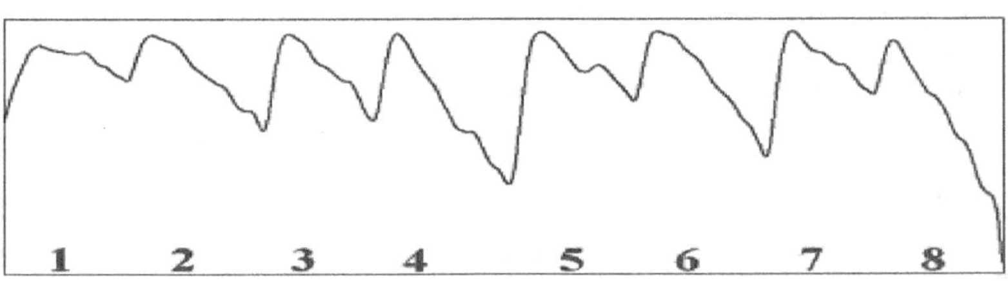

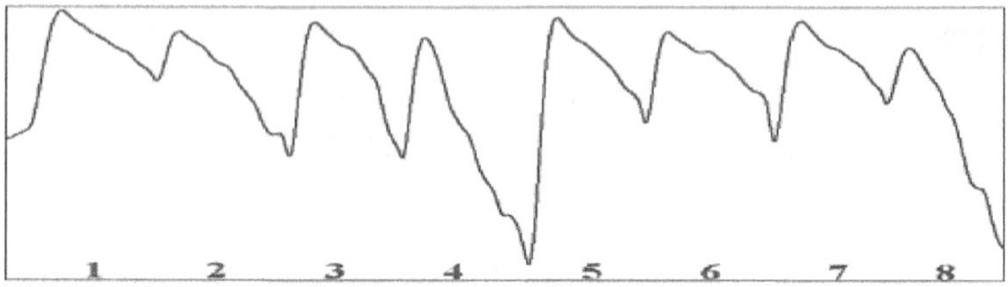

图 5.4　某三位被试歌唱时的呼吸曲线[①]

5.3.2　歌唱呼吸的吸气参数分析

在日常说话中，句与句之间要停顿，句子内部不同部分之间也需要根据韵律、语法、语义、语用等因素加以停顿。语句中的停顿有时表现为吸气，有时也表现为呼气，情况比较复杂。在歌唱中，停顿的现象也很常见。与言语停顿相似，歌唱中的停顿多数是由换气（也即吸气）引起，也可能是由屏气引起。从生理上来说，歌唱中换气出现的原因在于，一段旋律后，歌唱人肺部的气流几乎已经用完，必须立即吸气而保证下面旋律群的演唱。如果继续呼气，就可能在下面的旋律群中造成不适当的停顿而影响歌唱的效果。当然，在歌唱中，换气的作用也不仅仅只是为了补充气体，同时它也是情感表达的一个方式。歌唱中的换气一般是在一个乐句之后进行，有时为了加强语气、渲染气氛，在某一字或某一音上也要停顿换气（许讲真，1984：137）。换气在呼吸曲线上对应于上升的部分，下面我们将具体考察歌唱过程中停顿换气的各呼吸参数及其特征。

首先，从停顿的位置来看，歌唱中的停顿不一定严格出现在歌词的韵律边界或语法、语义边界，而是常常出现在休止符、较长节拍的末尾或旋律群的边界处，有时也根据歌唱表达的需要出现在某一特定的字或音上。如图 5.5，“风雨”是“面对”的宾语，如果在朗读时，停顿必然在“风雨”之后。而在歌唱中，受旋律的影响，换气出现在“风雨”之间，“雨”归属于第二个旋律群。同理，后一句“我的”在

① 图中各呼吸段落下的数字表示该呼吸段落对应的旋律群。

朗读时应与前面“苍天赐给”归属于一个节奏群。而在歌唱中，“我的”则由于旋律的约束而被分开，“我”属于前一个旋律群，“的”属于后一个旋律群。可见，歌唱换气、停顿主要是受旋律和情感表达影响的，尽管有时也参考语法、语义等因素，但总的来说与语言学层面的关系较远。

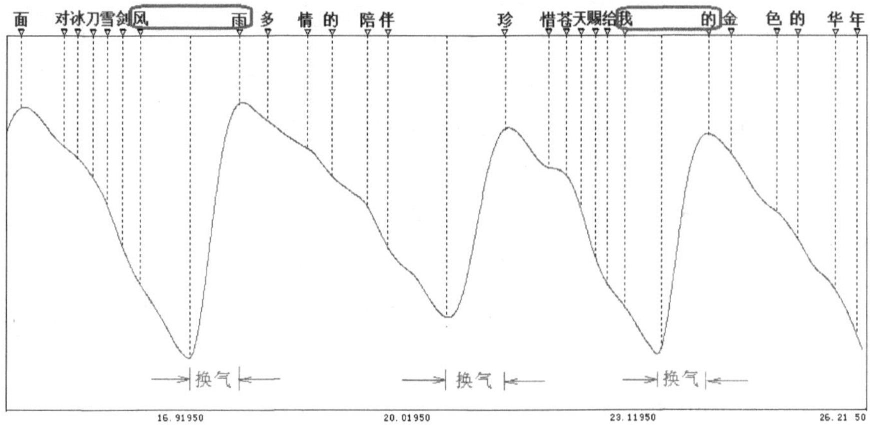

图 5.5 某位被试歌唱换气（吸气）位置图

此外，我们还考察了 5 位被试歌唱时吸气各参数的平均值（见表 5.1）。从时长上看，吸气过程的持续时间基本在 0.55s—0.85s 之间。具体来看，大旋律群的吸气时长长于小旋律群的吸气时长，前者大致分布在 0.70s—0.85s 之间，相当于言语朗读时呼吸群层级的吸气长度；后者大致分布在 0.55s—0.70s 之间，相当于言语朗读时呼吸段层级的吸气长度。这是因为，一般来说，大旋律群具有更为完整、连续的乐律、语义和情感，因此它的停顿时间就更长一些，吸气过程就可以长一些；小旋律群尽管也是独立的旋律单位，但是其乐律、语义以及情感的完整性却没有大旋律群强，因此需要利用尽可能短的时间吸气后继续下面的旋律群。

表 5.1　五位被试歌唱吸气参数平均值表[①]

吸气参数	旋律群 2	旋律群 3	旋律群 4	旋律群 5	旋律群 6	旋律群 7	旋律群 8
时长	0.623	0.715	0.597	0.820	0.650	0.719	0.578
幅度	0.417	0.498	0.430	0.741	0.448	0.511	0.402
斜率	0.691	0.707	0.730	0.921	0.684	0.724	0.703

从吸气幅度上来看，歌唱的幅度一般都很大，基本都在 0.40 以上，全呼吸较多。歌唱中的吸气幅度也与旋律群层级的大小有关，大旋律群的吸气幅度要大一些，小旋律群的吸气幅度要小一些，前者多在 0.50 以上，而后者基本在 0.40—0.45 之间。由于吸气时长和幅度都受到旋律群大小的影响，因此我们对它们进行了相关分析，结果显示，歌唱中的吸气时长与幅度在 0.01 的水平上显著正相关，r=0.573，p<0.001。吸气幅度（a）与吸气时长（t）间的大致换算关系为 a =0.467+0.415t（见图 5.6）。这说明，当吸气时长大时，吸气幅度也大；当吸气时长小时，吸气幅度也小。

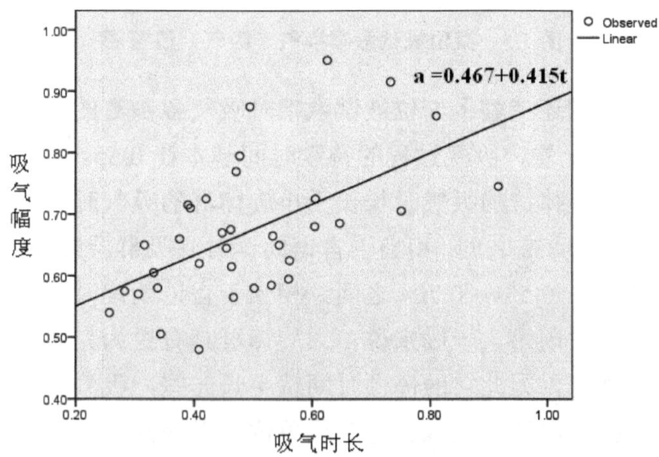

图 5.6　歌唱吸气时长与吸气幅度拟合线

① 由于被试歌唱前是处于休息状态的，各被试的呼吸状态有所差别，旋律群 1 前的吸气特征就不宜纳入歌唱吸气状态中进行考察，因而吸气各项数据以呼吸群 2 为记录起始。

从吸气斜率上来看，吸气斜率多半都在 0.7 以上，陡升所占比重很大，吸气速率很快。快速率的吸气是符合歌唱特点所要求的，这是因为歌唱与平时说话不同，歌唱中旋律之间的连续性是很强的，中断不宜过长，否则会影响歌唱效果，因此快速率的吸气既满足了快速补充气体的要求，又满足了减小停顿的要求。总的来看，吸气斜率也与旋律群的大小存在一定关系，大旋律群的吸气斜率大，小旋律群的吸气斜率小。我们又分别考察了吸气斜率与吸气时长、幅度的相关关系，结果显示，吸气斜率与吸气时长无显著相关关系（$r=0.056$，$p>0.05$），而与吸气幅度在 0.01 的水平上存在显著的正相关关系，$r=0.833$，$p<0.001$。吸气斜率（k）与吸气幅度（a）间的大致换算关系为 $k=-0.038+0.721a$（见图 5.7）。这说明，当吸气幅度增大时，吸气斜率也增大；反之，则减小。

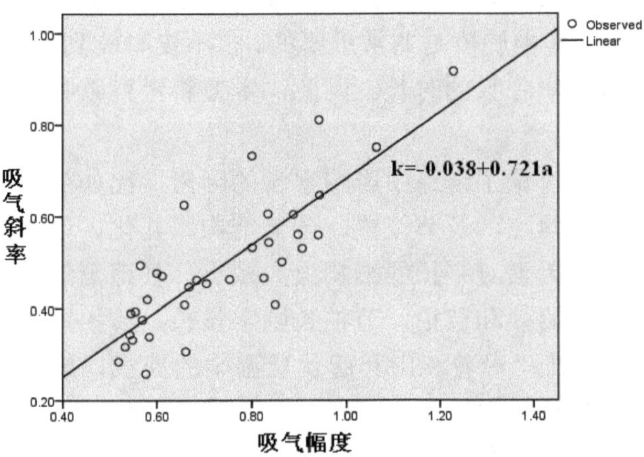

图 5.7　歌唱吸气幅度与吸气斜率拟合线

此外，我们还发现，乐谱重复的旋律群，如旋律群（2）与（6）、（3）与（7）、（4）与（8），它们的吸气段的各项参数都比较接近（见图 5.8）。这说明，被试在唱相同旋律群的时候，采取的吸气策略是大致相同的，这反过来也保证了相同旋律群所表现出的整齐性和重复性。

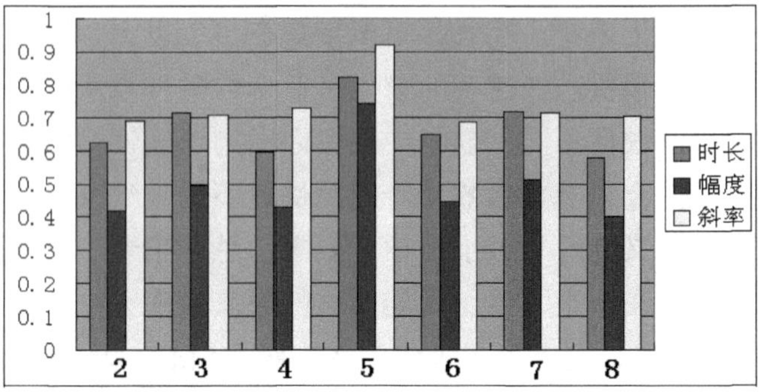

图 5.8 各旋律群吸气参数示意图①

5.3.3 歌唱呼吸的呼气参数分析

5.3.3.1 歌唱呼吸的呼气时长分析

影响歌唱呼吸时长的因素是非常多的，比如生理因素、旋律因素、情感因素等等，其中旋律是非常重要的。它不仅影响到乐曲中的字长，而且也关系到歌唱呼吸的时长。因此，本节将考察歌唱中的单字、旋律群的呼气时长。

本书第 3 章讨论了语篇中影响字长的因素，比如韵律单位边界、字音轻重、语义焦点、音节位置、音节结构、儿化、语速等。可是，在歌唱时，这些因素对字长的影响大大减小，甚至消失，决定乐曲中字长的因素则是旋律和节拍，节拍长则字长长，节拍短则字长短（见表 5.2）。比如在“沿着江山起起伏伏温柔的曲线，放马爱的中原爱的北国和江南”这句中，朗读时，“山、伏 2②、线、原、国、南”等字由于处在韵律短语和语调短语的边界，字长都应该有所延长。可是在乐曲中，这些在韵律边界处本应延长的字的时长表现却大不一样。除了“线（0.90s）、南（0.85s）”占据 3 个节拍③而具有较长的时长

① 图中柱形图下的数字表示各旋律群的编号。

②“伏 2”表示第二个“伏”字。

③ 本实验中，“伏 2、爱 2、风、我、年”这 5 个字在曲谱上的节拍数为 3 拍，而实际在演唱时，被试在这些字上换气停顿占去 1 拍，实际为 2 拍。“线、南、伴”这 3 个字在曲谱上的节拍数为 4 拍，而实际在演唱时，被试在这些字上换气停顿，占去 1 拍，实际为 2—3 拍。（实际节拍的多少受被试不同而略有不同）

外，其他几个都由于节拍短而时长较短（山 0.21s、伏 0.47s、原 0.25s、国 0.28s），和其他处在非韵律边界处的音节呼气时长并无显著差异。又如，朗读中的轻声字时长表现为短而轻的特征，而乐曲中的轻声字受节拍支配，有时甚至会长于非轻声字。如本段中共 6 个“的”，除一个是半拍、时长为 0.22s 外，其他几个的平均时长为 0.47s，比句中的某些非轻声字的时长还要长。

表 5.2 五位被试歌曲中各音节平均呼气时长（单位：秒）

节拍	1.5	0.5	0.5	0.5	0.5	0.5	3	1	1.5
音节	沿	着	江	山	起	起	伏	伏	温
时长	0.59	0.25	0.22	0.21	0.21	0.24	0.77	0.47	0.59
节拍	0.5	1.5	0.5	4	1.5	0.5	0.5	0.5	0.5
音节	柔	的	曲	线	放	马	爱	的	中
时长	0.33	0.55	0.28	0.90	0.60	0.28	0.21	0.22	0.22
节拍	0.5	3	1	1.5	0.5	1	1	4	1.5
音节	原	爱	的	北	国	和	江	南	面
时长	0.25	0.63	0.35	0.64	0.28	0.57	0.30	0.85	0.57
节拍	0.5	0.5	0.5	0.5	0.5	3	1	1.5	0.5
音节	对	冰	刀	雪	剑	风	雨	多	情
时长	0.23	0.22	0.20	0.20	0.23	0.81	0.33	0.58	0.36
节拍	1.5	0.5	4	1.5	0.5	0.5	0.5	0.5	0.5
音节	的	陪	伴	珍	惜	苍	天	赐	给
时长	0.53	0.32	0.82	0.53	0.27	0.25	0.21	0.22	0.25
节拍	3	1	1.5	0.5	1	1	4		
音节	我	的	金	色	的	华	年		
时长	0.74	0.33	0.64	0.37	0.58	0.32	0.67		

根据本实验测得的单字呼气时长可知，一般说来，半拍的字长约在 0.2s—0.4s 之间，以 0.2—0.3s 为主；一拍在 0.3s—0.5s 之间，以 0.3—0.4s 为主；一拍半在 0.5s—0.65s 之间，以 0.5—0.6s 为主；两拍在 0.6s—0.8s 之间，以 0.7—0.8s 为主；三拍在 0.8s—0.9s 之间。可见，

不同节拍之间的字长不一定是整数倍的关系，而是存在一定范围的交叠，但总的来说，各拍节字长的分布还是集中在某一特定区域内的，彼此间可大致区分开（如图 5.9）。

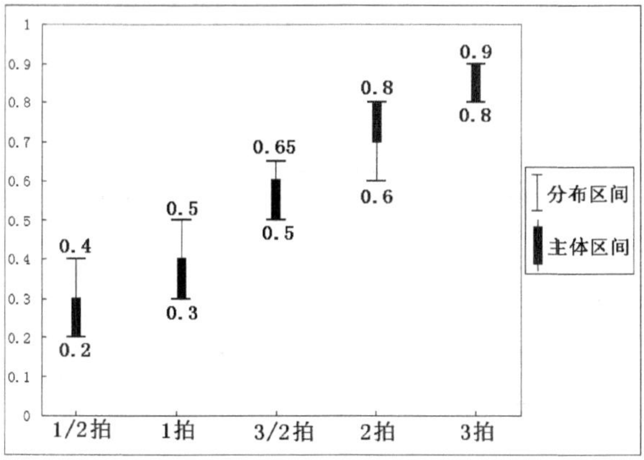

图 5.9　各节拍音节呼气时长分布图

此外，我们还发现，由于受到旋律的支配，不仅相同节拍下的字长基本一致，而且旋律中的字长比例也随着节拍的变化而变化，比较规整。因此，相同旋律群内所表现出的字长变化也是一致的。如图 5.10 中，旋律群 1、3、5、7 的音节呼气时长走势变化是基本相同的，而旋律群 2、4、6、8 的音节呼气时长走势也是十分相似的。

为了验证图 5.10 中的规律，我们进一步对相同旋律群内的字长作了相关分析（见表 5.3），结果显示，具有相同旋律的旋律群，它们在内部音节呼气时长上的相关性非常高。本实验语料中的奇数旋律群具有相同的节奏旋律，它们在 0.01 的水平上显著正相关，相关性系数均在 0.750 以上；偶数旋律群也具有相同的节奏旋律，它们也在 0.01 的水平上显著正相关，相关系数均在 0.600 以上。这说明，上述观察到的规律是正确的，即无论音节本身的时长如何，只要它们处在相同的节拍下，它们的呼气时长就会表现出大致相同的趋势。而当两段旋律群节奏相同时，无论歌词中的音节本身时长如何，旋律群表现出的呼气时长走势变化也是基本相同的。

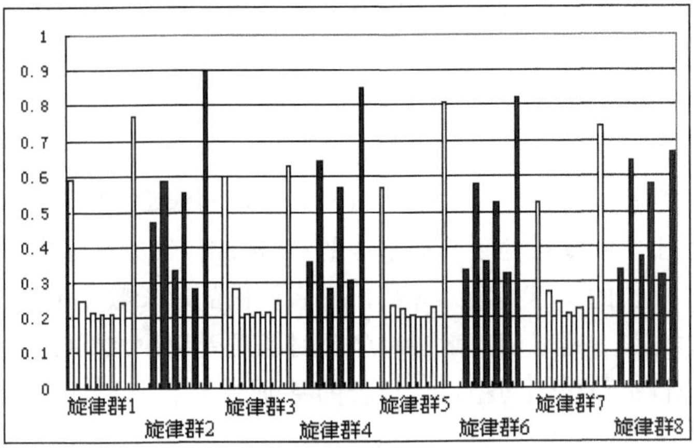

图 5.10　旋律群内各音节呼气时长走势图

表 5.3　相同旋律群内音节呼气时长相关性统计表

奇数旋律群	旋律群 1	旋律群 3	旋律群 5	旋律群 7
旋律群 1	1.000	0.949**	0.976**	0.841**
旋律群 3		1.000	0.917**	0.780**
旋律群 5			1.000	0.858**
旋律群 7				1.000

**双尾检验，相关性在 0.01 的水平上显著。

偶数旋律群	旋律群 2	旋律群 4	旋律群 6	旋律群 8
旋律群 2	1.000	0.816**	0.827**	0.622**
旋律群 4		1.000	0.834**	0.854**
旋律群 6			1.000	0.735**
旋律群 8				1.000

**双尾检验，相关性在 0.01 的水平上显著。

与言语呼吸一样，歌唱的有声部分都出现在呼气段上。因此，歌唱呼吸的呼气时长也就基本为歌唱时有声部分的时长。由于旋律群是由旋律群内部的各音节构成的，所以某旋律群所对应的呼气时长也就基本等于该旋律群内各音节的呼气时长。这里，我们可以根据上述对音节呼气时长的考察分析歌唱时旋律群的总体呼气时长表现。

从旋律群的总体呼气时长上看，它们大概分布在 2.5s—3.5s 之间（见图 5.11）。具体来看，奇数旋律群的呼气时长较短，各旋律群的时长非常接近，平均为 2.58s；偶数旋律群的呼气时长较长，各旋律群的时长也非常接近，平均为 3.16s。奇数旋律群与偶数旋律群之间的时长差异则是由实际拍数的不同而造成的，奇数旋律群的实际拍数为 6 拍，而偶数旋律群的实际拍数为 8 拍，二者差出的时长数差不多正是两拍所占据的时长。这表明，歌唱呼气的时长是受旋律控制的，相同旋律下的旋律群呈现出倾向稳定、等长的特征。

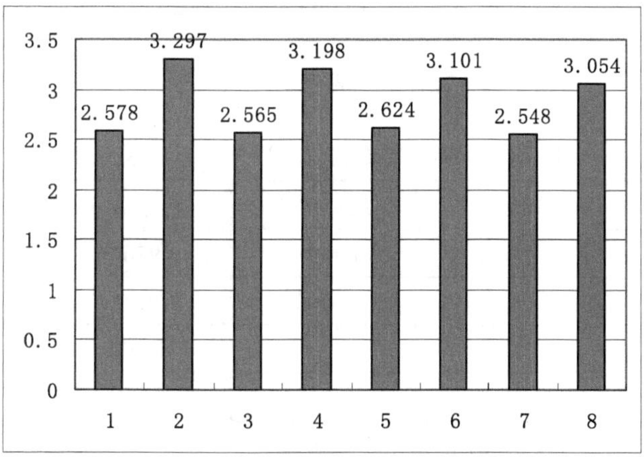

图 5.11　各旋律群的整体呼气时长图

5.3.3.2　歌唱呼吸的呼气幅度分析

就歌唱时各个音节的呼气幅度来看，也与呼气时长有相似的特点，即呼气幅度也随旋律节拍的变化而有不同的表现。大体来说，音节的节拍越长，它所对应的呼气幅度越大；音节的节拍越短，它所对应的呼气幅度越小（见表 5.4）。

表 5.4 五位被试歌曲中各音节平均呼气幅度

节拍	1.5	0.5	0.5	0.5	0.5	0.5	3	1	1.5
音节	沿	着	江	山	起	起	伏	伏	温
幅度	0.08	0.02	0.02	0.03	0.03	0.04	0.14	0.06	0.10
节拍	0.5	1.5	0.5	4	1.5	0.5	0.5	0.5	0.5
音节	柔	的	曲	线	放	马	爱	的	中
幅度	0.05	0.11	0.06	0.17	0.10	0.05	0.02	0.04	0.04
节拍	0.5	3	1	1.5	0.5	1	1	4	1.5
音节	原	爱	的	北	国	和	江	南	面
幅度	0.04	0.18	0.04	0.17	0.06	0.13	0.03	0.28	0.10
节拍	0.5	0.5	0.5	0.5	0.5	3	1	1.5	0.5
音节	对	冰	刀	雪	剑	风	雨	多	情
幅度	0.03	0.03	0.03	0.04	0.04	0.17	0.04	0.07	0.05
节拍	1.5	0.5	4	1.5	0.5	0.5	0.5	0.5	0.5
音节	的	陪	伴	珍	惜	苍	天	赐	给
幅度	0.11	0.07	0.21	0.10	0.03	0.04	0.04	0.04	0.04
节拍	3	1	1.5	0.5	1	1	4		
音节	我	的	金	色	的	华	年		
幅度	0.14	0.06	0.16	0.07	0.20	0.06	0.23		

一般来说，半拍音节的平均呼气幅度约在 0.02—0.05 之间，以 0.02—0.04 为主，偶尔会出现更大的幅度；一拍约在 0.04—0.06 之间，以 0.05—0.06 为主；一拍半约在 0.10—0.20 之间，主体为 0.10—0.15 之间；两拍约在 0.15—0.20 之间；三拍约在 0.20—0.25 之间。相邻节拍单位的呼气幅度可能存在一定的交叠，但总体上还是各有分布，彼此可以区分开来（见图 5.12）。

受到旋律的支配，不仅相同节拍下音节的呼气幅度趋向一致，且旋律中音节呼气幅度的比例也随着节拍的变化而变化，比较整齐，相同旋律群内所表现出的音节呼吸幅度变化也是一致的。如图 5.13 中，奇数旋律群具有相同的节奏旋律，它们的呼气幅度变化规律较为一致；偶数旋律群也具有相同的节奏旋律，它们的呼气幅度变化趋势也比较一致。

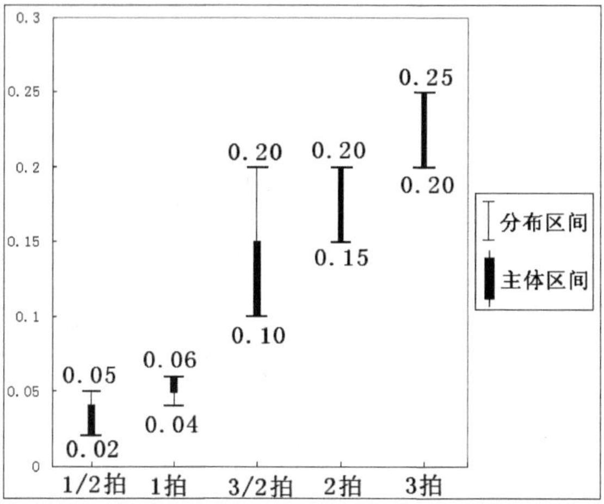

图 5.12　各节拍音节呼气幅度分布图

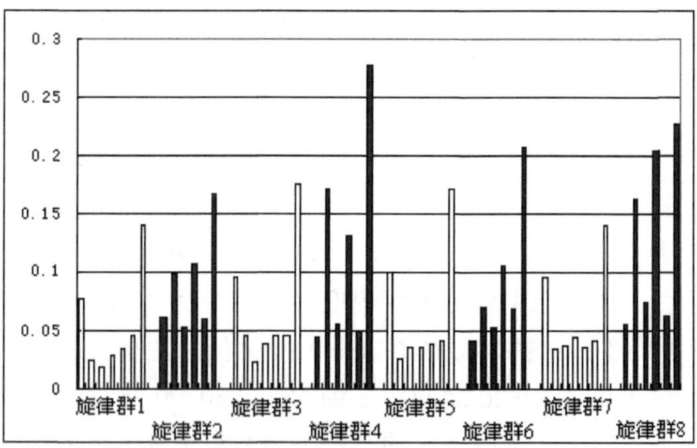

图 5.13　旋律群内各音节呼气幅度走势图

相关分析的结果显示，具有相同旋律的旋律群，其内部音节呼气幅度的一致性很强（见表 5.5）。本实验语料中的奇数旋律群在 0.01

的水平上显著正相关，相关性系数均在 0.700 以上；偶数旋律群在 0.01 和 0.50 的水平上显著正相关，相关性系数分别在 0.600 和 0.450 以上。相关性检验的结果证明，无论歌曲中的音节本身如何，只要它们处在相同的节拍下，其呼气幅度就表现出趋同的倾向，尽管有时位置靠后的音节所表现出的呼气幅度更大一些。而当两段旋律群节奏相同时，无论歌词中的音节本身如何，旋律群表现出的呼气幅度走势变化也是基本相同的。

表 5.5 相同旋律群内音节呼气幅度相关性统计表

奇数旋律群	旋律群 1	旋律群 3	旋律群 5	旋律群 7
旋律群 1	1.000	0.762**	0.881**	0.786**
旋律群 3		1.000	0.898**	0.729**
旋律群 5			1.000	0.827**
旋律群 7				1.000

**双尾检验，相关性在 0.01 的水平上显著。

偶数旋律群	旋律群 2	旋律群 4	旋律群 6	旋律群 8
旋律群 2	1.000	0.721**	0.496*	0.701**
旋律群 4		1.000	0.646**	0.629**
旋律群 6			1.000	0.462*
旋律群 8				1.000

**双尾检验，相关性在 0.01 的水平上显著。

*双尾检验，相关性在 0.05 的水平上显著。

在考察了旋律群内各个音节的呼气幅度后，我们就可以从整体上分析旋律群的呼气幅度特征。由于旋律群是由旋律群内部的各音节构成的，所以某旋律群所对应的呼气幅度也就大致等于该旋律群内各音节的呼气幅度之和。从旋律群的呼气幅度上看，它们的 H 值大概分布在 0.4—0.8 之间（见图 5.14）。具体来看，奇数旋律群的呼气幅度较小，各旋律群的幅度比较接近，基本在 0.40 左右，平均呼气幅度为 0.424；偶数旋律群的呼气幅度较大，各旋律群的幅度分布较为离散，彼此间相差有一定的幅度，但偶数旋律群的幅度全部大于奇数旋律群的幅度，平均为 0.655。奇数旋律群与偶数旋律群之间的幅度差异也与歌唱时的实际拍数有关，奇数旋律群的实际拍数为 6 拍，偶数旋律群的实际拍数为 8 拍。由于音节节拍的长度与其所对应的呼气幅度的 H 值正相关，因此奇数旋律群的呼气幅度小于偶数旋律群。这表明，歌唱呼气的幅度也是受旋律控制的，相同旋律下的旋律群呈现出倾向稳定、等幅的特征。

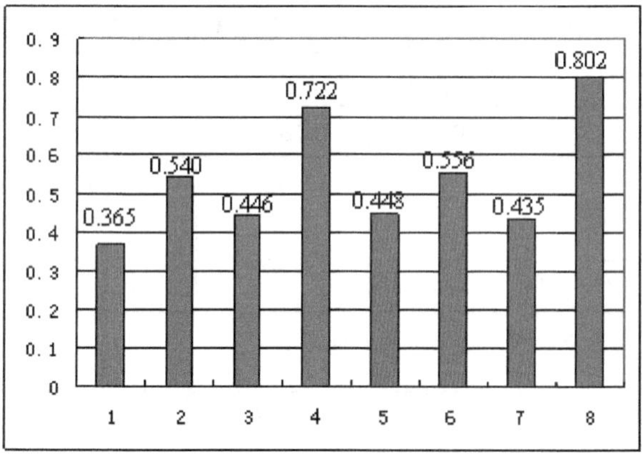

图 5.14　各旋律群的整体呼气幅度图

5.3.3.3　歌唱呼吸的呼气斜率分析

总的来看，旋律群各音节在呼气中没有陡降型呼气曲线（陡降为斜率大于 0.4 的），多为缓降，其中又以斜率为 0.1—0.25 的缓降型曲线为主，约占总数的 78.8%（见表 5.6）。从节拍与呼气斜率的关系上来看，二者关系不明显。但是，歌曲中各音节的呼气斜率却与音节所处的位置有一定的关系：大致说来，一段旋律中前边音节的斜率较小，后边音节的斜率较大，呼吸边界处末音节的呼气斜率最大。此外，在歌唱呼吸中，相同旋律群的呼气斜率变化有相似的表现（见图 5.15）。

我们对不同旋律群的呼气斜率也进行了相关分析（见表 5.7），结果显示，奇数旋律群彼此间有很强的一致性，表现为在 0.01 的水平上，各奇数旋律群呼气斜率的相关系数都在 0.550 以上。而偶数旋律群彼此间的相关性弱一些：旋律群 2 与其他偶数旋律群都有相关性，旋律群 4 与旋律群 8 也存在相关性，而旋律群 6 与旋律群 4、旋律群 8 均没有明显的相关性。因此，总体来看，与呼气时长和幅度不同，相同节拍下各音节的呼气斜率没有较一致的趋向。但无论音节本身如何，其呼气斜率都是与音节位置有关的，前面音节的呼气斜率小于后面的，而边界前音节的呼气斜率则是最大的。受到旋律的支配，相同旋律群所表现出的音节呼吸斜率变化有一定的相似性，比较整齐。

表 5.6　五位被试歌曲中各音节平均呼气斜率

节拍	1.5	0.5	0.5	0.5	0.5	0.5	3	1	1.5
音节	沿	着	江	山	起	起	伏	伏	温
斜率	0.13	0.09	0.08	0.13	0.17	0.18	0.19	0.13	0.16
节拍	0.5	1.5	0.5	4	1.5	0.5	0.5	0.5	0.5
音节	柔	的	曲	线	放	马	爱	的	中
斜率	0.15	0.20	0.19	0.23	0.16	0.17	0.11	0.18	0.22
节拍	0.5	3	1	1.5	0.5	1	1	4	1.5
音节	原	爱	的	北	国	和	江	南	面
斜率	0.18	0.28	0.14	0.28	0.20	0.23	0.17	0.34	0.17
节拍	0.5	0.5	0.5	0.5	0.5	3	1	1.5	0.5
音节	对	冰	刀	雪	剑	风	雨	多	情
斜率	0.11	0.16	0.17	0.18	0.17	0.22	0.12	0.12	0.15
节拍	1.5	0.5	4	1.5	0.5	0.5	0.5	0.5	0.5
音节	的	陪	伴	珍	惜	苍	天	赐	给
斜率	0.19	0.21	0.25	0.18	0.13	0.17	0.21	0.18	0.16
节拍	3	1	1.5	0.5	1	1	4		
音节	我	的	金	色	的	华	年		
斜率	0.21	0.16	0.25	0.20	0.36	0.20	0.32		

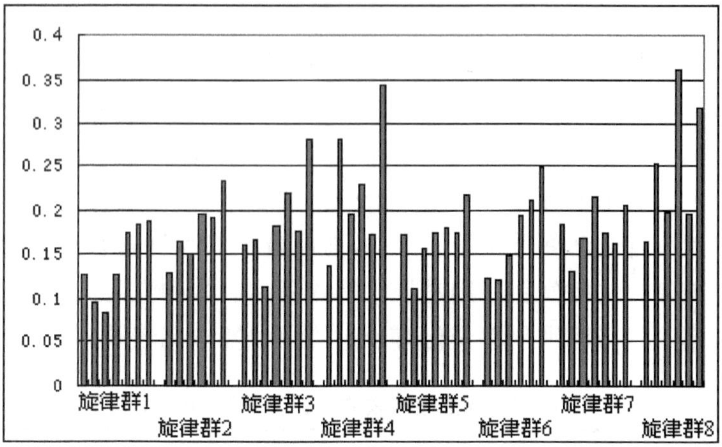

图 5.15　旋律群内各音节呼气斜率

表 5.7　相同旋律群内音节呼气斜率相关性统计表

奇数旋律群	旋律群 1	旋律群 3	旋律群 5	旋律群 7
旋律群 1	1.000	0.584**	0.762**	0.654**
旋律群 3		1.000	0.736**	0.614**
旋律群 5			1.000	0.694**
旋律群 7				1.000

注：**双尾检验，相关性在 0.01 的水平上显著。

偶数旋律群	旋律群 2	旋律群 4	旋律群 6	旋律群 8
旋律群 2	1.000	0.473**	0.586*	0.366**
旋律群 4		1.000	0.254	0.417*
旋律群 6			1.000	0.248
旋律群 8				1.000

注：**双尾检验，相关性在 0.01 的水平上显著。

*双尾检验，相关性在 0.05 的水平上显著。

下面，我们考察整个旋律群的呼气斜率特征。总体来看，各旋律群的呼气斜率基本在 0.14～0.27 之间，属于缓降型呼气曲线，小于朗读时呼吸群的平均斜率（见图 5.16）。具体来看，奇数旋律群的呼气斜率较小，各旋律群的斜率相对比较接近，范围都在 0.20 以下，平均呼气斜率为 0.168；偶数旋律群的呼气斜率都大于其前部的奇数旋律群，但各旋律群的斜率分布较为离散，部分旋律群的呼气斜率在 0.20 之上，甚至高于 0.25，其平均呼气斜率为 0.210。如果从更大范围考察，即考察大旋律群的话，我们发现，大旋律群的呼气斜率大小排序为：大旋律群 1<大旋律群 3<大旋律群 2<大旋律群 4。综合前面小旋律群的分析结果，我们发现，被试在偶数大、小旋律群上表现出的呼气斜率更大，而在奇数大、小旋律群上表现得较小，说明偶数旋律群承担着更重要的边界信息和更完整的旋律信息。可见，歌唱呼气的斜率与旋律群的大小、位置及旋律完整性有关，相同旋律下的旋律群呈现出较为一致的呼气特征。

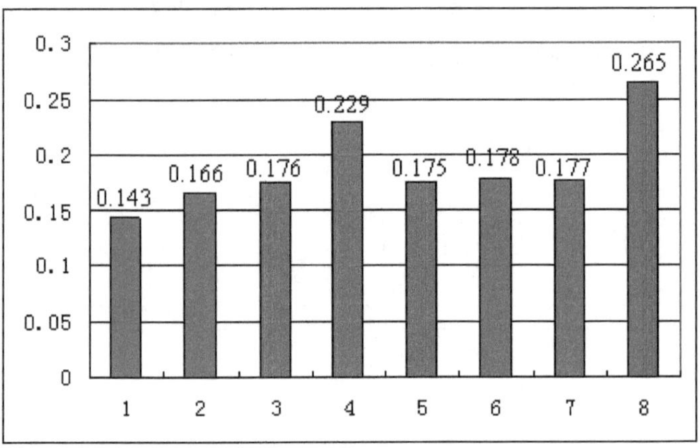

图 5.16 各旋律群的整体呼气斜率图

5.4 歌唱呼吸与言语呼吸的对比分析

发声呼吸是一种特殊方式的呼吸。它既可以是受人思想、意识和感情控制而产生的行为（如：言语、歌唱的呼吸），又可以是在各种刺激作用下发生的反射性动作（如：打喷嚏、打呵欠、咳嗽时的呼吸）。

在进行这种呼吸的同时，呼吸器官除了继续执行气体交换这一生物学的基本功能之外，还要完成发声的功能（冯葆富等，1981：28）。尽管歌唱呼吸与言语呼吸都受思想、意识和感情的控制，但是歌唱呼吸受乐曲旋律的影响而表现出与一般言语发声呼吸不同的特点。本节将在上节分析歌唱呼吸特点的基础上，探讨歌唱呼吸与言语呼吸的差异。

5.4.1　歌唱与言语呼吸曲线形状的比较

如 5.3.1 所述，歌唱呼吸曲线的形状特点是整齐的单峰型曲线，这与平静呼吸曲线有相似点。但是，尽管二者都表现为单峰型曲线，而呼气相与吸气相的时长比例却不同：平静呼吸时的呼气与吸气的时长比例较为接近，而歌唱呼吸的呼气相明显长于吸气相。此外，平静呼吸的呼、吸斜率相差不多，都属于缓升/降型曲线，而歌唱吸气斜率很大，为陡升型曲线，呼气则非常平缓，是缓降型曲线（如图 5.17）。

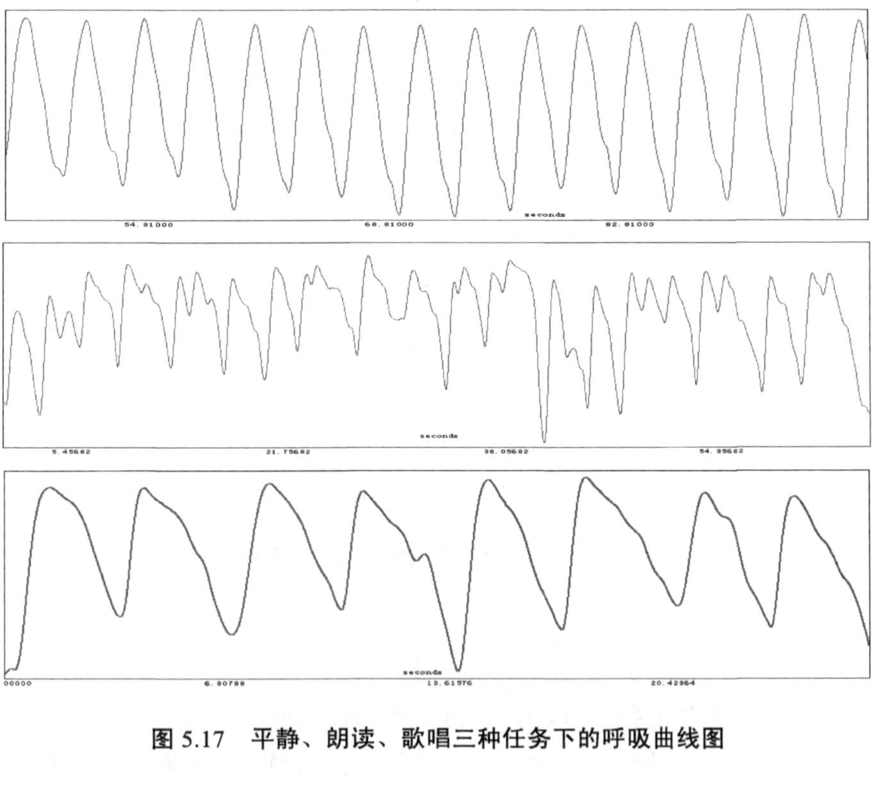

图 5.17　平静、朗读、歌唱三种任务下的呼吸曲线图

与言语朗读呼吸曲线相比较，歌唱和言语呼吸曲线都表现为呼气相长于吸气相。但是，与言语呼吸曲线不同的是：首先，言语呼吸曲线中的呼吸群峰型多样，有单峰型也有多峰型，而歌唱呼吸曲线的呼吸群更多地表现为单峰型，且比较整齐；其次，不同被试在歌唱时的呼吸曲线形状比言语时的一致性更强，说明受旋律控制，被试歌唱呼吸的自我发挥空间受到限制，不似言语时的多变；再次，受乐曲中旋律重复现象的影响，歌唱呼吸中若干个大旋律群的呼吸曲线具有准周期性重复的特点，而言语呼吸曲线中则没有这种情况；最后，歌唱中的呼吸群、呼吸段一般比较固定地对应乐曲中的某个旋律群，而在言语中几乎没有某呼吸段落固定地对应某个言语段的现象。

此外，歌唱旋律群与朗读节奏群的另一个明显不同在于，它并不是与韵律、语法、语义结构完全对应的，而是受乐曲旋律支配的。因此，韵律、语法、语义等语言学层面的规则一般较少影响到旋律组块的划分，音乐层面上的旋律群与语言层面上的节奏群是不一定对应的，“跨界”的现象也比较常见。如图 5.18，如果从语言学层面来划分，这句话应该表示为“沿着江山 / 起起伏伏 / 温柔的曲线”，而在乐曲中则分为“沿着江山起起伏 / 伏温柔的曲线”。后者两个“伏”由于处在不同的旋律群中而被分隔开来，分别出现在第一个呼吸群的末尾和第二个呼吸群的开始，它们并不受语言学规律的制约而跨界。

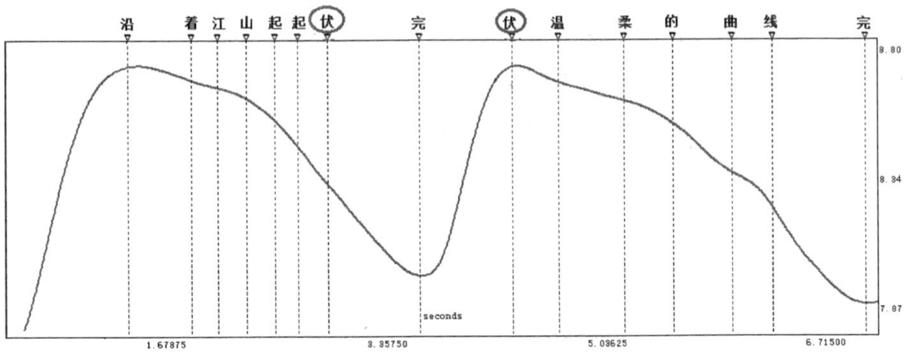

图 5.18 旋律群与节奏群的不对应现象

实际上，言语朗读时的呼吸特点还与具体朗读的文本体裁有关。谭晶晶等（2008）曾比较了汉语朗读中韵文和非韵文的呼吸特点[①]，发现韵文与非韵文在朗读呼吸节奏特点上是不同的。由谭晶晶等（2008）的研究，我们认为，由于韵文在字数、节律、结构等方面是十分接近的，所以韵文的呼吸更为整齐。由图 5.19 中诵诗的呼吸可见，呼吸中共有四个明显的呼吸段落，它们分别对应五言诗的四个诗句。这些呼吸段落均表现为单峰型，吸气时长短，呼气时长长，呼吸幅度较为接近，斜率表现为吸气大于呼气，呼吸曲线表现出一致性强、准周期性等特点，这与歌唱呼吸特征比较相似。这说明，与非韵文不同，韵文和歌唱都由于本身有着特定且重复的节律而使诵读或歌唱的呼吸受到规约，从而表现出规律性较强的呼吸曲线。

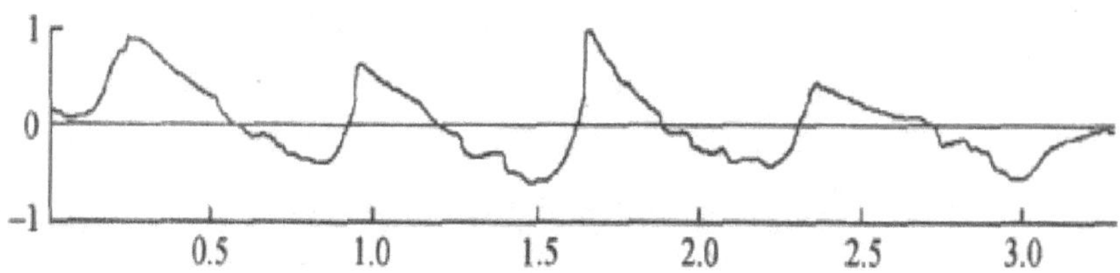

图 5.19　五言诗呼吸信号图[②]

但是，从与呼吸段落对应的节律组块划分的角度来说，歌唱的旋律群受乐曲旋律、节拍等的影响，是可以有跨界现象的，一个旋律群内的言语段落并不一定是语法、语义、韵律等意义上的段落。而韵文则不同，它与言语朗读时的情况更为接近，受语法、语义、韵律等的影响，一个呼吸段落内一定不会有跨界的现象存在。因此，我们认为，韵文的呼吸兼有非韵文和歌唱两种状态下的特点，是处于二者之间的一种过渡状态。

① 谭晶晶等(2008)研究的韵文包括近体诗(五言律诗、七言律诗、五言绝句、七言绝句)、词（小令、中调、长调），非韵文包括小说、散文和新闻。

② 引自谭晶晶等（2008）。

5.4.2 歌唱与言语呼吸吸气过程及参数的比较

如上文所述，歌唱状态下的吸气基本都是比较大的呼吸单位，呼吸节很少出现，多数为呼吸群或呼吸段。一般来说，小旋律群后的吸气形式多为呼吸段，大旋律群后的吸气形式多为呼吸群。因此，如果以言语中朗读状态下的吸气参数为对照，我们可以发现，言语和歌唱状态下的吸气参数是有差异的（见表 5.8）。具体表现在：（1）从吸气时长上看，歌唱呼吸群和呼吸段的长度都短于朗读，说明歌唱换气的时间被压缩得更短；（2）从吸气幅度上看，歌唱呼吸群短于朗读，而歌唱呼吸段长于朗读，说明较朗读状态来说，歌唱吸气幅度在各个旋律群间更为平均、稳定；（3）从吸气斜率上看，歌唱呼吸群与朗读基本相等，歌唱呼吸段大于朗读，说明歌唱换气时的吸气速率更快。

表 5.8 歌唱与朗读吸气参数比较

状态	时长		幅度		斜率	
	呼吸群	呼吸段	呼吸群	呼吸段	呼吸群	呼吸段
朗读	0.81	0.66	0.67	0.32	0.85	0.65
歌唱	0.75	0.61	0.58	0.43	0.85	0.70

可见，歌唱的吸气参数反映了歌唱的吸气特点：吸气时间短、速率大、幅度较稳定，保证了歌唱过程中气流的稳定、充足和歌唱的连续性。

5.4.3 歌唱与言语呼吸呼气过程及参数的比较

从呼气时长上来看（见表 5.9），歌唱呼气时长远远大于朗读呼气时长，对于较大旋律群，其时长比言语朗读时呼吸群的时长长出 1 秒，较小旋律群的呼气时长几乎是朗读呼吸段时长的 2 倍，甚至比朗读呼吸群的呼气时长还要长。这说明，受旋律和表达的控制，歌唱的发声时长要远远长于朗读的发声时长，这样才能保证歌唱的流畅性和连续性。

表 5.9　歌唱与朗读呼气参数比较

状态	时长		幅度		斜率	
	呼吸群	呼吸段	呼吸群	呼吸段	呼吸群	呼吸段
朗读	2.16	1.37	0.68	0.33	0.28	0.27
歌唱	3.16	2.58	0.66	0.42	0.21	0.17

从呼气幅度上看（见表 5.9），歌唱呼气幅度与朗读呼气幅度相近，歌唱呼吸群稍小于朗读，歌唱呼吸段大于朗读。这与二者在吸气幅度上的表现是一致的。因此，从呼气和吸气两方面来说，歌唱吸气幅度比朗读时的变化性小，各旋律群间的呼吸幅度更为稳定。

从呼气斜率上看（见表 5.9），歌唱呼气斜率都小于朗读的，基本都表现为缓降。歌唱呼气斜率的数据分布较集中，其规律性、一致性更强，这保证了一段旋律中呼吸的平衡性和持续性。我们还发现，歌唱呼气过程中也存在少量的陡降型呼气曲线，它们一般都出现在大旋律群的末尾，而前面的部分一般都是缓降，这与朗读呼吸斜率有一定的相似性。

可见，歌唱呼气的参数反映了歌唱时的呼气特点，即呼气时间长、速率小、幅度较稳定。这保证了歌唱过程中气流的充足和合理分配，呼气过程的调节使歌唱具有连续性，从而可以增强歌唱的表达效果。

5.5　小　结

本章对 5 位男性被试歌唱时的呼吸做了分析，得到以下结果：

1. 歌唱的节奏体现为旋律群，一个旋律群对应于一个呼吸段落，二者对应非常整齐。歌唱呼吸曲线多为单峰型曲线，各呼吸段落峰值相差不大，但谷值有可能相差较多。旋律群在呼吸上一般表现为呼吸群、呼吸段等较高层级的呼吸单位，不同被试的歌唱呼吸曲线一致性较强。

2. 歌唱停顿多数对应于歌曲中的换气（即吸气），它常常出现在休止符、较长节拍的末尾、旋律群的边界处或某一特定的音上。歌曲中的停顿主要受旋律影响，会出现“跨界”现象。从吸气参数上看，吸气时长基本在0.55s～0.85s之间，幅度基本都表现为0.40以上的全呼吸，斜率多半都在0.7以上，陡升所占比重很多。此外，乐谱重复的旋律在吸气各项参数上的值都较为接近。

3. 歌唱中音节的呼气时长、幅度等都与其所对应的节拍有关，无论音节本身如何，只要它们处在相同的节拍下，其呼气时长和幅度就会呈现出大致相同的数值，且不同节拍具有相对固定并可以相互区别开来的时长、幅度范围。就呼气幅度来说，它是与音节位置相关的，乐句中前面音节的斜率小于后面的，边界前音节的呼气斜率最大。

4. 受旋律的支配，乐谱重复的若干旋律群之间在时长、幅度、斜率等呼吸参数上都是比较接近的。相关分析证明，这些相同节奏的旋律群之间均呈显著正相关关系，其各参数的变化规律也都是基本一致的，说明被试在唱相同旋律群时，采取的呼吸策略是大致相同的。

5.歌唱呼吸不同于平静、言语朗读和诗歌朗诵等状态下的呼吸形式，它是完全受到歌曲旋律、节拍影响的。通过对歌唱和言语朗读时的呼吸参数的比较，我们发现：歌唱吸气时长较朗读时的短，吸气幅度较朗读时的更为集中、稳定，时长和幅度存在显著正相关关系；歌唱吸气斜率多为陡升，较朗读时的要大；歌唱呼气时长都比朗读时的长，呼气幅度与朗读时的相近且集中，时长与幅度间存在显著正相关关系；呼气斜率都小于朗读时的，基本都是缓降。因此，歌唱时吸气时间短、速率大、幅度稳定，呼气时时长长、速率小、幅度亦稳定，这保证了歌唱过程中气流的稳定性和歌唱的连续性。

与日常言语发声活动相比，歌唱发声是一种更高级的发声活动，它在语言中枢的基础上经过长期学习而形成，因此在呼吸上也表现得更为稳定、有规律。由本章的研究可知，歌唱呼吸是受歌曲旋律所控制的，而从更深层次上说，这种旋律控制实际上是由大脑言语神经中枢和运动性音乐歌唱中枢所控制的。这种控制不仅能够使歌唱者根据歌唱发声的需要，自主地改变呼吸深浅和快慢，甚至可以控制“内心唱歌”时的呼吸①，这充分说明歌唱是在大脑控制和呼吸调节作用下发生的，而本章歌唱呼吸特征的研究正为这种现象提供了很好的解释和说明。

① 当专业歌唱者进行“内心唱歌”时，此时呼吸曲线与其实际歌唱时曲线相同。而从未受过歌唱训练者、低年级声乐学校学生、呼吸技术差的歌唱者，上述二种曲线则不相同（冯葆富等，1981）。

6 结 语

6.1 全书总结

本书通过生理实验和声学实验相结合的方法，对二十名母语为汉语的被试在平静、言语（朗读、复述、自述）、歌唱等状态下的呼吸做了深入的分析，揭示了人在不同情况下呼吸的特点。我们通过量化的手段测量出不同状态下呼吸的参数，据此划分出呼吸的层次和呼吸曲线的基本类型，并比照语篇中的韵律单位层级，探索不同韵律层级在呼吸中的表现，分析了呼吸单位与韵律单位之间的交互关系。由于停延节奏在语言中起着很大作用，而且不同言语状态的停延节奏不一样，所以我们试图通过分析语篇中的停延现象，揭示不同言语状态下的停延特征及其在呼吸上的表现，进而分析心理、生理对声学停延的影响和作用。此外，我们还将被试分为男女两组，考察不同性别在不同状态下的呼吸特征是否存在差异。

本书的研究有助于认识汉语普通话韵律的生理基础和不同状态下呼吸的特征，丰富了呼吸群理论，并为语言研究、言语合成、呼吸生理等学科领域提供了有价值的参考。这里，我们将本书的重要观点和结论总结如下：

6.1.1 平静状态下的呼吸特征

平静呼吸是维持人类正常生理机能的呼吸，是言语呼吸、歌唱呼吸等的基础，也是最有规律的呼吸形式。平静呼吸单位时间的频率较固定，吸气相和呼气相在时间、幅度、斜率的数值上比较接近，因此呼吸曲线趋近于正弦曲线。性别因素对平静呼吸有一定影响，男女的差别主要表现在呼吸幅度上，男性呼吸量显著大于女性。

6.1.2　言语状态下的呼吸特征

言语状态下的呼吸分为三种：第一种是规律性较强、较为规整的朗读呼吸，第二种是介于朗读和自述之间的复述状态下的呼吸，第三种是随意性较强、规律较弱的自述呼吸。这三种状态下的呼吸既有区别，也有联系。下面我们从影响呼吸的因素、呼吸曲线的形状、呼吸曲线的基本类型及其承载的言语信息、呼吸单位与韵律层级的对应关系、停延情况及其呼吸特征、不同性别的呼吸特点等几个方面来总结一下三种言语状态下的呼吸特征。（见表 6.1）

表 6.1　三种言语状态下的呼吸特征总结表

考察点	相同点	相异点		
		朗读状态	复述状态	自述状态
影响呼吸的因素	—	受韵律、语法、语义等的影响。	主要受韵律、语法、语义等影响，同时在一定程度上也受生理、认知等的影响	受生理条件、认知加工、语言环境、情绪状态的影响最明显。
呼吸曲线的形状	呼吸峰型多样；吸气相长于呼气相，且斜率较呼气相大；吸气幅度均值一般小于呼气幅度；呼吸参数随言语表达的需要发生变化。	呼吸曲线中一般没有特别明显的离群峰谷，表现比较整齐，规律性最强，呼吸曲线的可预测性较强；几乎没有因语气词、连接词填充等造成的呼吸段落出现；不同被试间呼吸曲线形状的个体差异不太大。	与朗读较相似，但趋于复杂；呼吸曲线有时存在明显的离群峰谷；语气词、连接词等偶有出现，它们或成一个较明显的呼吸段落，或随其他语句出现在同一个呼吸段落内；不同被试间呼吸曲线的个体差异加大。	呼吸曲线形式最复杂，离群峰谷时有出现；由非正常停延、填充词、情绪特征等造成的呼吸段落数量大大增加，它们的存在使呼吸曲线的可预测性大大减弱；不同被试间呼吸曲线的个体差异很大。

续表

考察点	相同点	相异点		
		朗读状态	复述状态	自述状态
呼吸曲线的基本类型及其承载的言语信息	根据呼吸参数上的标准，呼吸曲线的基本类型可分为陡升/降、缓升/降、平升/降。	陡升/降型曲线多出现在高层级韵律单位之前或结尾，是一个句子开始和结束的标志；平升/降型曲线多出现在低层级韵律单位的前后、较长句子的中部或虚词、非强调部分；缓升/降型曲线一般出现在语调短语前后，是大部分有声语段的表现。	与朗读的情况基本相同。	自述呼吸的规律性较差，与韵律的对应比较复杂，所以此时呼吸曲线基本类型所承载的言语韵律信息不再固定、有规律，不能十分明确地认为某种类型呼吸曲线对应于某种信息。
呼吸单位与韵律层级的对应关系	根据呼吸参数上的标准，呼吸单位可分为呼吸群、呼吸段、呼吸节三级。	各级呼吸单位特征明显，与韵律层级的关系最紧密，分别整齐地对应于话语、语调短语、韵律短语三级韵律单位。一般来说，呼吸单位参数与韵律单位的等级呈正相关关系。	呼吸单位间的差异有所减小，边界逐渐模糊。尽管呼吸单位参数与韵律单位等级仍正相关，但呼吸单位与韵律单位的对应没有朗读那么整齐，关系没有朗读时那么紧密。	各级呼吸单位间的差异和边界更加模糊，它们与韵律层级的关系也最为疏远，因此它们之间的对应更加复杂，二者在对应分布上有均化的趋势。
停延情况及其呼吸特征	在各种言语状态下，停延都是十分常见的韵律现象，都对应着某种呼吸形式。	朗读时的停延基本都是正常停延，没有非正常停延和填充词的出现；韵律边界等级、停延率以及呼吸参数之间都呈现出很高的相关性；朗读停延与呼吸形式之间呈现为严整的交错对应关系：呼气形式可以对应于停顿或延连，而吸气形式只能对应于停顿。	停延以正常停延为主，复述正常停延的呼吸特征基本同朗读。但复述时，非正常停延开始出现，呼吸与停延对应的规律性有所下降，停延与呼吸形式间的关系较之朗读时更为复杂。	自述时的非正常停延出现频率很高且位置非常灵活，它们受韵律层级影响最小，与韵律层级相关性较差。因此，停延时的呼吸形式复杂，规律性差，非正常停延随其类型的不同而对应为不同的呼吸形式。

续表

考察点	相同点	相异点		
		朗读状态	复述状态	自述状态
不同性别的呼吸特点	男女各呼吸参数仅有极个别的存在显著差异，二者基本同质。性别因素不是影响呼吸的主要因素。	—	—	—

可见，言语呼吸内部是有一些相似特征的。但同时，在不同状态下，言语呼吸的差别也不小。总的来看，朗读呼吸的规律性最强，与韵律层级的关系最紧密，受韵律、语法、语义的影响最明显，被试个体间差异最小；自述呼吸的随意性最强，与韵律层级的关系最疏远，受生理条件、认知加工、语境思维的影响最明显，被试个体间差异很大；复述呼吸则介于上述二者之间。

6.1.3　歌唱状态下的呼吸特征

歌唱的节奏体现为旋律群，一个旋律群对应于一个呼吸段落，二者对应非常整齐。歌唱停顿多数对应于歌曲中的换气（即吸气），它主要受旋律影响，会出现“跨界”现象。由于不同歌曲在节奏、旋律、感情上的不同，同一时值的节拍在不同歌曲中的呼吸参数表现是不同的，但在同一首歌曲内部，其表现是系统的、一致的。即歌唱中音节的呼吸时长、幅度等都与其所对应的节拍有关，不同节拍具有相对固定且可以相互区别开来的呼吸时长和呼吸幅度范围。此外，受旋律的支配，乐谱重复的若干旋律群之间在时长、幅度、斜率等呼吸参数上都是比较接近的，其变化规律也都是基本一致的。不同被试的歌唱呼吸形式差异不大，说明被试在演唱相同的旋律群时采取的呼吸策略是大致相同的。

通过本书的研究，我们认为，平静呼吸是人类生物本能的呼吸，任何有声呼吸都是在其基础上受认知调控而形成的。言语呼吸的规律性由朗读呼吸到自述呼吸依次递减，说明在言语状态下认知加工难度的提高导致了被试对呼吸监控度的下降，组织言语所耗费的心理资源越多，韵律对呼吸的影响作用越小，呼吸与韵律的关系越疏远，呼吸的复杂度就越强。而在歌唱状态下，呼吸主要受节拍、旋律影响，同一首歌内的相同节拍及乐谱重复的旋律群在呼吸参数、形式和曲线形状上都比较固定，规律性较强，与言语呼吸存在明显差异。

6.2 本书的不足及今后的展望

6.2.1 本书的不足

本书通过对二十名被试在平静、言语、歌唱等三种状态下的呼吸特征及其与韵律单位的交互关系进行了研究，得到了一些有意义的结论。但我们认为，本书还存在以下不足：

（1）由于条件和时间所限，实验选取的被试实际为两批：平静、朗读和复述三种状态为一批被试，四男六女；自述和歌唱两种状态下的被试为另一批，为五男五女。虽然我们对实验中的呼吸参数进行了归一处理，在很大程度上消除了不同被试间的个体差异，可以进行比较，但是这个问题仍可能对实验造成一定影响，这是需要在今后的研究中避免的。

（2）研究主要使用的呼吸参数为呼吸时长、幅度和斜率，都是比较简单的呼吸指标。尽管在一定程度上反映了不同状态下呼吸的特征，但是仍不够全面、不够深入，有待发掘更多、更专业的呼吸指标及参数做进一步的研究。

（3）本实验主要研究的是被试在不同状态下呼吸与韵律或节奏单元的交互关系。我们知道，韵律是与强调、节奏和语调有关的言语信号成分（Lehiste，1970：1-5），包含音高、时长、重音、语调、节奏等方面。由于时间所限，本书只着重从呼吸与韵律层级单位的对应、停延的呼吸表现、节奏与呼吸的交互关系等方面做了初步的分析，而尚未涉及音高（声调、语调）、音强（轻、重音）等与呼吸的关系，这在今后的研究中有待探索。

（4）本书仅分析了呼吸在平静、言语、歌唱三种状态中的特点及其与韵律的交互关系，并对其做了比较。但实际上，人在现实生活中的状态是非常多的，比如：曲艺表演（戏曲、快书表演等）、诗词朗诵、交谈对话、情感言语等等。由于时间和篇幅所限，这些内容在本书中均未涉及。

（5）目前，国内外关于呼吸与汉语韵律方面的研究成果还不是特别多，现有的言语呼吸方面的研究也多为定性研究，且主要集中于对英语母语者言语状态的呼吸研究上，而有关汉语、其他状态下的呼吸研究成果则很少见。所以，本书在先行研究中搜得的这方面文献较少，在文献的数量和丰富性上有所欠缺。因此，这方面的欠缺也是促使我们进行本研究的动力之一。

6.2.2　今后的展望

鉴于上述不足，我们认为，今后的研究可以从以下几方面改进、深化：

（1）开发更多的参数指标，更全面地研究呼吸的特点，同时也可以使用其他生理仪器协助研究，其结果可作为呼吸研究的辅证。

（2）对言语中的音高、音强做更深入的研究，并观察它们与呼吸的关系，使呼吸与韵律的关系分析更加全面。

（3）今后还可以扩大研究范围。目前我们做了普通中国人的言语呼吸研究，今后还可以研究外国留学生习得汉语时的呼吸、病人患者（如：呼吸疾病患者、康复聋人、言语障碍患者等）的言语呼吸。此外，还可以增加言语状态的种类，如：新闻播音、诗词朗诵、曲艺表演、自然对话、情感言语等等。

（4）结合呼吸生理学、心理语言学等相关领域的理论和研究成果，进一步提升本研究的理论性。

附　录

A. 问卷、登记表部分

附录 A1：被试基本情况登记表

姓名：________性别：_________年龄：__________

学校：__________专业：__________家乡：__________

普通话等级：_______言语能力是否正常：_______是否有播音基础：_____

是否曾做过呼吸道及肺部手术：______最近是否患有感冒等疾病：_____

附录 A2：实验材料听辨标注问卷

一、基本信息

标注人：__________　性别：_____　年龄：_____　听力是否正常：_____

专业是否为语音学：______　对韵律层级的知识是否熟悉：_____

二、标注说明

1.达式听辨人根据录音（可多次重复听辨），对语流中自己认为有停延的地方和有强调重音的音节进行标注。

2. 注意标注的客观性。标注要以实际听到的发音人录音中的停延为准，不要以自己的主观判断为标准。

3. 符号说明：“/”表示韵律短语间的停延，“//”表示语调短语间的停顿，“///”表示话语间的停顿，强调音节用下画线“___”标出。

如：有一回//北风/跟太阳/在那儿争论/谁的本事大///争来争去//就是分不出高低来///

三、标注文本[①]

（略）

非常感谢！

B．语料、文本部分

附录 B1：朗读文本材料

北风跟太阳

有一回，北风跟太阳在那儿争论谁的本事大。争来争去就是分不出高低来。这时候，路上来了个走道儿的，他身上穿着件厚大衣。他俩就说好了，谁能先叫这个走道儿的脱下他的厚大衣，就算谁的本事大。北风就使劲儿地刮起来了，不过他越是刮得厉害，那个走道儿的把大衣裹得越紧。后来北风没法儿了，只好就算了。过了一会儿，太阳出来了，他火辣辣地一晒，那个走道儿的马上就把那件厚大衣脱下来了。这下儿北风只好承认，他们俩当中还是太阳的本事大。

附录 B2：复述文本材料

SM1

有一回，北风跟太阳在那儿争论谁的本事大。争来争去也没有分出高低来。这时候，路上来了个走道儿的，穿着厚大衣。他们两个就约好，如果谁能让走道儿的脱下厚大衣，就算谁的本事大。北风于是刮起风来。可是他风刮得越厉害，走道儿的反而把衣服裹得更紧了。后来，也没有办法了，就放弃了。过了一会儿，太阳出来了，他火辣辣地一晒，那个走道儿的就把厚大衣脱下来了。北风于是不得不承认，在他们两个当中，还是太阳的本事大。

SM2

有一回，北风跟太阳在那儿争论谁的本事大。争来争去也分不出

① 标注的文本分别为朗读文本、复述文本、自述文本。

高低来。这时候，路上来了个走道儿的，他穿了件厚大衣。于是，北风和太阳就约定，谁能先叫这个走道儿的脱下那件厚大衣，就算谁的本事大。于是北风就猛烈地刮起来了。可是他刮得越凶，那个走道儿的把衣服裹得越紧。过了一会儿，太阳出来了，他火辣辣地一晒，那个走道儿的马上就把厚大衣脱下来了。于是北风只好承认，他们俩当中还是太阳的本事大。

SM3

有一回，北风跟太阳争论谁的本事大，可是争来争去就是分不出高低来。这时候，路上来了一个走道儿的，他身上穿着厚大衣。于是他们俩说好了，谁能先让那个走道儿的把大衣脱下来，就算谁的本事大。于是，北风就开始刮起来了。可是他刮得越厉害，那个走道儿的就把大衣裹得越紧。后来北风没有办法了，只好就算了。这时候，太阳出来了，他火辣辣地一晒，那个走道儿的马上就把大衣脱下来了。北风只好承认，他们两个当中还是太阳的本事大。

SM4

北风跟太阳他俩谁都不服谁。有一天，他俩又在争论。这时候，路上来了个走道儿的，他俩就决定，谁能让穿着厚大衣的人把大衣脱掉，就算谁赢。首先，北风就使劲儿地刮了起来，不过他刮得越厉害，那个走道儿的就把大衣裹得越紧。最后，他没有办法了，只好就算了。过了一会儿，太阳就出来了，他就使劲儿地晒，穿大衣的马上就把厚大衣脱了下来。最后北风服了，只好承认太阳的本事大。

SF1

有一回，北风跟太阳在那儿争论谁的本事大。争来争去也分不出个高低来。正好在这个时候呢，路上来了一个走道儿的，穿着件厚大衣。于是他俩就商量好了，如果谁能让这个走道儿的把厚大衣脱下来，就算谁的本事大。北风呢就使劲儿地刮起来了。可是呢，他刮得越快，刮得越猛，这个人就把大衣裹得越紧。最后北风也没有办法了，就只好不吹了。过了一会儿，太阳出来了，他火辣辣地一晒，这个走道儿的马上就把大衣脱下来了。这下子北风只好承认，还是太阳的本事大。

SF2

有一回，北风跟太阳在那儿争论谁的本事大。争来争去就是分不出高低来。这时候，路上来了个走道儿的，他身上穿着件厚大衣。于是他们俩就说好了，谁能先叫这个走道儿的把他的厚大衣脱下来，谁的本事就大。北风就使劲儿地刮起来了。但是，他刮得越紧，那个走道儿的把大衣裹得越紧。这下北风没法儿了。后来太阳出来了，他火辣辣地一晒，那个走道儿的马上把厚大衣脱下来了。于是北风只好承认，他们两个当中还是太阳的本事大。

SF3

有一回，北风跟太阳争论谁的本事大。他们俩争来争去就是分不出个高低来。这时候，路上来了个走道儿的，他穿着件厚大衣。北风就跟太阳打赌说，要是谁能先让那个走道儿的把厚大衣脱下来，就算谁的本事大。北风就先刮起来了。他刮得越厉害，那个走道儿的就把衣服裹得越紧。最后北风没法儿了，只好就算了。这时候，太阳出来了，他火辣辣地一晒，那个走道儿的马上就把厚大衣脱下来了。这下，北风也只好承认，还是太阳的本事大。

SF4

有一回，北风和太阳在那儿争论谁的本事大。争来争去也分不出高低。这时候来了个走道儿的，他身上穿着一件厚大衣。北风和太阳就说好了，谁能先叫他把大衣脱下来，就算谁的本事大。北风就使劲儿地刮起来，可是他刮得越厉害，那个走道儿的把衣服裹得越紧。后来，北风没法儿了，只好就算了。过了一会儿，太阳出来了，他火辣辣地一晒，走道儿的就把大衣脱下来了。这下北风只好承认，他们俩当中还是太阳的本事大。

SF5

有一回，北风跟太阳争论谁的本事大。争来争去就是分不出高低来。这时候路上来了个走道儿的，那个走道儿的穿着一件厚大衣。他们俩就说好了，谁能先叫这个走道儿的把厚大衣脱下来，就算谁的本事大。这时候，北风就使劲儿地刮起来。可是，他刮得越厉害，那个走道儿的就把大衣裹得越紧。这时候，太阳火辣辣地晒起来，那个走道儿的立刻把大衣脱下来。北风只好承认，他们俩还是太阳的本事大。

SF6

有一次，北风和太阳比谁的本事大，但是他们也争不出高下来。这个时候刚好有一个穿着大衣的人路过，他们就想，我们谁能把他的大衣脱下来，就算谁的本事大。那北风先开始的，（那个）他使劲儿地吹，但是他越是吹，那个穿大衣的人就裹得越紧。后来没办法，他只好放弃了。那之后太阳出来了，他使劲儿地晒，那么那个穿大衣的人感觉很热，最后就把大衣脱了下来。那最后北风也承认，还是太阳的本事大一些。

附录 B3：自述文本材料

SM5

我叫韩飞，是河北邢台人。（呃）我家一共有五口人，（嗯）爸爸妈妈，（呃）姐姐弟弟跟我。（嗯）我在外求学已经有十……十多年了吧，在天津……（嘶）这是第五个年头。（呃）本科是在天津外国语学院读读的，现在在南开大学读研究生。（哦）现在南开大学，我们班儿一共有三十多个人。（呃）在这样一个集体当中，我感觉生活（嗯）学习都很快乐的，我们相处也非常融洽。（嗯）在以后的日子里，我想用更多的时间来加强学习，（嗯）多看点书，补充专业知识的不足，（呃）为以后工作或学习打下一定的基础。

SM6

你好，我叫关旭东。然后我是南开大学汉语言文化学院零九级汉语国际教育硕士班的学生。然后我本科是在陕西师范大学读的，所以说今天来到咱们这个天津师范大学，都是师范院校么，我觉得还很……感觉还很亲切。（呣）还有就是，（呣）我刚才就是来到这个楼的时候，我觉得就是，接待咱们的那个老师……我刚开始以为他是老师，他后来他说……我跟他聊了几句，他说他是博士，我觉得他人非常好，我感觉非常好。然后还有就是，（嗯）（嗯）我以前都听说同学说，那个师大的饭比较好吃。所以说我准备今天在师大吃顿饭，不知道（嘶）会怎么样。然后就是，我还想知道那个……（嗯）这边可不可以用现金。（嗯）然后……

SM7

嗯，我叫曹学昌，来自河北省沧州市河间市。（呃）今年呢，已经是 26 岁了，算是一个比较大龄的青年。现在呢就读于南开大学汉语言文化学院，（呃）汉语国际教育硕士。（呃）以前我在大学的时候，是在……河北省唐山市的唐山师范学院学习，学习的是……小学教育专业。哎，听到这个专业，大家可能比较陌生。这是一个专门培养小学语文教师的一个专业。以前呢，本专业呢只是涉及一些专科的培养，从 2005 年开始，我们这一届开始就是，开始涉及的是本科培养。（呃）大家可能听起来有一点点的意外，作为一个男生啊，而且是这样大龄男生，以前在本科时候怎么会学这样一个专业呢？是小学语文老师。可能会感觉有一点的困惑。其实我和大家一样，我也非常困惑。只是因为当时高考压力非常大，很无奈的。好。

SM8

我叫李劲，男，二十二岁，南开大学汉语言文化学院对外汉语的本科生。（呃）今年大四，（呃）我的兴趣爱好比较广泛，（呃）喜欢英语辩论，还喜欢参加很多课外的活动。（呃）最大的强项可以说是辩论，还有说是英语吧。然后家里现在有三口人，然后爸爸妈妈和我。（呃）现在的准备去考研，而且正在找工作。（呃）性格比较外向，而且有的时候容易情绪化。（呃）同学们和……跟同学们和老师

们的关系相处得比较融洽。（呃）（呃）

SM9

我叫杨宏业，男，河北省承德市人。大学本科期间在南开大学汉语言文化学院学习，然后现在是大四了，已经保研了，没有什么其他的事情。现在经常地在院里帮着学弟啊……学姐啊、学长啊、老师们啊做一些工作。然后，前几天带了一个国家汉办指导教师的那个公派教师的一个培训营的活动。然后课余活动，喜欢篮球啊、足球啊、乒乓球、羽毛球、台球，这些都玩儿。然后社团活动参加的最多的是南开大学国乐相声协会，在里边（啧）也算一个……（呃）不错的一个演员，然后经常地参加一些（呃）演出活动啊。然后前几天，然后七周年的时候，做了一些个……做了一个（呃）……好吧，那就这样吧。

SF7

我叫贾蕊欣，是南开大学汉语言文化学院零九级语言学与应用语言学研究生。我来自吉林省吉林市，（嗯）今……今年二十四岁。我的爱好是看书、听音乐、看电影，还有睡觉。（啊）我家里有……哦两口人，我和妈妈。（嗯）妈妈现在退休在家，（嗯）每天很喜欢研究菜谱，（嗯）希望可以给我做很多好吃的菜。

SF8

（呃）我叫……哎呀我叫李幸河，来自河北石家庄。那个我们家一共五口人吧，然后姐姐、我还有妹妹，都是大学生。然后现在，（呃）说一下我平时的爱好吧。我平时比较喜欢跑步、打太极拳，（呃）也挺喜欢听歌的，不过这个五音不全，所以不敢唱。然后，我本科是在南开大学汉语言文化学院度过的，然后研究生三年也即将在这儿度过。（呃）为什么呢？因为我比较喜欢本科所学的这个专业，所以在研究生这边儿去对这个专业进行一下所谓的深造吧。然后……（嗯）（呃）但是现在有个问题，就是对这个专业以后的就业前景，就是……（呃）挺迷茫的，希望以后会能够找到一个与专业对口的工作。

SF9

啊，那我就介绍一下我的生平简历。我叫吴瞳，性别女，出生日期一九八六年九月十九日。我的小学是在天津市闽侯路小学就读的，初中是在天津市新华中学，高中呢还是没有离开那块地方，在天津市第二十中学。然后读到大学的时候，我觉得在天津呆了十八年，很无聊，我就跑到苏州大学去读大学。（嗯）我在苏州呆了四年，觉得那边风景特别美，而且呢环境和气候对女生的皮肤特别好。（嗯）但是四年毕业以后呢，我决定还是回家来工作。所以呢就……（啊）考研究生考回了南开大学。（嗯）其实对于南开大学呢，我从初中的时候还是觉得，（啊）能进南开大学真的很不容易，而且很令人羡慕。但是就是因为她离我家也不太远，所以我考本科的时候放弃了她。但是读研的时候还是觉得，（嗯）回家来还觉得比较好，选择了南开大学。（啊）专业呢是汉语国际教育专业。（嗯）在这个专业呢，接触很多外国留学生，（嗯）大家也很羡慕我们这样的专业。

SF10

（嗯）我叫赵雅楠，我是天津人。然后我们家有三口人，我爸爸、我妈妈和我。然后我是汉语言文化学院零九级的研究生，我的专业是语言学及应用语言学。（啊）然后很高兴参加这次实验。（啊）一分钟还没有到……（啊）（嗯）我的小学是在石化一中，中学是在石化……啊不对，小学是在石化一小，中学是在石化一中，高中是在大港一中。所以大家从小到大的同学都是……（呃）一样的朋友。平时喜欢看书，看书尤其是小说。然后，或者是听音乐。希望将来可以成为一名对外汉语老师。

SF11

（呃）大家好，我叫钟琳。（啊）我是天津人。（嗯）我现在就读于南开大学汉语言文化学院，（啊）我的专业是汉语国际教育。（嗯）我是……（呃）到这个专业刚刚几个月，对这个专业还不是太熟悉。（啊）我以前学的专业是政治学，（嗯）政治学和对外汉语这个专业……

（嗯）它们的差异还是很大的。（啊）我想我会尽量地……（嗯）找到它们之间的共同点，然后努力地学习。（呃）（嗯）我觉得现在的学习生活，（啊）和以前……（嗯）没有太大的差别，因为毕竟还是在一个学校里面。（嗯）所以说，（嗯）我对这个环境还是非常熟悉的。

C. 实验数据部分

附录 C1：十位被试平静呼吸参数统计表①

被试	吸气			呼气		
	时长	幅度	斜率	时长	幅度	斜率
SM1	1.07	0.71	0.67	1.59	0.74	0.47
SM2	1.28	0.73	0.57	1.41	0.70	0.50
SM3	1.41	0.87	1.64	1.85	0.87	0.48
SM4	2.23	0.87	0.40	2.68	0.87	0.33
SF1	1.38	0.78	0.57	1.83	0.74	0.40
SF2	1.18	0.80	0.69	1.22	0.70	0.58
SF3	1.26	0.81	0.64	1.96	0.82	0.42
SF4	1.86	0.64	0.34	2.32	0.64	0.28
SF5	1.09	0.73	0.69	1.36	0.73	0.54
SF6	1.69	0.77	0.47	2.26	0.77	0.34

附录 C2：十位被试朗读呼吸参数统计表②

被试	吸气时长			吸气幅度			吸气斜率		
	Q	D	J	Q	D	J	Q	D	J
SM1	1.15	0.87	0.51	0.64	0.37	0.09	0.61	0.54	0.13
SM2	0.77	0.61	0.44	0.70	0.29	0.08	1.12	0.87	0.21
SM3	0.71	0.64	0.54	0.66	0.30	0.12	0.88	0.42	
SM4	0.95	0.69	0.41	0.72	0.33	0.12	0.90	0.76	0.35

① 由于每位被试呼吸数据过多，因此附录中的数据均为每位被试自身各级各参数的平均数。其后各数据表中的数据均同此（除有特殊说明），不再赘述。

② 表中 Q 为呼吸群；D 为呼吸段；J 为呼吸节。下同。

续表

被试	吸气时长			吸气幅度			吸气斜率		
	Q	D	J	Q	D	J	Q	D	J
SF1	0.76	0.70	0.54	0.61	0.30	0.10	0.73	0.57	0.25
SF2	0.83	0.64	0.68	0.49	0.31	0.11	0.89	0.59	0.51
SF3	0.75	0.62	0.40	0.59	0.30	0.08	0.62	0.48	0.10
SF4	0.95	0.68	0.41	0.73	0.32	0.10	0.55	0.38	0.21
SF5	0.70	0.52	0.25	0.68	0.40	0.07	1.27	1.08	0.27
SF6	0.78	0.61	0.45	0.71	0.39	0.13	1.17	0.95	0.30

被试	呼气时长			呼气幅度			呼气斜率		
	Q	D	J	Q	D	J	Q	D	J
SM1	3.38	1.33	0.75	0.71	0.34	0.11	0.26	0.31	0.23
SM2	1.74	1.08	0.50	0.68	0.31	0.11	0.44	0.37	0.23
SM3	2.66	1.47	0.97	0.67	0.28	0.15	0.32	0.20	0.19
SM4	1.93	1.10	1.26	0.74	0.33	0.12	0.42	0.37	0.27
SF1	2.19	1.45	0.68	0.63	0.36	0.12	0.16	0.18	0.14
SF2	1.53	1.18	0.52	0.61	0.34	0.11	0.40	0.32	0.28
SF3	1.56	1.64	1.01	0.59	0.30	0.150	0.19	0.24	0.18
SF4	3.02	1.59	0.86	0.69	0.29	0.13	0.26	0.17	0.14
SF5	2.17	1.42	0.91	0.65	0.38	0.15	0.35	0.37	0.38
SF6	2.50	1.20	0.35	0.74	0.39	0.11	0.35	0.39	0.26

附录 C3：十位被试朗读时呼吸单位与韵律单位对应表

被试	呼吸单位	吸气段			呼气段		
		话语	语调短语	韵律短语	话语	语调短语	韵律短语
SF1	呼吸群	7	1	0	6	3	0
	呼吸段	6	4	2	3	8	1
	呼吸节	0	2	7	0	2	7
SF2	呼吸群	2	5	0	6	3	0
	呼吸段	0	10	1	1	7	3
	呼吸节	0	8	2	0	5	6

续表

被试	呼吸单位	吸气段			呼气段		
		话语	语调短语	韵律短语	话语	语调短语	韵律短语
SF3	呼吸群	3	5	1	2	7	2
	呼吸段	0	8	3	0	7	3
	呼吸节	0	0	9	0	2	5
SF4	呼吸群	3	6	0	4	6	0
	呼吸段	0	5	5	1	3	6
	呼吸节	0	0	6	0	1	2
SF5	呼吸群	8	1	0	6	3	1
	呼吸段	7	4	0	3	8	0
	呼吸节	0	0	2	0	1	1
SF6	呼吸群	7	2	0	8	2	0
	呼吸段	7	4	0	7	4	0
	呼吸节	0	0	7	0	0	7
SM1	呼吸群	4	3	1	2	6	1
	呼吸段	0	8	3	0	9	3
	呼吸节	0	0	4	0	2	4
SM2	呼吸群	7	1	0	6	3	0
	呼吸段	5	4	2	5	3	2
	呼吸节	0	1	4	0	3	2
SM3	呼吸群	4	5	0	5	4	1
	呼吸段	1	4	5	1	4	5
	呼吸节	0	0	0	0	0	0
SM4	呼吸群	8	2	0	8	2	0
	呼吸段	3	4	0	3	4	0
	呼吸节	0	0	1	0	0	1
合计	呼吸群	53	31	2	53	39	5
	呼吸段	29	55	21	24	57	23
	呼吸节	0	11	42	0	16	35

附录 C4：十名被试朗读语料单字及停顿平均相对时长表[①]

有	一	回	停顿	北	风	跟	太	阳	停顿
0.78	0.7	1.87	0.77	0.88	1.53	0.91	1.31	1.34	0.33
在	那儿	争	论	停顿	谁	的	本	事	大
0.72	1.04	1.28	1.32	0.26	1.38	0.55	0.93	0.87	1.04
停顿	争	来	争	去	停顿	就	是	分	不
1.48	1.04	0.92	1.17	1.7	0.42	1.13	0.91	1.2	0.43
出	高	低	来	停顿	这	时	候	停顿	路
0.9	1.16	0.98	0.88	1.52	0.88	1	1.41	0.72	0.88
上	来	了	个	走	道儿	的	停顿	他	身
1.64	0.74	0.54	0.67	1.04	1.5	0.69	1.24	1.08	1.21
上	停顿	穿	着	件	厚	大	衣	停顿	他
1.44	0.31	1.12	0.65	1.09	1.28	1.15	1.34	1.42	0.8
俩	就	说	好	了	停顿	谁	能	先	叫
1	0.82	1.21	1.33	0.89	1.05	1.47	1.12	1.2	1.03
这	个	走	道儿	的	停顿	脱	下	他	的
0.68	0.58	1.07	1.3	1.06	0.41	1.02	0.83	0.78	0.48
厚	大	衣	停顿	就	算	谁	的	本	事
1.12	1.05	1.33	0.93	0.83	1.31	1.08	0.55	0.99	0.82
大	停顿	北	风	就	使	劲儿	地	刮	起
1.01	1.78	0.82	1.58	0.94	1.26	1.14	0.58	1.21	0.8
来	了	停顿	不	过	停顿	他	越	是	刮
0.97	0.71	1.33	0.59	1.45	0.5	0.95	1.1	0.87	1.02
得	厉	害	停顿	那	个	走	道儿	的	停顿
0.63	1.08	1.22	0.77	0.61	0.53	1.06	1.26	1.11	0.33
把	大	衣	裹	得	越	紧	停顿	后	来
0.58	1.05	1.1	0.96	0.58	1.08	0.93	1.74	1.16	1.3
停顿	北	风	没	法儿	了	停顿	只	好	就
0.45	0.81	1.45	0.74	1.49	0.72	1.01	0.92	1.14	0.74

① 由于本部分需要测每个字的时长及每个停顿的时长，若列出每个被试的数据则数量太大，因此这里列出十位被试在每个字和每个停顿上的平均时长。

续表

算	了	停顿	过	了	一	会儿	停顿	太	阳
1.57	0.5	1.74	0.92	0.48	0.73	1.37	0.7	1.2	1.11
出	来	了	停顿	他	火	辣	辣	地	一
1.17	0.93	0.65	1.1	1.07	1.15	0.81	0.87	0.52	0.76
晒	停顿	那	个	走	道儿	的	停顿	马	上
1.62	1.06	0.68	0.55	1.1	1.27	1.02	0.38	1.14	1.39
就	把	那	件	厚	大	衣	停顿	脱	下
0.73	0.81	0.78	0.98	1.14	0.95	1.18	0.35	1.2	0.86
来	了	停顿	这	下儿	停顿	北	风	只	好
0.96	0.66	1.52	0.88	1.54	0.51	0.77	1.31	0.88	0.96
承	认	停顿	他	们	俩	当	中	停顿	还
1.17	1.17	0.93	0.83	0.62	0.93	1.16	1.46	0.41	1.1
是	太	阳	的	本	事	大			
0.87	1.35	0.92	0.52	1.01	0.83	0.86			

附录 C5：十位被试朗读语料的平均相对时长走势图

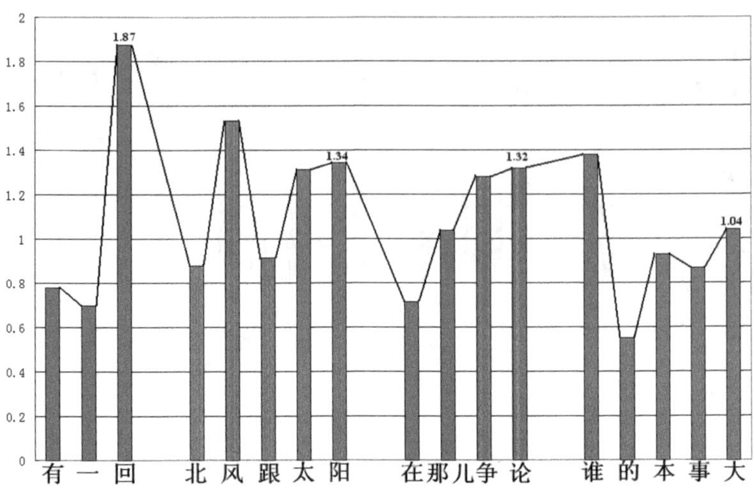

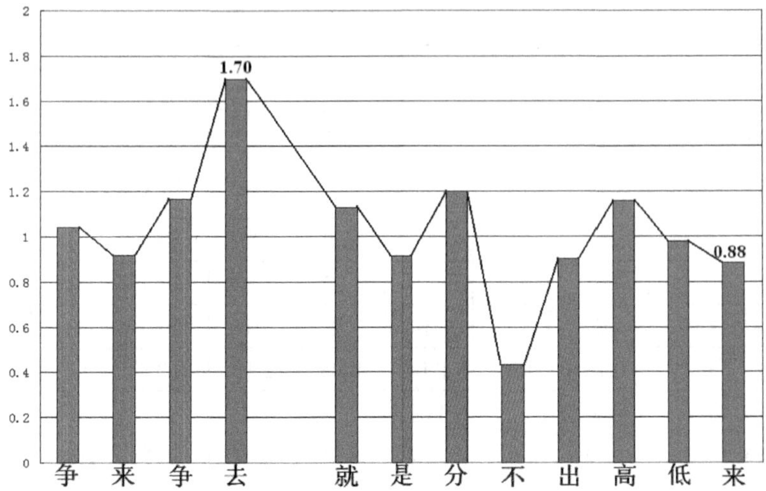
2
1.8
1.6
1.4
1.2
1
0.8
0.6
0.4
0.2
0
1.70
0.88
争 来 争 去 就 是 分 不 出 高 低 来

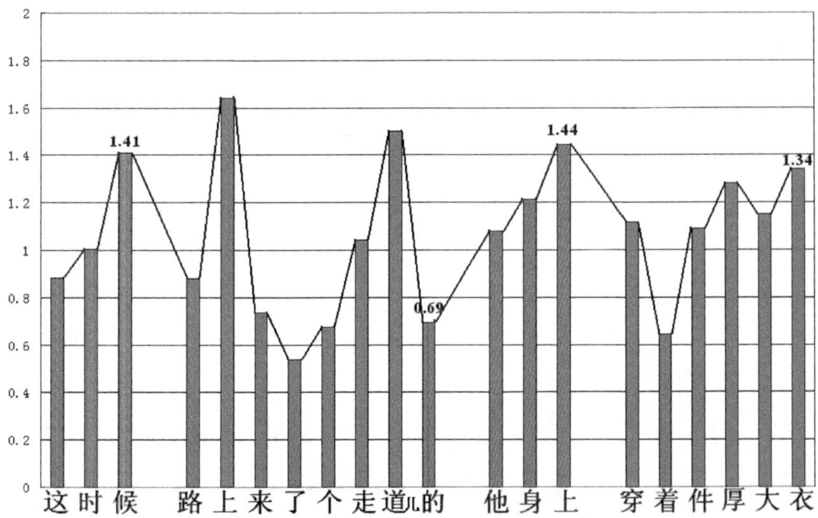
2
1.8
1.6
1.4
1.2
1
0.8
0.6
0.4
0.2
0
1.41
0.69
1.44
1.34
这 时 候 路 上 来 了 个 走 道儿 的 他 身 上 穿 着 件 厚 大 衣

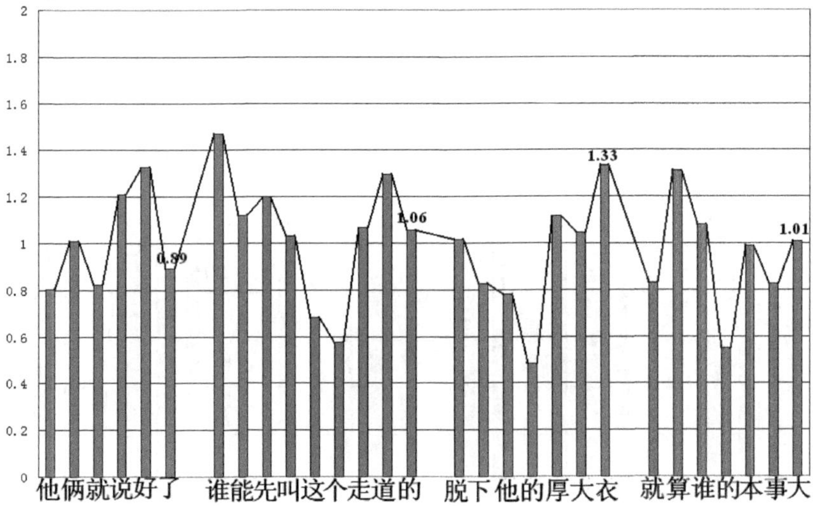
2
1.8
1.6
1.4
1.2
1
0.8
0.6
0.4
0.2
0
0.89
1.06
1.33
1.01
他俩就说好了 谁能先叫这个走道的 脱下他的厚大衣 就算谁的本事大

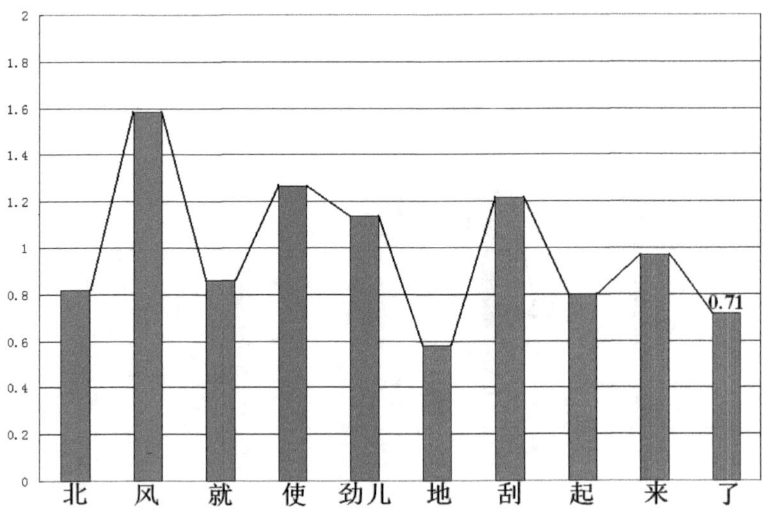
2
1.8
1.6
1.4
1.2
1
0.8
0.6
0.4
0.2
0
0.71
北 风 就 使 劲儿 地 刮 起 来 了

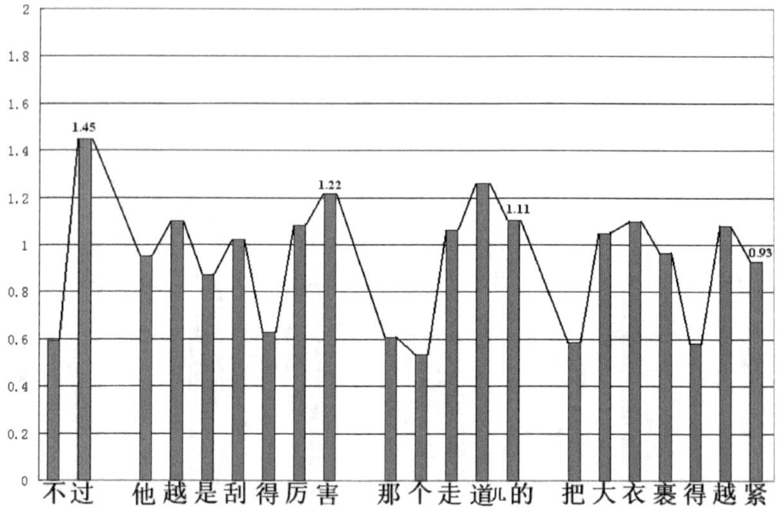
2
1.8
1.6
1.4
1.2
1
0.8
0.6
0.4
0.2
0
1.45
1.22
1.11
0.93
不过　他越是刮得厉害　那个走道儿的　把大衣裹得越紧

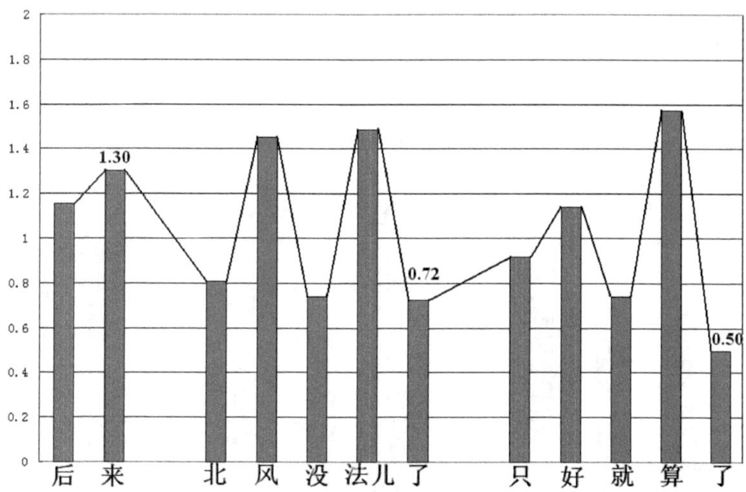
2
1.8
1.6
1.4
1.2
1
0.8
0.6
0.4
0.2
0
1.30
0.72
0.50
后　来　北　风　没　法儿了　只　好　就　算　了

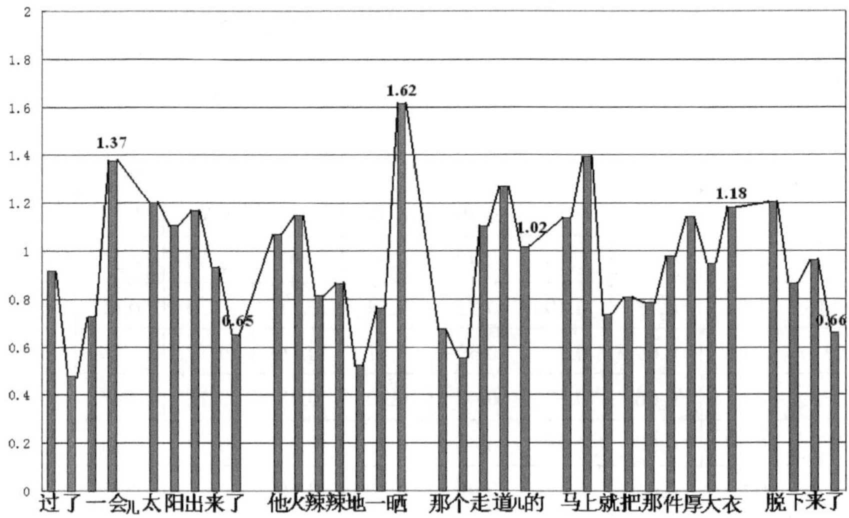
2
1.8
1.6
1.4
1.2
1
0.8
0.6
0.4
0.2
0
1.37
1.62
1.02
1.18
0.65
0.66
过了一会儿太阳出来了
他火辣辣地一晒
那个走道儿的
马上就把那件厚大衣
脱下来了

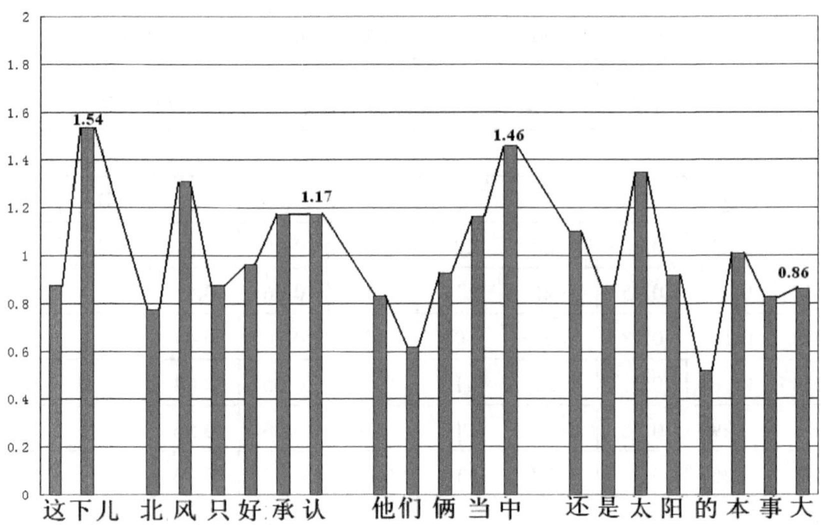
2
1.8
1.6
1.4
1.2
1
0.8
0.6
0.4
0.2
0
1.54
1.17
1.46
0.86
这下儿
北风只好承认
他们俩当中
还是太阳的本事大

附录 C6：朗读状态下停顿的呼吸参数统计表

被试	时长			幅度			斜率		
	Q	D	J	Q	D	J	Q	D	J
SM1	1.00	0.81	0.29	0.45	0.31	0.04	0.45	0.38	0.10
SM2	0.79	0.63	0.30	0.59	0.37	0.05	0.73	0.56	0.14
SM3	0.73	0.57	0.18	0.49	0.22	0.02	0.68	0.37	0.11
SM4	1.01	0.78	0.40	0.71	0.54	0.11	0.70	0.66	0.26
SF1	0.80	0.69	0.52	0.59	0.41	0.16	0.77	0.59	0.28
SF2	0.67	0.66	0.53	0.48	0.30	0.28	0.71	0.46	0.49
SF3	0.77	0.57	0.45	0.46	0.22	0.05	0.59	0.35	0.11
SF4	0.85	0.51	0.41	0.99	0.20	0.10	0.57	0.39	0.24
SF5	0.65	0.62	0.28	0.65	0.58	0.07	0.99	0.93	0.24
SF6	0.74	0.63	0.44	0.73	0.50	0.13	0.98	0.80	0.29

附录 C7：朗读状态下边界前末音节的呼吸参数统计表

被试	时长			幅度			斜率		
	Q	D	J	Q	D	J	Q	D	J
SM1	0.22	0.28	0.28	0.07	0.08	0.06	0.31	0.28	0.22
SM2	0.21	0.25	0.26	0.12	0.10	0.06	0.57	0.37	0.24
SM3	0.16	0.18	0.24	0.08	0.04	0.06	0.44	0.22	0.24
SM4	0.16	0.21	0.23	0.10	0.11	0.06	0.64	0.53	0.26
SF1	0.29	0.26	0.28	0.17	0.10	0.06	0.56	0.40	0.22
SF2	0.25	0.25	0.27	0.18	0.09	0.06	0.74	0.37	0.25
SF3	0.16	0.21	0.23	0.04	0.04	0.04	0.22	0.24	0.33
SF4	0.19	0.19	0.26	0.05	0.03	0.04	0.28	0.14	0.14
SF5	0.22	0.23	0.26	0.11	0.08	0.10	0.50	0.33	0.37
SF6	0.21	0.22	0.23	0.04	0.06	0.08	0.22	0.24	0.33

附录 C8：十位被试复述呼吸参数统计表

被试	吸气时长			吸气幅度			吸气斜率		
	Q	D	J	Q	D	J	Q	D	J
SM1	1.00	0.63	0.59	0.54	0.27	0.26	0.66	0.29	0.20
SM2	0.83	0.64	0.51	0.61	0.29	0.09	0.73	0.41	0.16
SM3	0.89	0.73	0.33	0.54	0.39	0.07	0.62	0.50	0.15
SM4	0.65	0.59	0.53	0.29	0.25	0.05	0.44	0.38	0.08
SF1	0.90	0.86	0.63	0.48	0.25	0.20	1.05	0.51	0.27
SF2	0.57	0.48	0.35	0.38	0.21	0.03	0.66	0.39	0.10
SF3	0.91	0.57	0.21	0.50	0.23	0.02	0.56	0.40	0.43
SF4	0.72	0.60	0.34	0.56	0.35	0.03	0.90	0.65	0.35
SF5	0.65	0.76	无	0.54	0.48	无	0.94	0.63	无
SF6	0.75	0.76	无	0.27	0.07	无	0.34	0.09	无

被试	呼气时长			呼气幅度			呼气斜率		
	Q	D	J	Q	D	J	Q	D	J
SM1	2.13	1.11	0.58	0.57	0.32	0.13	0.40	0.29	0.16
SM2	1.90	1.13	0.68	0.60	0.30	0.10	0.34	0.29	0.16
SM3	1.36	1.19	0.48	0.52	0.37	0.12	0.40	0.33	0.25
SM4	2.05	1.26	0.47	0.32	0.23	0.03	0.18	0.21	0.09
SF1	2.18	1.62	0.96	0.46	0.24	0.33	0.55	0.21	0.08
SF2	1.54	1.00	0.90	0.48	0.30	0.06	0.21	0.19	0.17
SF3	2.22	1.59	0.46	0.44	0.26	0.04	0.16	0.13	0.20
SF4	2.19	1.79	1.17	0.49	0.39	0.12	0.43	0.24	0.09
SF5	2.63	1.57	0.75	0.62	0.38	0.12	0.45	0.23	0.09
SF6	2.67	1.43	无	0.30	0.08	无	0.12	0.07	无

附录 C9：十位被试复述时呼吸单位与韵律单位对应表

被试	呼吸单位	吸气段			呼气段		
		话语	语调短语	韵律短语	话语	语调短语	韵律短语
SF1	呼吸群	4	0	0	4	0	0
	呼吸段	4	4	1	5	6	1
	呼吸节	1	4	1	0	1	0
SF2	呼吸群	2	0	0	1	0	0
	呼吸段	7	8	0	7	5	2
	呼吸节	0	6	4	1	8	3
SF3	呼吸群	2	0	0	2	0	0
	呼吸段	5	5	0	6	6	0
	呼吸节	0	4	1	0	2	1
SF4	呼吸群	7	0	0	3	2	0
	呼吸段	0	9	0	4	5	0
	呼吸节	0	1	1	1	1	1
SF5	呼吸群	4	1	0	5	1	0
	呼吸段	3	2	0	1	3	0
	呼吸节	0	0	0	0	0	0
SF6	呼吸群	1	0	0	1	0	0
	呼吸段	2	0	0	2	0	0
	呼吸节	4	5	0	4	5	0
SM1	呼吸群	7	0	0	2	1	0
	呼吸段	3	5	2	3	5	1
	呼吸节	0	2	0	0	1	3
SM2	呼吸群	5	2	0	5	2	0
	呼吸段	2	8	0	2	7	0
	呼吸节	0	5	2	0	5	3
SM3	呼吸群	5	4	0	5	3	0
	呼吸段	3	5	1	4	7	0
	呼吸节	0	4	2	0	2	3

续表

被试	呼吸单位	吸气段			呼气段		
		话语	语调短语	韵律短语	话语	语调短语	韵律短语
SM4	呼吸群	3	1	0	2	0	0
	呼吸段	2	4	0	3	5	0
	呼吸节	3	2	1	2	3	1
合计	呼吸群	40	7	0	30	9	0
	呼吸段	31	50	4	37	49	3
	呼吸节	8	33	10	8	28	13

附录 C10：复述状态下停顿的呼吸参数统计表

被试	时长			幅度			斜率		
	Q	D	J	Q	D	J	Q	D	J
SM1	1.00	0.63	0.59	0.54	0.27	0.26	0.66	0.29	0.20
SM2	0.83	0.64	0.51	0.61	0.29	0.09	0.73	0.41	0.16
SF1	0.90	0.86	0.63	0.48	0.25	0.20	1.05	0.51	0.27
SF2	0.57	0.48	0.35	0.38	0.21	0.03	0.66	0.39	0.10

附录 C11：复述状态下边界前末音节的呼吸参数统计表

被试	时长			幅度			斜率		
	Q	D	J	Q	D	J	Q	D	J
SM1	0.13	0.19	0.21	0.02	0.05	0.06	0.12	0.24	0.28
SM2	0.18	0.20	0.18	0.11	0.06	0.03	0.58	0.31	0.14
SF1	0.13	0.15	0.13	0.05	0.03	0.02	0.36	0.16	0.16
SF2	0.14	0.20	0.15	0.02	0.05	0.03	0.15	0.22	0.18

附录 C12：十位被试自述呼吸参数统计表

被试	吸气时长			吸气幅度			吸气斜率		
	Q	D	J	Q	D	J	Q	D	J
SM5	0.61	0.80	0.64	0.22	0.57	0.32	0.35	0.73	0.47
SM6	0.77	0.61	0.46	0.24	0.10	0.03	0.27	0.16	0.06
SM7	0.77	0.60	0.57	0.48	0.36	0.22	0.63	0.58	0.41

续表

被试	吸气时长			吸气幅度			吸气斜率		
	Q	D	J	Q	D	J	Q	D	J
SM8	0.69	0.51	0.41	0.55	0.24	0.02	0.80	0.43	0.07
SM9	0.89	0.60	0.56	0.16	0.22	0.14	0.24	0.31	0.22
SF7	0.60	0.75	0.60	0.44	0.36	0.36	0.52	0.50	0.23
SF8	0.77	0.65	0.60	0.44	0.36	0.36	0.56	0.52	0.57
SF9	0.46	0.47	0.35	0.23	0.27	0.10	0.48	0.56	0.25
SF10	0.66	0.58	0.40	0.42	0.35	0.14	0.62	0.55	0.34
SF11	0.62	0.60	0.55	0.28	0.20	0.10	0.42	0.30	0.17
被试	呼气时长			呼气幅度			呼气斜率		
	Q	D	J	Q	D	J	Q	D	J
SM5	1.57	2.10	1.31	0.43	0.42	0.25	0.27	0.21	0.18
SM6	1.97	1.53	1.83	0.23	0.09	0.10	0.13	0.06	0.05
SM7	1.84	2.56	1.89	0.39	0.48	0.40	0.23	0.19	0.23
SM8	2.87	2.20	2.04	0.48	0.23	0.12	0.18	0.12	0.05
SM9	1.81	1.90	1.31	0.17	0.19	0.11	0.07	0.09	0.11
SF7	1.76	1.91	1.31	0.33	0.32	0.24	0.31	0.20	0.19
SF8	2.20	3.12	2.83	0.33	0.55	0.35	0.14	0.20	0.10
SF9	1.53	1.83	1.29	0.20	0.26	0.22	0.14	0.15	0.22
SF10	1.49	1.34	0.94	0.31	0.33	0.29	0.23	0.25	0.35
SF11	3.21	1.45	0.90	0.23	0.15	0.05	0.08	0.10	0.06

附录 C13：十位被试自述时呼吸单位与韵律单位对应表

被试	呼吸单位	吸气段			呼气段		
		话语	语调短语	韵律短语	话语	语调短语	韵律短语
SM5	呼吸群	2	1	0	1	2	1
	呼吸段	3	4	2	3	3	2
	呼吸节	2	4	5	3	5	4
SM6	呼吸群	3	2	0	2	2	0
	呼吸段	4	4	1	4	4	2
	呼吸节	2	3	4	4	4	3

续表

被试	呼吸单位	吸气段			呼气段		
		话语	语调短语	韵律短语	话语	语调短语	韵律短语
SM7	呼吸群	3	2	1	3	1	1
	呼吸段	3	2	3	2	4	1
	呼吸节	4	3	3	5	5	4
SM8	呼吸群	2	3	0	2	2	1
	呼吸段	2	3	0	3	2	0
	呼吸节	2	4	3	3	4	4
SM9	呼吸群	1	2	1	1	0	0
	呼吸段	3	2	2	3	3	1
	呼吸节	2	5	4	2	3	3
SF7	呼吸群	1	2	1	1	3	2
	呼吸段	3	4	3	2	4	2
	呼吸节	2	4	5	5	6	5
SF8	呼吸群	4	0	0	2	3	0
	呼吸段	4	3	0	3	3	1
	呼吸节	3	5	4	4	5	4
SF9	呼吸群	2	4	0	2	2	0
	呼吸段	3	4	1	2	5	1
	呼吸节	3	3	3	4	3	3
SF10	呼吸群	1	1	1	1	2	1
	呼吸段	3	5	0	0	4	2
	呼吸节	4	3	2	2	3	2
SF11	呼吸群	1	1	1	1	0	1
	呼吸段	2	3	1	2	2	1
	呼吸节	3	3	2	3	3	2
合计	呼吸群	20	16	5	16	17	7
	呼吸段	30	34	13	24	34	13
	呼吸节	27	37	35	35	41	34

附录 C14：五位男性被试歌唱吸气参数表(XQD 表示吸气段,HQD 表示呼气段)

时长	SM5	SM6	SM7	SM8	SM9	平均
XQD1	0.585	0.595	0.650	0.710	0.575	0.623
XQD2	0.950	0.615	0.675	0.770	0.565	0.715
XQD3	0.580	0.645	0.620	0.660	0.480	0.597
XQD4	0.860	0.705	0.915	0.875	0.745	0.820
XQD5	0.685	0.665	0.605	0.715	0.580	0.650
XQD6	0.795	0.680	0.725	0.725	0.670	0.719
XQD7	0.650	0.625	0.540	0.505	0.570	0.578
幅度	SM5	SM6	SM7	SM8	SM9	平均
XQD1	0.53	0.56	0.32	0.39	0.28	0.42
XQD2	0.63	0.46	0.46	0.47	0.47	0.50
XQD3	0.50	0.45	0.41	0.37	0.41	0.43
XQD4	0.81	0.75	0.73	0.49	0.92	0.74
XQD5	0.65	0.53	0.33	0.39	0.34	0.45
XQD6	0.48	0.60	0.61	0.42	0.45	0.51
XQD7	0.54	0.56	0.26	0.34	0.31	0.40
斜率	SM5	SM6	SM7	SM8	SM9	平均
XQD1	0.91	0.94	0.53	0.55	0.512	0.69
XQD2	0.66	0.75	0.68	0.61	0.83	0.71
XQD3	0.86	0.70	0.66	0.57	0.85	0.73
XQD4	0.94	1.06	0.80	0.56	1.23	0.92
XQD5	0.94	0.80	0.55	0.54	0.58	0.68
XQD6	0.60	0.89	0.83	0.58	0.67	0.71
XQD7	0.84	0.90	0.58	0.54	0.66	0.70

附录 C15：五位男性被试歌唱呼气参数表[①]

时长	SM5	SM6	SM7	SM8	SM9	平均
HQD1	2.600	2.385	2.660	2.650	2.595	2.578
HQD2	3.500	2.850	3.395	3.600	3.140	3.297
HQD3	2.715	2.350	2.500	2.720	2.540	2.565
HQD4	3.400	2.935	3.100	3.690	2.865	3.198
HQD5	2.910	2.335	2.615	2.760	2.500	2.624
HQD6	3.215	2.845	3.305	3.295	2.845	3.101
HQD7	2.585	2.160	2.420	3.195	2.380	2.548
HQD8	3.245	2.660	3.110	3.205	3.050	3.054
幅度	SM5	SM6	SM7	SM8	SM9	平均
HQD1	0.17	0.57	0.47	0.36	0.26	0.36
HQD2	0.50	0.64	0.54	0.55	0.47	0.54
HQD3	0.45	0.55	0.41	0.30	0.50	0.46
HQD4	0.78	0.79	0.62	0.59	0.82	0.72
HQD5	0.36	0.66	0.55	0.28	0.39	0.45
HQD6	0.61	0.56	0.81	0.45	0.35	0.56
HQD7	0.33	0.59	0.57	0.38	0.30	0.43
HQD8	0.91	0.90	0.73	0.61	0.86	0.80
斜率	SM5	SM6	SM7	SM8	SM9	平均
HQD1	0.06	0.24	0.18	0.14	0.10	0.14
HQD2	0.14	0.23	0.16	0.15	0.15	0.16
HQD3	0.17	0.24	0.16	0.11	0.20	0.17
HQD4	0.23	0.27	0.20	0.16	0.29	0.23
HQD5	0.12	0.28	0.21	0.10	0.16	0.17
HQD6	0.19	0.20	0.24	0.14	0.12	0.18
HQD7	0.13	0.27	0.24	0.12	0.13	0.18
HQD8	0.28	0.34	0.23	0.19	0.28	0.27

① 各被试单字呼气参数数据过多，由于篇幅所限不再列出，可参考书中第 5 章列出的平均数据。此处仅列出五位被试各旋律群的呼气参数。

参考文献

[1] 蔡翘．睡眠深度变化的进一步观察：睡眠时血管及呼吸运动的特征[G]//航空生理研究初步总结报告（1954 年上半年工作）．北京：人民军医出版社，1955．

[2] 曹剑芬．汉语普通话语音节奏的初步研究[G]//中国社会科学院语言研究所．语音研究报告，1998．

[3] 曹剑芬．普通话节奏的声学语音学特性[C]．吕士楠，等．现代语音学论文集，北京：金城出版社，1999．

[4] 曹剑芬．汉语韵律切分的语音学和语言学线索[C]．蔡莲红，周同春，陶建华．新世纪的现代语音学——第五届全国现代语音学学术会议论文集．北京：清华大学出版社，2001．

[5] 曹剑芬．基于语法信息的汉语韵律结构预测[J]．中文信息学报，2003（3）：41-46．

[6] 曹剑芬．语速特征及其变化[C]．第六届现代语音学学术会议论文集，2003．

[7] 陈虎．语调音系学与 AM 理论综述[J]．当代语言学，2008（4）：347-354．

[8] 端木三．重音、信息和语言的分类[J]．语言科学，2007（5）：3-16．

[9] 范晔，徐志飞．呼吸道疾病中的性别差异[J]．国际呼吸杂志，2007（15）：1157-1160．

[10] 冯葆富，齐忠政，刘运樨．歌唱医学基础[M]．上海：上海科技出版社，1981．

[11] 冯勇强，初敏，贺琳，吕士楠．汉语话语音节时长统计分析

[C]. 蔡连红，周同春，陶建华. 新世纪的现代语音学——第五届全国现代语音学学术会议论文集. 北京：清华大学出版社，2001.

[12] 黄贤军，杨玉芳，吕士楠. 汉语语调降阶的实验研究[J]. 声学学报（中文版），2007（1）：56-61.

[13] 李爱军. 普通话对话中韵律特征的声学表现[J]. 中国语文，2002（6）：525-535.

[14] 李芳兰. 汉语停延研究综述[J]. 宜春学院学报，2009（1）：100-103.

[15] 李卫君，杨玉芳. 语言和音乐中短语边界的认知加工[J]. 心理科学进展，2007（5）：774-780.

[16] 李永宏，方华萍，格根塔娜，刘璇. 蒙古语长调民歌的呼吸信号生理分析[C]. 社会与人文科学研究挑战国际学术会议论文集，2012.

[17] 林焘. 探讨北京话轻音性质的初步实验[C]. 北京大学中文系《语言学论丛》编委会. 语言学论丛（第一辑）. 北京：商务印书馆，1983（2）.

[18] 林茂灿. 普通话语句中间断和语句韵律短语[J]. 当代语言学，2000（4）：201-207.

[19] 刘俐李. 近八十年汉语韵律研究回望[J]. 语文研究，2007（2）：5-12.

[20] 刘秀敏. 停顿现象与语言之产生[D]. 台北：台湾大学语言学研究所，1987.

[21] 刘璇，方华萍，李永宏. 蒙古族短调民歌的呼吸生理信号分析[J]. 西北民族大学学报（自然科学版），2013（1）：13-17.

[22] 刘璇，李永宏. 基于呼吸带的蒙古短调民歌呼吸信号比较分析[J]. 西北民族大学学报（自然科学版），2013（3）：28-32.

[23] 刘亚斌，李爱军. 朗读语料与自然口语的差异分析[J]. 中文信息学报，2002（1）：13-18.

[24] 刘亚斌，李爱军. 自然口语中重音的声学征兆[C]. 第六届全国现代语音学学术会议论文集（上），2003.

[25] 刘振平. 儿韵和儿化韵的实验分析[J]. 汉语学习，2008（6）：73-78.

[26] 沈炯. 北京话声调的音域和语调[G]//林焘，王理嘉. 北京语音实验录. 北京：北京大学出版社：1985.

[27] 石锋. 北京话儿化韵的声学表现[J]. 南开语言学刊，2003（2）：11-19.

[28] 石锋. 从实验语音学到实验语言学[C]. 天津：第九届中国语音学学术会议大会主题报告，2010.

[29] 石锋，梁磊，王萍. 汉语普通话陈述句语调的停延率[J]. 南开语音年报，2009（3）：44-50.

[30] 石锋，冉启斌，王萍. 论语音格局[J]. 南开语音年报，2009（3）：1-11.

[31] 石锋，王萍，梁磊. 汉语普通话陈述句语调的起伏度[J]. 南开语音年报,，2008（2）：1-8.

[32] 史文迪，王永华. 正常儿童言语时呼吸特征研究[J]. 听力学及言语疾病杂志，2010（1）：32-34.

[33] 孙颖. 汉语北京话焦点句语调的停延率[J]. 南开语音年报，2009（3）：51-57.

[34] 谭晶晶. 新闻朗读的呼吸节奏研究[G]//《中国语音学报》编委会. 中国语音学报，北京：商务印书馆，2008.

[35] 谭晶晶，李永宏，孔江平. 汉语普通话不同文体朗读时的呼吸重置研究[J]. 清华大学学报（自然科学版），2008（1）：613-620.

[36] 王蓓，杨玉芳，吕士楠. 语篇中大尺度信息单元边界的声学线索[J]. 声学学报，2005（2），177-183.

[37] 王福堂. 北京话儿化韵的产生过程[J]. 语言学论丛，2002（26）：75-88.

[38] 王洪君. 汉语非线性音系学——汉语的音系格局与单字音[M]. 北京：北京大学出版社，2008.

[39] 王菊民，蔡翘. 睡眠过程中呼吸变化的机制[J]. 生理学报，1958（4）：267-274.

[40] 王萍，石锋．北京话一级元音的统计分析[J]．中国语音学报，2008（1）：104-110．

[41] 王士元．宏观语音学．[G]//《中国语音学报》编委会．中国语音学报，北京：商务印书馆，2008．

[42] 王永华，黄学军，张梅丽，等．听觉言语障碍儿童言语时呼吸特征研究[J]．听力学及言语疾病杂志，2012（3）：272-274．

[43] 吴洁敏．汉语节律学[M]．北京：语文出版社，2001．

[44] 谢雯华．小脑萎缩症患者在阅读时之说话呼吸型态研究[D]．台北：台北护理学院听语障碍科学研究所，2008．

[45] 熊子瑜．韵律单元边界特征的声学语音学研究．语言文字应用，2003（2）：116-121．

[46] 许讲真．语言与歌唱[M]．上海：上海文艺出版社，1984．

[47] 许毅．普通话音联的声学语音学特性[J]．中国语文，1986（5）：353-360．

[48] 杨锋．中国传统吟诵研究——从节奏、嗓音和呼吸角度[D]．北京大学博士学位论文，2012．

[49] 杨锋，侯兴泉，孔江平．言语产生的胸腹呼吸机制[J]．清华大学学报（自然科学版），2013（6）：852-855．

[50] 杨玉芳．句法边界的韵律学表现．声学学报，1997（5）：414-421．

[51] 叶蜚声，徐通锵．语言学纲要[M]．北京：北京大学出版社，1997．

[52] 叶军．停顿的声学征兆[C]．第三届全国语音学研讨会论文集，1996．

[53] 叶军．现代汉语节奏研究[M]．上海：上海世纪出版集团，2008．

[54] 尹基德，孔江平．韩语呼吸节奏与语调群的关系初步研究[C]．第九届全国人机语音通讯学术会议论文集，2007．

[55] 袁楚，李爱军．汉语自然口语中非正常停顿现象初探[C]．第九届全国人机语音通讯学术会议论文集，2007．

[56] 张锦玉．普通话语篇停延与呼吸特征初探[C]．第九届中国语音学学术会议论文集，2010．

[57] 张锦玉，石锋，白学军．讲述与朗读状态下呼吸差异的初步分析[J]．南开语言学刊，2011（1）56-63．

[58] 郑秋豫．语篇韵律与上层讯息——兼论语音学研究方法与发现[J]．语言暨语言学（*Language and Linguistics*），2008（9.3）：659-719．

[59] 仲晓波，王蓓，杨玉芳．普通话韵律词重音知觉[J]．心理学报，2001（6）：481-488．

[60] 仲晓波，杨玉芳．汉语普通话句子重音在时长方面的声学表现[J]．心理学报，2003（2）：143-149．

[61] 周殿福．艺术语言发声基础[M]．北京：中国社会科学出版社，1980．

[62] Agaath M C, Vincent J H. Spectral balance as an acoustic correlate of linguistic stress[J]. Journal of the Acoustical Society of America. 1996, 100(4): 2471-2484.

[63] Beach C M. The interpretation of prosodic patterns at points of syntactic structure ambiguity: evidence for cue trading relations[J]. Journal of Memory and Language, 1991, 30: 644-663.

[64] Boliek C A., Hixon T J., Watsion P J., et al. Vocalizaion and breathing during the first year of life[J]. Journal of Voice, 1996, 10(1): 1-22.

[65] Boliek C A., Hixon T J., Watsion P J., et al. Vocalizaion and breathing during the second and third years of life[J]. Journal of Voice, 1997, 11(4): 373-390.

[66] Bolinger D. L. A theory of pitch accent in English[J]. Word, 1958, 14: 109-149.

[67] Bunton K. Patterns of lung volume use during an extemporaneous speech task in persons with Parkinson disease[J]. Journal of Communication Disorders, 2005, 38: 331-348.

[68] Conrad B., Schönle P.. Speech and respiration[J]. Archives

of Psychiatry and Neruological Sciences, 1979, 226: 251-268.

[69] Danielle Rae Werle. Patterns of respiratory coordination in children who stutter during conversation[D]. MA thesis of University of Iowa, 2014.

[70] Denny, M., A. Smith. Respiratory Control in Stuttering Speakers: Evidence from Respiratory High-Frequency Oscillations[J]. Journal of Speech Language and Hearing Research, 2000, 43(4):1024.

[71] Draper MH, Ladefoged P, Whitteridge D. Respiratory muscles in speech[J]. Journal of Speech and Hearing Research, 1959, 2: 16-27.

[72] Fry D. B. Duration and intensity as physical correlates of linguistics stress[J]. Journal of the Acoustical Society of America, 1955, 27: 765-768.

[73] Goldman E F. Speech production and the predictability of words in context[J]. Quarterly Journal of Experimental Psychology, 1958, 10: 96-105.

[74] Grosjean F, Collins M. Breathing, pusing and reading[J]. Phonetica, 1979, 6: 98-114.

[75] Hammen V L, Yorkston K M. Respiratory patterning and variability in dysarthric speech[J]. Journal of Medical Speech-Language Pathology, 1994, 2: 253-261.

[76] Hoit J D, Hixon T J. Age and speech breathing[J]. Journal of Speech and Hearing Research, 1987, 30(3): 351-366.

[77] Hoit J D., Hixon T J., Watson P J., et al. Speech breathing in children and adolescents[J]. Journal of Speech and Hearing Research, 1990, 33: 51-69.

[78] Hoit J.D., Plassman B.L., Lansing R. W., et al. Abdominal muscle activity during speech production[J]. Journal of Applied Physiology, 1988, 65(6): 2656-2664.

[79] Huber J E., Chandrasekaran Bharath, Wolstencroft J J. Changes to respiratory mechanisms during speech as a result of different

cues to increase loudness[J]. Journal of Applied Physiology, 2005, 98: 2177-2184.

[80] Huber J.E, Stathopoulos E.T. Respiratory and laryngeal responses to an oral air pressure bleed during speech[J]. Journal of Speech, Language, and Hearing Research, 2003, 46（5）: 1207-1220.

[81] Jurgens U. Neural pathways underlying vocal control[J]. Neuroscience and Biobehavioral Reviews, 2002, 26: 235-258.

[82] Katarina Bartkova. Prosodic cues of spontaneous speech in French[C]. Proceedings of DiSS'05 Disfluency in Spontaneous Speech Workshop, 2005: 21-25.

[83] Knösche T R, Neuhaus C, Haueisen J, et al. The perception of phrase structure in music[J]. Human Brain Mapping, 2005, 24: 259-273.

[84] Kohno M, Tomoko Tanioka. The nature of timing control in language[C]. Proceedings of ICSLP'90, 1990: 1-4.

[85] Ladd R. Intonational phonology[M]. Cambridge: Cambridge University Press, 1996.

[86] Ladefoged P. Three areas of experimental phonetics[M]. London: Oxford University Press, 1967.

[87] Ladefoged P. Linguistic aspects of respiratory phenomena[J]. Annals of the New York Academy of Sciences, 1968, 155: 141-51.

[88] Ladefoged P, Loeb G. Preliminary studies on respiratory activity in speech[J]. UCLA Working Papers in Phonetics, 2002, 50-61.

[89] Lehiste I. Suprasegmentals[M]. Cambridge: MIT Press, 1970.

[90] Lehiste I. Perception of sentence and paragraph boundaries[J]. Journal of Phonetics, 1982, 10(2): 163-175.

[91] Lenneberg E. Biological Foundations of Language[M]. New York: Wiley, 1967.

[92] Li Weijun, Wang Lin, Li Xiaoqing, et al. Closure positive shifts evoked by different prosodic boundaries in Chinese sentences[G]//R. Wang, et al. Advances in Cognitive Neurodynamics, 2008: 505-509.

[93] Lieberman P. Intonation, perception, and language[M]. Cambridge: The MIT Press, 1967.

[94] Lieberman P. The biology and evolution of language[M]. Cambridge: Harvard University Press, 1984.

[95] Lieberman P. Blumstein S. Speech physiology, speech perception, and acoustic phonetics[M]. Cambridge: Cambridge University Press, 1988.

[96] Lieberman P, Michaels S B. Some aspects of fundamental frequency and envelope amplitude as related to the emotionalcontent of speech[J]. Journal of the Acoustical Society of America, 1962, 34: 922-927.

[97] Maclarnon A M., Hewitt G P.. The evolution of human speech: the role of Eenhanced breathing control[J]. American Journal of Physical Anthropology, 1999, 109: 341-363.

[98] Maess B, Koelsch S, Gunter T C, et al. Musical syntax in processed in Broca's area: and MEG study. Nature Neuroscience[J]. 2001, 4: 540-545.

[99] McFarland, D. H. Respiratory Markers of Conversational Interaction. Journal of Speech[J]. Language and Hearing Research, 2001, 44(1).

[100] Michelle M. Respiration for life vs. respiration for speech[D]. Washington: Washington University, 2001.

[101] Moore C A., Tammy J. C. Relative kinematics of the rib cage and abdomen during speech and nonspeech behaviors of 15-monthe old children[J]. Journal of Speech, Language and Hearing Research, 2001, 44: 80-94.

[102] Nespor M, Vogel I. Prosodic Phonology[M]. Dordrecht: Foris, 1986.

[103] Ohala J J.. Respiratory activity in speech[C]//W. J. Hardcastle, A. Marchal. Speech Production and Speech Modelling. Dordrecht: Kluwer:

1990, 23-53.

[104] Passy P. Outlines of comparative phonetics[M]. Shanghai: The Commercial Press, 1930.

[105] Patel A D. Language, music, syntax and the brain[J]. Nature Neuroscience, 2003, 6: 674-681.

[106] Pick H L, Siegel G M, Fox P W, et al. Inhibiting the lombard effect[J]. Journal of the Acoustical Society of America, 1989, 85: 894-900.

[107] Pullybland D. Tone in lexical phonology[M]. Dordrecht: D.Reidel Publishing Co., 1986.

[108] Reilly K J., Moore C A.. Respiratory movement patterns during vocalizations at 7 and 11 months of age[J]. Journal of Speech, Language and Hearing, 2009, 52(1): 223-239.

[109] Ryalls J.H, Behrens S. Introduction to speech science, from basic theories to clinical applications[M]. Needham Heights: Allyn & Bacon, 2000.

[110] Sah Wen-Hui. Breath-Group theory vs. declination theory: evdence from Chinese aphasics[J]. Taiwan Journal of Linguistics, 2005, 3(1): 101-132.

[111] Selkirk E O.. Phonology and syntax: the relation between sound and structure[M]. Cambridge: MIT Press, 1984.

[112] Shi Feng, Zhang Jinyu, Bai Xuejun, et al. Intonation and respiration: a preliminary analysis[J]. Journal of Chinese Linguistics, 2010, 38(2): 323-335.

[113] Slifka J. Respiratory constraints on speech production at prosodic boundaries [D]. Cambridge: Harvard-MIT, 2000.

[114] Stathopoulos E T, Sapienza C M. Developmental changes in laryngeal and respiratory function with variations in sound pressure level[J]. Journal of Speech, Language, and Hearing Research, 1997, 40: 595-614.

[115] Steinhauer K, Alter K, Friederici A D. Brain potentials

indicate immediate use of prosodic cues in natural speech processing[J]. Nature Neuroscience, 1999, 2: 191-196.

[116] Steinhauer K. Electrophysiological correlates of prosody and punctuation[J]. Brain and Language, 2003, 86: 142-164.

[117] Suasnne Fuchs, Caterina Petrone, A Rochet-Capellan, UD Reichel, LL Koenig. Assessing respiratory contributions to f0 declination in German across varying speech tasks and respiratory demands[J]. Journal of Phonetics, 2015, 52:35-45.

[118] Suasnne Fuchs, Caterina Petrone, Jelena Krivokapic, Philip Hoole. Acoustic and respiratory evidence for utterance planning in German[J]. Journal of Phonetics, 2013, 1:29-47.

[119] Tseng S.C. Repairs and repetitions in spontaneous mandarin [G]// Robert Eklund. Proceedings of Workshop on Disfluency in Spontaneous Speech (DISS), 2005: 71-74.

[120] Wang Yu-Tsai, Jordan R, Ignatius S, et al. Breath group analysis for reading and spontaneous speech in healthy adults[J]. Folia Phoniatr Logop, 2010, 62(6): 297-302.

[121] Watson P J., Hoit J D., Lansing R W., et al. Abdominal muscle activity during classical singing[J]. Journal of Voice, 1989, 3(1): 24-31.

[122] Weismer, G. Speech breathing: contemporary views and findings[G]//R. G. Daniloff. Speech Science. San Diego: College Hill Press, 1985, 47-72.

[123] Winkworth A L., Davis P J., Adams R D., et al. Breathing patterns during spontaneous speech[J]. Journal of Speech and Hearing Research, 1995, 38: 124-144.

[124] Winkworth A L, Davis P J. Speech breathing and the lombard effect[J]. Journal of Speech, Language, and Hearing Research, 1997, 40: 159-169.

[125] Yuan Chu, Li Aijun. The breath segment in expressive speech

[J]. Computational Linguistics and Chinese Language Processing, 2007, 12: 17-32.

[126] Zhang Hongming. Topics in Chinese Phrasal Tonology[D]. San Diego: University of California, 1992

后 记

早在 2008 年，我初为博士生的时候，我的导师石锋教授就有一个大胆的想法，让我进行言语呼吸方面的研究。那时候我对该领域的了解几乎为零，所以听到这个消息的时候，心里是非常忐忑的。石老师看出了我的焦虑，他一方面不断给我鼓励和信心，另一方面还亲自到天津师范大学心理与行为研究院，与时任院长、著名心理学家沈德立教授取得联系，支持我和同级两位博士生到沈先生那里去学习有关呼吸、眼动和脑电方面的课程。在此期间，天津师范大学心理与行为研究院的白学军教授和闫国利教授以及研究院诸位老师、博士给予了我非常多的指导和帮助。也正是在石老师和上述诸位教授、老师的关心和支持下，我的博士论文也就是这本小书的雏形才得以顺利完成。

相比语言其他方面的研究，国内语言的生理研究，特别是言语呼吸的研究相对较少。早期的研究大部分是生理和病理学方面的，直到 20 世纪七八十年代，呼吸与语音声学或韵律特征的关系才受到普遍关注。近年来，国内的呼吸重置研究初具规模并成为一个亮点，而其他一些和语言有关的呼吸研究也相继得以开展。但不得不说，言语呼吸仍有很大的研究空间，在研究方法上也亟待开拓和创新。在此背景下，为了让更多人了解我们团队在此方面的研究，2017 年，在石锋教授的建议和支持下，我决定将我的博士论文正式出版。与此同时，我也对我的博士论文进行了修订和改进，特别增加了近几年学界新成果的介绍，希望能更加全面地让读者了解到该领域的最新研究进展。

在本书即将出版之际，我要特别感谢我的导师石锋教授，是他引导我走进实验语言学这个充满乐趣和挑战的领域，也是他在我迷茫和懈怠时及时地给予我鞭策，更是他支持我完成了一次又一次的自我超越……所以，我要由衷地对敬爱的石老师说一句：“谢谢！”我还要感谢沈德立教授、白学军教授和闫国利教授。他们不仅将研究院的生理实验仪器提供给我做研究之用，而且还给了我很多建设性的意见，他们的大力支持是我研究工作顺利开展的保证。此外，我也要感谢南开大学出版社第二编辑室的各位编辑，他们耐心细致的工作作风使我由衷地敬佩。正是他们付出的辛勤劳动，才使得本书以最好的面貌与读者见面。

最后，我还要特别感谢我的父母、爱人和儿女，他们的鼓励和支持给了我无尽的力量，也使我在充满挑战的人生路上不惮前行！

张锦玉

2018 年 1 月 22 日

于北京寓所